鱼游哈佛

学习改变世界

Diving into Harvard Education

Learn to Change the World

于海琴 ［美］陶正 编著
王连江 ［美］陶正 译

中国经济出版社
CHINA ECONOMIC PUBLISHING HOUSE
·北京·

图书在版编目（CIP）数据

鱼游哈佛 ：学习改变世界 / 于海琴，（美）陶正编著 ；王连江，（美）陶正译 . -- 北京 ：中国经济出版社，2024. 11（2025. 4 重印）. -- ISBN 978-7-5136-7830-8

Ⅰ. K837. 124. 6

中国国家版本馆 CIP 数据核字第 2025N3H828 号

组稿编辑　崔姜薇
责任编辑　黄傲寒
责任印制　李　伟
封面设计　杨海波　刘义宝　任燕飞装帧设计工作室

出版发行　中国经济出版社
印 刷 者　北京艾普海德印刷有限公司
经 销 者　各地新华书店
开　　本　710mm × 1000mm　1/16
印　　张　19.25
字　　数　324 千字
版　　次　2024 年 11 月第 1 版
印　　次　2025 年 4 月第 2 次
定　　价　128.00 元

广告经营许可证　京西工商广字第 8179 号

中国经济出版社　**网址** http：//epc.sinopec.com/epc/　**社址** 北京市东城区安定门外大街 58 号　**邮编** 100011

本版图书如存在印装质量问题，请与本社销售中心联系调换（联系电话：010-57512564）

献给导师 Helen Haste 和所有让世界变得更好的人

——于海琴

献给我的父母 Bill 和 Kathy Thomas

——陶正（Justin M. Thomas）

序　一

在“传说”中的哈佛大学，学生勤奋学习，教授不是在实验室和图书馆中，就是忙于传道授业解惑。师生们对于知识，都满怀崇敬。而现实中的哈佛大学——就像每一所卓越的美国大学那样——要喧闹得多，也复杂得多，因为大学的使命远远不止将一代人的知识传输给下一代。正如希腊哲学家普鲁塔克（Plutarch）约2000年前写的那样：“头脑不是一个要被填满的容器，而是一支需要被点燃的火把。”[①]点亮头脑不仅是为了塑造一个活人，也要使这个人生气勃勃。人类的受教育方式不可能像机器人那样。

保留过去和创新未来是相互冲突的两个目标，大学总是在这两者之间拉扯。哈佛大学在1636年成立之初，主要任务是避免牧师一旦去世，从英国本土出发、载有更多人的下一艘船却还没抵达新大陆殖民地，从而缺少了具备读写能力的人。但即使在那时，这些新英格兰人也认识到，这所大学不应该像档案馆一样，只保存传承下来的知识和技能。他们在1643年写道，建立哈佛大学的目的是“弘扬学问，永传后代”（to advance learning and perpetuate it to posterity）[②]。我们今天可以说，这里面既包括研究，也包括教学。去哈佛大学参观的人，会发现这些字就刻在正门上。

在这本引人注目的书中，于海琴和陶正对哈佛大学里伟大的思想家和富有经验的教育践行者进行访谈，记录了他们在教学艺术和大学作用方面的思想。本书的编著者没有把自己的观念套在他们的思想上，而是让这些精英中的精英充分发表个人意见。书中有医学人类学家凯博文（Arthur Kleinman）的反思，他一生致力于对中国社会进行深刻的思考；有年轻院长以同理心为出发点，思考如何帮助哈佛学生发挥其全部潜力；有经验丰富的科学家激励

---

① PLUTARCH. On listening［M］// PLUTARCH. Plutarch’s moralia. London：W. Heinemann，1927.

② ELIOT J. New England’s first fruits［M］// SABIN J. Sabin Americana 1500–1926. London：printed by R.O. and G.D. for Henry Overton，1643.

哈佛学生奉献一生去保护这个星球的宜居性；还有许多学者，宛如一块块闪烁的马赛克瓷砖，拼接成了美不胜收的壮观景色，远超任何单块瓷砖的魅力。在书中，你还会读到对哈佛生活各个方面的反思。哈佛是个庞大的有机体，我们自认为对其很了解，但实际上就像盲人摸象一般，只触摸到了大象的一条腿或一根象牙，知之不全。本书最后一位访谈对象是一位真正的教育先驱，即欧林工学院创校校长理查德·米勒（Richard K. Miller），他对工程教育的理论和实践有着深刻的思考。

亲爱的读者，接下来就由您来阅读整本书了。当您脑海中形成了一幅画面时，现实可能已经改变了。哈佛是动态的，尽管我们还在大力传承我们的知识，但哈佛珍视的价值观不是和谐，而是创造性。为了传承知识和获得智慧，我们不能原封不动地接受，每一代人都必须对传承下来的东西进行复苏、修正和重新阐释。

哈佛作为历史最悠久的美国大学，为什么会成为社会进步和知识进步的温床，其原因就在于此。伟大的心理学创始人威廉·詹姆斯（William James），在1903年为他举办的晚宴上总结："真正的哈佛是看不见的，她隐藏在那些追求真理、独立，通常也是非常孤独的孩子的灵魂中。思想是珍贵的种子，而我们的大学就是种植园，这里气候适宜，种子即便孤独也能快乐。如果有一天，哈佛给她的孩子们打上一种固执、守旧的烙印，那将是哈佛的垮台之日。不循规蹈矩是我们最为自豪的所在。"[①]

在那些寻求真理、追求独立的灵魂所说出的话语、所表达的思想中，就蕴含着那个无形的哈佛。我想，你会发现这个真实的哈佛很具有启迪作用，就像我一直觉得哈佛能启发灵感一样。

哈瑞·刘易斯（Harry Lewis）
哈佛大学戈登·麦凯计算机科学讲席教授
《失去灵魂的卓越》《创造未来的构想》作者
2021年4月

---

① JAMES W. The true Harvard［Z］. Speech at the Harvard Commencement dinner，June 24，1903. Boston，etc. Reprinted in Harvard Graduates' Magazine for September，1903.

序　二

这本书意义非凡，它提供了一个难得的机会，让我们了解全球高等教育界的一些非常有影响力和受尊敬的思想家和研究者，学习他们的智慧、经验和原创性贡献。这些思想家和研究者的关注范围非常广，为读者提供了丰富的学习体验，对大学教育的发展起着重要作用。本书收录了享有盛誉的教育家所做的研究，而欧林工学院在工程教育方面的最新经验，也有幸被收录进来。

大学的教职员工在讨论教育时，经常把工程领域作为“职业”项目，从博雅教育（Liberal Arts）中分离出来。事实上，工程领域的传统课程设置，从其历史和发展来看，在很大程度上是以自然科学和数学为基础的，主要关注的是理解物质世界的可能性。但现在这种情况正在改变，工程领域也许能为教育的根本目的独辟蹊径，这种途径的驱动力更多来自必要性而不是好奇心。其培养的毕业生，走向社会后的任务是构想未曾有过的东西，然后尽一切努力使构想变成现实，从而创造一个更美好的世界。

在人类努力过的领域中，对人类生活影响最大的莫过于工程和应用科学。① 就人口发展的历史来看，在过去的100年里，人口激增，这主要是因为科学技术应用之后，大幅减少了导致死亡的因素，使人类寿命在一个世纪内增加了一倍。事实上，有些人已经预测，人口过多及其带来的环境破坏和气候变化，可能会导致严重的危害。美国国家工程院（NAE）在其“工程大挑战”（Grand Challenges of Engineering）中发现了新出现的威胁，包括可持续性、全球健康挑战（如流行病）、安全威胁（核、网络等）等。人类生存面临的这些新威胁是全球性的，这就向下一代提出了迫切问题：要应对22世纪的

① SOMERVILLE B，CONSTABLE G. A century of innovation：twenty engineering achievements that transformed our lives［M］. Washington，DC：Joseph Henry Press，2003.

挑战，他们需要知道什么？他们需要如何接受教育？事关高等教育的这些根本性问题，很早就得到了重视。我们对高等教育的整体概念是大约 1000 年前建立的，那时还不存在实验科学领域。当前最紧迫的是要解决生存挑战问题，没有什么比它更能引起师生的注意了。

这些动机和问题推动了欧林工学院的创建。1997 年，F.W. 欧林基金会投资大约 4.6 亿美元，创办了这所大学，争取从头开始，以突破性的思维和全新的方法，培养新一代科学家和工程师，最终把经验推广到整个社会。为了探索这些问题，欧林工学院这所全新的独立机构，没有设置系部，也没有终身制教师，注重的是持续不断的实验。这里的综合性学习包括人文科学、艺术，还有合作和实验。在应对我们面临的复杂挑战时，这种学习的重要性就凸显出来了。欧林工学院的核心问题是：其一，在 21 世纪接受教育意味着什么？其二，在 21 世纪成为一名工程师意味着什么？我们的教学方法之中就包含让学生参与并没有成功希望的实验，这样我们就可以观察和体验当基本假设受到挑战时，会发生什么。欧林工学院不断发展的项目为下面这个问题提供了一个答案：如果真的可以从头开始，那么如何在一个四年制的本科工程项目中，解决 21 世纪教育的迫切需求？本书最后两篇访谈叙述了欧林工学院所开展的这些实验，也是对博雅教育诸多开创性贡献的补充。

理查德·米勒（Richard K. Miller）
欧林工学院荣休校长、首位员工
“教育变革联盟”联合创始人

序　三

教育使我们成为有所作为、生气勃勃的社会成员。教育的宗旨是构建一个对我们最有益的社会。教育的目标、价值和实践，是由社会需求决定的，因此，教育处于社会变革的前沿，教育工作者的愿景是未来变革的蓝图，教育实践是变革的推动力。于海琴博士是《济南大学学报（自然科学版）》编辑部编审，她于2014—2015年以访问学者身份，到哈佛大学教育研究生院访学。她把见到的高等教育优秀思想和最佳实践记录下来，汇集成了这部独特而新颖的著作，供中国的教育工作者了解和参考。

我非常荣幸成为于海琴访学期间的导师。在此期间，她决定启动这个精彩项目，即访谈不同专业的人（大多与哈佛大学有关联）。这些人要么是其思想和研究引领了美国和全球的教育理念和实践，要么是其实践反映了这些思想是如何真正得到实施的。于海琴的项目得到了陶正——陶正才华横溢，会说多种语言，当时是哈佛大学东亚地区研究项目的硕士生——的帮助，她还有一个访谈团队，成员都是聪慧的年轻学者，多数是在哈佛大学学习的中国留学生。他们开展了20次访谈，访谈对象既有全球闻名的学者，也有博士生。

2014—2015学年比较特殊，适逢詹姆斯·瑞安（James Ryan）院长领导发起了“学习改变世界”（Learn to Change the World）的倡议。本书访谈的每名教师和学生，其研究和实践都从不同角度生动地体现了这个倡议，展现出了激动人心的、突破性的创新和思想。因此，本书是那个时期的目标、理念和实践的展示。书中包含的广阔而深邃的教育视野，将会在很大程度上促进创新性思维的发展。本书分别以中、英文出版。

尽管过去几年发生了重大的动荡，但本书中的大多数基本目标和教学原则仍然非常重要。2015年以来，世界对每个人来说都发生了很大的变化，几个社会问题也发生了转向，特别是气候变化。于海琴团队访谈的对象本身也经常转向新项目，或者广泛涉足他们自己感兴趣的领域。这本内容丰富的访谈录，描绘了教育界的一幅色彩斑斓、深入详尽的动态画面。书中主要谈论的教育问题是多样性和不平等、技术和社交媒体日益增长的作用、年轻人的精神和道德健康等。如何最有效地开展教育，把这些问题积极向前推进呢？

2015 年以来，有的受访者可能已经转向其他工作，但他们当时的深邃见解和智慧今天仍然适用。编者邀请受访者（如果他们愿意的话），对于已经改变的和保持没变的内容做一下评论。凡是 2023 年做出的评论，都附在原来相应的访谈稿中。本书成就非凡，记录了一个优秀群体的精神和实践，给我们带来启迪。

受访者之一托马斯·赫尔（Thomas Hehir）教授于 2022 年 6 月去世，我们向他表示沉痛的悼念！

四个新主题

访谈大致分为四个主题。这四个主题都是当前美国和许多其他国家，对于教育的宗旨、目标和实践，尚存在争论的前沿问题。这些主题针对教育必须或应该发挥哪些方面作用，才能培养出能够最大限度提高人类福祉的个人、群体，发表了一系列观点和看法。这些主题还反映了历史及经验、对当代教育行为的评论（既有积极的也有批判性的），以及对未来发展的设想；强调了理想的个人品质、习惯及思考方式；阐述了课程设计及技术与媒体的使用，是如何有助于实现教育目标及更广泛地促进创新的。这些主题还包括对学习机构的知识传授和社交氛围进行评价，看看其如何有助于实现目标，以及从人类发展模式出发，探讨这些模式对于教育最有效因素的影响。

第一个主题是关于教育的目标。教育应该培养具有什么样的价值观和品质的人，为什么？有些价值观能够增进人类的福祉和繁荣，有些却不能，为什么？对当前的教育能提出什么样的批评，这些批评对改革又有何启示？教育改革如何解决社会或经济问题，尤其是涉及不平等和多样性的问题？教育如何改善个人、集体、国家的社会和经济资本？这一主题还包括付诸实施和创新：课程和机构的设计如何确立价值观？如何实现教育的宗旨和目标？从其他国家可以学到什么？（有些访谈不仅在中美之间进行比较，也与其他国家比较，比如荷兰、英国。）

第二个主题从更大范围内关注人的价值观和技能的发展，如社交、情感和道德的发展。发展包括学校经历和实践。年轻人如何获得这些能力和个人品质？什么样的中小学和大学经历有助于他们的发展？父母的作用是什么？这个主题也考虑了压力这个因素，以及教育行为和结构给这一点带来的影响，比如考试或机会的选择。

第三个主题涉及媒体和数字世界的作用。有几位受访者是媒体创新的大咖级人物。现在使用媒体比较明显的一个方面，就是利用技术连接教与学，改变了“教室”的含义或可能的含义。数字媒体如何促进残障人士的学习？这个主题还包括创造性地利用媒体材料，比如电影、电视、写作等，帮助年轻人理解社会关系、多样性和文化身份。

第四个主题是关于学生经历的，尤其是大学经历。美国博雅教育的一个重要方面就是四年大学住宿制。这样的大学像是一个社区，学生在其中生活，需要社会合作和参与，并有机会从中学到组织和领导能力。大学课程里有大量的必选题材，对于学生来说，比较理想的情况是，通过举办活动和参与讨论社会热点，并通过志愿活动为当地社区作出贡献。而许多其他国家则与此不同，那里的大学认为学生通过课外生活来增加阅历是非正式的活动，大学的真正职能是提供学术活动。本书有些访谈探讨了大学生活中的广泛经历是如何反映和支持高等教育的总体目标和宗旨的。此外，还有些访谈描述了学校的文化和实践，以及它们如何有助于推行教育的价值观和目标。

在思考本书的这些主题之前，有一点需要注意：本书的目的不是“输出”一种植根于美国经验或文化的教育模式，也不是把哈佛描绘成一个“理想的”教育机构。于海琴和陶正寻找到了一个非常好的机会，深入倾听这些教育领域杰出人士的心声。这些人士或在哈佛大学工作，或与哈佛大学有渊源，他们对工作和教育思想进行了反思，并从批判性视角探讨了教育的热点问题和未来的教育之路。其中的许多反思具有广泛的适用性，甚至全球适用，因为这些都涉及各地教育中的常见现象。有些是西方体制特有的，甚至美国特有的。有些受访者在中国工作或生活过，有些受访者能够进行详尽的文化比较，有些人则不具备这些条件。

所有的访谈都有一个共同点，那就是要认识到当代的变化，认识到教育需要积极主动地做出良好决策，以确保教育有个积极的未来。读者可以结合自己当地的教育问题和目标，从这些访谈中得到启示。对欧林工学院创校校长理查德·米勒的访谈，特别值得一提。米勒富有远见卓识，他特意创建的这所大学及其教育理念，就汲取了这些访谈中的许多思想，都有助于实现这些主题中的目标。米勒创建的这所大学，不仅生动地代表了当代的前沿思想，也彻底改变了美国工程教育的概念。

价值观和目标

在教育的价值观和目标这个主题下，哈瑞·刘易斯（Harry Lewis）、凯博文（Arthur Kleinman）和海伦·海斯特（Helen Haste），都专门探讨过责任、找到目标等品质，以及在价值观框架内生活。刘易斯特别关注个人教育目标的重要性，认为个人教育目标不能只是获取物质奖励或地位，强调学生必须认识到要为承担责任和完成使命做好准备。学生必须能够思考自己所做的事情，乃至社会上发生的事情的道德意义，以及他们个人会如何影响这些事情。凯博文就如何界定“充实的生活”（adequate life），花费了大量笔墨。他还认为，我们应该注意不同的文化如何定义各自的价值观，以及我们能够在多大程度上翻译这些跨文化的价值观，比如“吃苦”（endurance）这个概念，在中国有深奥的含义，与西方文化并不完全匹配。海斯特探讨了需要什么样的能力，才能管理当代生活并能够承担责任。

批判性思维，即深度辩论和有效沟通的能力，是教育广泛重视的目标，也是整个社会所高度期望的。批判性思维，应该通过教学实践和为学生提供相关经历来培养。保罗·哈里斯（Paul Harris）、哈瑞·刘易斯和凯瑟琳·埃尔金（Catherine Z. Elgin），都特别注意到了这一点，同时还注意到了批判性思维所面临的问题。埃尔金指出，思想的进步和创新，包括科学，都不能把已有的观点视为既定观点，而要通过好奇和质疑，考虑不同的方面和模式。罗伯特·塞尔曼（Robert L. Selman）谈论了伦理和参与的交汇，给学生提供了一些经验，使他们面对严肃的伦理问题时，能够另想办法解决这些问题。

接触不同的学科，跨越学科界限，特别是艺术、科学和人文学科，是非常重要的，也是两个教育目标主题的核心。第一个是社会和文化的创新与创造性发展，它取决于从广阔的视角整合不同领域的能力。第二个是更注重个人的学习体验，而接触广泛的课程，体验不同学科的不同学习方式，以及在多数情况下的跨越界限，都是丰富学习体验的一部分。这些体验使人树立了更广阔的世界观，培养了一系列的表达潜力。受访者们，比如哈里斯和海斯特，都提及了这两点。他们对于狭隘的专业化，无论是中小学还是大学，抑或国家，都持批评态度。

凯瑟琳·埃尔金认为，在以STEM（科学、技术、工程与数学）为重心的教育体制下，艺术被视为“装饰”，这样就背离了历史观点。历史观点认为，艺术和人文学科是相互交错的，创新性的隐喻和意象对于所有领域的创新思维至关重要。查尔斯·朗格缪尔（Charles H. Langmuir）还把他在哈佛大学通识教育课程中的启发性方法，与这一点进行了比较。在这些通识教育课程中，对宇宙历史的理解像纽带一样，把许多学科联系在一起，并为学生提供了全球视角。

发展是如何进行的

第二个主题涉及发展。我们对于主要发展过程的理解，是如何影响教育的可能性的？为了达到理想的目标又需要培养什么？罗伯特·塞尔曼、理查德·韦斯伯德（Richard Weissbourd）和亨特·格尔巴赫（Hunter Gehlbach），主要在道德、伦理、社会情感技能与取向等方面的发展大框架内，探讨了这些问题。他们的观点所隐含之意就是，如果情感和人际关系方面的发展没有打下良好基础，那么其他更需要认知或决策的能力将不会得到提升。许多受访者（如刘易斯、凯博文、海斯特等）都持这个立场。他们强调，同情心和对情感的敏感性非常重要，沟通和人际交往技能也同等重要。

罗伯特·塞尔曼对于社会情感发展中的观点采择，及其背后的社会和教育背景，有着长期兴趣，这也是他的研究源泉。他把重点放在各种互动和活动上，以此引导年轻人有道德地参与社交活动，并使他们能够处理霸凌和排挤。理查德·韦斯伯德主持着一个长期的国内和国际项目，该项目与学校合作，关注如何发展对他人的关心和道德参与。他对父母的角色也特别感兴趣。他的研究很具影响力。亨特·格尔巴赫专注于社交关系和社会观点采择的发展，他认为这是人类成长的一个重要因素，也是学业同步发展的一个不可或缺的部分。他描述了如何通过课堂互动创造性地培养这种能力。这三位学者的研究重点是中小学生，目的是为他们以后健康成长，也为他们以后接受高等教育，奠定品质和技能方面的基础。

媒体、技术和沟通

第三个主题关注的是媒体在教育中的作用。在过去的30年里，数字技术对教育的影响是巨大的，尤其是新冠疫情发生之后，世界各地的学校不得不在学习方式上做出重大调整。其效果是改变了一些核心观念（如传授既定材料和课程的最佳有效手段是什么），同时也开辟了全新的教学和评价方式。发展大规模的远程教学能走多远？如何将技术运用于各种小组学习或跨学科学习？技术如何帮助我们提高残障人士的受教育水平？克里斯托弗·戴德（Christopher Dede）是学习技术方面的先驱，他认为数字技能应该融入所有教育中，而不仅仅是一个附属工具。他还认为，把传统事情做得更好，与做更好的新事情，是不同的，把它们区分开是很重要的。托马斯·赫尔是残障教育领域的领军人物，他强烈主张，创新性地使用数字文本和媒体，不仅对残疾学生，而且对所有学生来说，都是非常重要的。

媒体行业和教育领域之间的联系越来越多。约瑟夫·布莱特（Joseph Blatt）与极具影响力的《芝麻街》（Sesame Street）节目，以及许多其他创新性的教育电视节目，都有着长期的联系。他强调课堂内外的非正式学习和互动学习非常重要，并设计出多种方法来利用技术实现这一点，同时还强调了师生互动的重要性。他还坚信，通过研究所获得的知识，必须让广大民众都能够利用。特蕾西·伊丽莎白（Tracy Elizabeth）和罗伯特·塞尔曼开发出了丰富的方法，利用书籍和电影教授社会情感技能、观点采择和伦理思考，并提供了一条良好的提高读写能力之路。欣赏书籍和电影是一种很好的方法，可以让学生接触到在文化上熟悉的思想和故事，并提供一个可以解决和探索道德和社会问题的空间。这对学生很有激励作用，进一步提高了他们的沟通和辩论技能。

写作是所有职业和所有学科都需要的基本技能。南希·萨默斯（Nancy Sommers）主持着哈佛学院领先的写作项目。这是所有本科生的必修课，旨在让学生批判性地深入阅读，并能够有效、清晰地写作。

是什么使得学生生活成为丰富的学习经历

访谈的第四个主题是关于学生经历的，以及这种经历对于社交、道德和智力发展的促进。这一主题无疑贯穿于学习过程的各个方面，但一些访谈还是专门提到了它，尤其是从学校社交氛围和学校结构方面进行了探讨。杰德·利帕德（Jed Lippard）广泛参与了美国特许学校（charter school）的工作，这些学校在很大程度上不受各州控制，但由各州资助。它们开展了许多教育实验，但是存在着争议。特别值得一提的是，这种制度使学校能够切合当地的需求和目标，并找到创新方法去实现。利帕德详细描述了各种各样的特许学校，以及围绕这项运动的争辩。

塞缪尔·奥达马（Samuel Odamah）和斯蒂芬·拉森德（Stephen Lassonde）描述了哈佛大学如何为学生创造一个支持性的环境和体系，使他们能够发展领导力和人际交往技能，并为他们的个人发展和学术发展提供一种集体氛围。特蕾西·伊丽莎白还描述了自己读研时的一手经历，以及遇到的挑战。

理查德·米勒和欧林工学院的启示

对欧林工学院创校校长理查德·米勒的访谈，是对上述主题诸多方面的整合和展现，内容丰富又极具启发性。欧林工学院成立于1997年，已被公认是一所重要的真正创新型的大学，它改变了美国工程教育的面貌。米勒因工作杰出而获得了几个享有盛誉的奖项。欧林工学院与哈佛大学是没有关系的，但理查德·米勒显然受到了本书中几位哈佛大学先驱的极大影响。

米勒认为，工程教育应该让学生真正去体验团队项目和解决问题，从各个学科和各种思维方式中汲取经验，对模糊和多变情境具有适应力。工程师应该“设想从未有过的东西，并尽一切努力实现它”。米勒确定了五种思维模式，这五种思维模式是欧林工学院项目的框架，也是它对申请者素质的要求。它们在许多方面都与本书受访者所表达的主题和理念相呼应，实际上可适用于整个教育领域，也适用于全球。

这五种思维模式是：

· 乐于合作，对他人和差异充满好奇；

· 具有跨学科意识，想要探索和了解一切；

· 有进取精神，有远见，对于让世界变得更美好持乐观态度；

· 同情和关心他人，尤其是那些不幸的人；

· 具有全球意识。

米勒是一位能给人启迪的教师和杰出的创新者。他创建的欧林工学院充满活力，将他的愿景化为了现实，也证明了本书所展现的各种思想均具有可行性。

本书中的大多数受访者，也曾将自己的前沿想法付诸实施。他们向我们讲述了如何做到这一点，以及能够产生多大的变革效果。这就是“学习改变世界”这个口号，特别适合哈佛大学教育研究生院的原因。

我在前面已经指出，这本书的目的不是专门输出美国的理念。访谈中的有些研究是在美国开展的，但可以创造性地应用到其他国家甚至全球。而有些研究显然可以跨越国家和文化的界限。有些受访者有能力对美国和中国进行具体的比较，有些则不然。但他们清晰、深刻的思想，将会使中国的学者和教育实践者们，能够根据需要选取有用的部分，并积极参与讨论，激发真正的创新。本书英文版已在中国出版，这在很大程度上扩大了其影响范围。

本书令人振奋，出版也适逢其时。对于于海琴、陶正及其访谈团队所取得的这项了不起的成就，我表示衷心的祝贺！它将对全球教育的未来产生重大影响！

海伦・海斯特（Helen Haste）
巴斯大学心理学荣休教授
2003—2018 年担任哈佛大学教育研究生院客座教授

中文版序一

大学是人类智慧之树上结出的鲜艳的花朵；花朵盛开，人间春意盎然。大学又犹如川流不息的河流，流过丛林，流过高山，流过草原，流过荒漠，流过每个人的心田，滋润再滋润，灌溉再灌溉。每个人心中都有对于美好大学的想象，无穷无尽。

《鱼游哈佛》一书，精辟地隐喻了大学呈现出的关于水的意象，无怪先秦老子“上善若水”一句哲言一直打动着千古以来海内外之人心，也无怪现代梅贻琦先生“学校犹水也，师生犹鱼也，其行动犹游泳也。大鱼前导，小鱼尾随，是从游也。从游既久，其濡染观摩之，自不求而至，不为而成”一段名言流传久远。大学教育犹如鱼游于水，是一种何等美好的图景，又是一种何许的境界！一所大学之水能够让一群鱼自由而灵动地游起来，初看起来乃是自然而然之事，其实却是一件非常了不起的事情！这样的水一定是鲜活的活水，这样的鱼也一定是具有活力的活鱼，活跃的活鱼能够遇到鲜活的活水，师生幸莫大焉！大学荣莫大焉！

何谓大学？大学不仅是一个物理意义上的场所，更是一块自带故事而且能够激发出新故事的宝地。人类是依靠故事建构起意义之网的，否则将失去存在的意义；人一旦没有了生存的理由，那是一件多么可怕的事情啊！从这个角度来说，大学最重要的价值就是能够给人们提供有价值、意义的故事，而大学与大学之间的不同也就在于展开故事的不同及其激发新故事的能力与水平之不同。每所大学可能会培育与塑造出不同的人，因为每所大学犹如不同的舞台，而不同舞台剧本中预设的角色是不一样的，当然向其提供的剧情就不一样了，最终呈现给世界大舞台的角色肯定也就不一样了。

从知识建构方面来说，大学提供的不同的知识结构，会影响人的智商架构；从文化熏陶方面来说，大学提供的不同的文化食粮，会影响人的情商发育；从信仰建立方面来说，大学提供的不同的价值取向，肯定会影响人的灵商状况；由此看来，每所大学可以是不一样的。

可怕的是，一些大学缺乏知识、文化和信仰，既没有使命也没有愿景，只剩下一堆僵硬的工具性物质，难见萦绕其上的精神；既没有定位也没有战略，随波逐流，甘愿沦落为职业培训所，甘愿沦落为镶嵌在工业流水线上的一环。

无论将来智能机器人如何强大，只要机器人没有解决活生生的知识、文化和信仰问题，那么机器人仍旧还是机器而已——没有心灵相通，没有人性，即使进入大学教育领域，也解构不了大学，更毁灭不了大学。大学依靠其灵性、情性、智性而存在，一所大学只要不失掉这些自身的特性，就会屹立不倒，而且是获得自身应有尊严的存在！

从某种角度来说，人是环境的产物，人不可能脱离环境而生存。我们虽然不是地理环境决定论者，但是我们绝不能轻易否定“生在淮南是橘，生在淮北为枳”的经验之谈；我们虽然不是社会达尔文进化论者，但是我们也不能完全否认“优胜劣汰，适者生存”的生存法则。环境对于人的作用是不可被低估的，大学环境对于育人的作用也是巨大的，曾有人作出这样十分形象的比喻：大学犹如泡菜汤，不同大学泡出的菜的味道是不一样的。

我本人从事大学管理工作几十年，有人曾经问我，从管理角度来说，办学理念是什么？我简单地回答，就是“氛围和声誉”，即“对内办好氛围，对外办好声誉”。这种氛围是有别于社会和其他大学的特有的氛围，彰显出自身的优势和特色；这种氛围适宜大学与师生共同成长，也可以对社区产生优良的溢出效应；这种氛围虽然是无形的，却无处不在，虽然有些神秘感，其作用和力量却无法估量，也无可替代。好的大学氛围一旦形成，整个大学将精神焕发，气质超凡，无往不胜；既为师生所珍惜，又受到社会的尊重。每一位教师散步于这种氛围的校园里，就会感到精神在得到升华；每一位学生走出这种氛围的校园，就会自带这所大学的气场；每一位大学观光客在这种氛围的大学校园里游走，都会流连忘返，与这所大学相遇恨晚！

这种大学声誉可以穿越时空，穿越高山与大海，远播海内外；这是一种伟大的软实力，可以让天下群贤慕名而来，可以吸引莘莘学子，从而“得天下英才而育之”；这是千金不换、传之久远的大学品牌，意味着精神的高贵、文化的高尚、知识的富集。这种声誉来自大学内在的氛围，来自富有的内涵与踏实的功夫，来自师生共同具有的卓越精神特质，来自整个社会对于这所大学的认可与赞誉，因此，这种声誉经得起历史的检验，经得起社会的评价，让大学蜚声未来，走向世界。

大学有大学之道，除道之外皆为术。然而，我们常常看到舍本逐末者忙碌得“不亦乐乎”！看一所大学要看其道如何。若没有道，就没有灵魂，大学就不成其为大学，徒有大学之名而已。

大学校长应该有其适合于大学成长的理念，如缺乏理念，就很难说其是一位合格的大学校长，最多是一位行政管理者。世界上所有大学校长无不如此。

大学教师应该有献身于教育、以学术志业为终生追求的初心，若没有这份初心，就很难说其是一位合格的大学教师，最多只是一位坚守岗位的一般职业人。世界上所有大学在这方面对于教师的要求都应该是一样的。

大学生应该是以自身全面自由发展为目标、养成独立之人格、培养出自主思考能力的人，既要成才又要成人，既要专业又要通识，否则也很难说是一位合格的当代大学生。全人类对于下一代都寄托着这种期望。

无论如何，大学要依道而行，不可须臾离也；离道则必生乱；叛道则必毁灭。现代大学不是象牙塔，但是要有象牙塔般的精神，否则就会失掉自己的大学领地，错乱自己的大学身份。无论什么时候，大学人都不应忘记一所大学的核心竞争力是什么——是积淀的精神文化，其外在表现就是其优势与特色。大学人应该明白，每项科研工作可能只是一时的，但产生的长尾效应是久远的；每项教学工作可能只是一个阶段的，但其对于受教育者的影响可能是一生的；每次服务社会工作可能只是一个方面的，但其溢出范围可能是广大的；每次文化传承创新可能只是一次小小的尝试，但其成就可能是激动人心的；每次国际交流工作可能是短暂的，但万物是互联的，世界是相通的，服务全人类的伟大事业是无限的。只要一所大学在人才培养、科学研究、社会服务、文化传承创新和国际交流合作方面是认真的、有成效的，就会在日积月累中循序渐进，就会最终凝聚成一所大学巨大的竞争优势和竞争力。

在此，愿抄录马克思在年轻时写下的一段话，同大学人共勉：“如果我们选择了最能为人类福利而劳动的职业，那么，重担就不能把我们压倒，因为这是为大家而献身。那时我们所感到的就不是可怜的、有限的、自私的乐趣，我们的幸福将属于千百万人，我们的事业将默默地，但是永恒发挥作用地存在下去，面对我们的骨灰，高尚的人们将洒下热泪。”

大学是社会的良心，是社会的灯塔，是人类的希望。只要大学不堕落，这个社会就还有希望；一旦大学平庸了，这个社会也就会失败，不可能出现什么卓越的奇迹。看一个国家和民族，最好是去看这个国家的大学如何，因为大学既是一个国家的标杆，又是国家之间相比的重要尺度；从某种角度来说，教育决定这个国家或民族的现实状况及未来发展态势。世界最古老大学之一稷下学宫（创立于公元前 374 年），成就了百家争鸣的历史场面，点亮了世界轴心期的东方灯塔，成为千古之典范和辉煌。世界第一所近代大学——博洛尼亚大学（创立于公元 1088 年）诞生于意大利，意大利从此成为世界科技中心，并引爆了伟大的文艺复兴运动。世界第一所现代大学——洪堡大学（创立于公元 1810 年）诞生于德国，引领其他大学向现代转型，并促成第二次工业革命。一个现代国家不能没有大学，否则不堪设想；一座好的现代城市也不能没有大学，否则很难持续发展。

大学自诞生之日起，就没有离开过我们；倘若我们与大学有了一时的疏离感，那也是因为我们有时候远离了大学。游子可以离开家园，但总会有对于故乡的那份绵绵思念，因为那是永恒的精神寄托场所。大学，是知识的应许之地，流淌着牛奶和蜜；是文化的黄金之地，遍布着无尽的宝藏；是人生的希望之乡，充满了芬芳与阳光！像鱼儿一样在大学畅游吧，“上下天光，一碧万顷”，“岸芷汀兰，郁郁青青”，无论翔浅底，还是自由行，都可以如其所愿，不虚此行！

本人为于海琴博士这种执着于高教事业的精神所感动，在俗务忙碌之余，曾欣然为本书题写书名，现又十分乐意地为其补序。本人作为高教战线的一位老兵，何不快哉！最后将本人曾给本书英文版写下的英文推荐语，用中文复述如下，以作结束语，不成敬意：

“这是于海琴博士及其支点团队呈现给世人的一本充满梦想的书，完全配得上犹如大学老师下课远去之后还能听到的掌声！海琴博士及其支点团队成员在哈佛大学采访了心仪很久的教育大家或典型代表，现在呈现给世人的就是每次精彩采访的记录合集。这里无须献芹或献曝之类谦辞，因为全球未来教育必将受惠于此项采访成果，所以大家应该对于该书付梓予以祝贺！海琴博士一直投身于教育事业，致力于高等教育研究，而且一直对于头上的星空和心中的道德这两样东西充满着赞叹和敬畏！

阅读是一种有回报的体验。您若有时，就完全可以拿起这本书，慢慢地阅读，静静地同作者对话，然后想象这个世界高等教育的宏大视野。让我们做出选择，一起打开这本书，共同分享这本书带来的思想和智慧的盛宴吧！”

蔡先金

山东省人民政府外事办公室主任、山东省人民对外友好协会会长、

济南大学前副校长、聊城大学前校长

2024 年 6 月 8 日匆草于影山书房

中文版序二

慈善可以让世界更美好，也可以让人际关系更亲密。当我应邀为《鱼游哈佛：学习改变世界》一书作序时，我欣然应允。欣然应允，是因为我对慈善同样有着深厚的情感。走上学术道路后，我一直把关注的目光投向慈善，将学术研究和社会服务聚焦于慈善。更为重要的是，慈善事业是一项利国利民的公益事业，已经成为中国特色社会主义事业的重要组成部分，对促进社会公平正义、推动实现共同富裕具有重要意义。

习近平总书记强调："支持志愿服务、慈善事业健康发展。"党的二十大报告提出"构建初次分配、再分配、第三次分配协调配套的制度体系"，要求"引导、支持有意愿有能力的企业、社会组织和个人积极参与公益慈善事业"，将发展慈善事业作为完善分配制度的重要举措并做出明确安排；党的二十届三中全会审议通过的《中共中央关于进一步全面深化改革、推进中国式现代化的决定》，明确提出"支持发展公益慈善事业"，进一步明确了公益慈善事业在经济社会发展全局中的重要地位。

我国有着悠久的慈善传统。习近平总书记指出："中国人民历来重友谊、负责任、讲信义，中华文化历来具有扶贫济困、乐善好施、助人为乐的优良传统。"这些优良传统，是我国慈善事业发展的文化根基。改革开放以来，我国慈善事业在恢复中重建，在改革中创新，持续健康发展，已经走出一条中国特色社会主义慈善道路。党的十八大以来，以习近平同志为核心的党中央高度重视慈善事业，我国制定实施并修改慈善相关法律法规，推动慈善组织有序发展，慈善事业取得长足进步，慈善力量在打赢脱贫攻坚战、全面建成小康社会、支持民生兜底保障和社会福利事业、助力突发事件应对方面发挥了积极作用。截至 2024 年 8 月，全国共登记认定慈善组织超过 1.5 万个，其中具有公开募捐资格的慈善组织 3200 多个。民政部指定的互联网公开募捐服务平台 29 家，累计发布公开募捐信息 17 万多条，带动超过 600 亿人次的网民参与，累计募集善款500多亿元。

中国特色社会主义慈善道路，"特"就特在中国共产党的领导。中国特色社会主义进入新时代以来，我国慈善事业取得历史性成就、发生根本性变化，关键在于有以习近平同志为核心的党中央的坚强领导，关键在于有习近平新时代中国特色社会主义思想特别是习近平总书记关于公益慈善的重要论述的科学指引。这条道路，必须坚持好、发展好。

新时代新征程，坚持走中国特色社会主义慈善道路，最根本是要坚持党对慈善事业的领导，重点是建立健全党领导慈善事业的制度。要坚定慈善自信，立足我国慈善的历史实践和当代实践，总结好中国慈善经验，将其提升为中国慈善理论，不断完善中国特色社会主义慈善理论体系，并用以指导我国的慈善实践。需要强调的是，坚持走中国特色社会主义慈善道路，要秉持开放包容。习近平总书记指出："我们从来不排斥任何有利于中国发展进步的他国国家治理经验，而是坚持以我为主、为我所用，去其糟粕、取其精华。"慈善领域亦然。习近平总书记强调，要研究借鉴其他国家慈善事业的成功做法，创新我国慈善事业制度。秉持开放包容，就要认真鉴别、合理吸收其他国家慈善经验，使之本土化，为我所用。

《鱼游哈佛：学习改变世界》这一公益项目成果的出版，意义非凡，堪称当今公益慈善项目的典范，其特征可总结为"一二三"：坚守初心——回报济南大学贵州校友大爱；实现二者协同共赢——传播哈佛、欧林先进教育理念、助力贵州山区儿童幸福成长；由三个相互联系、逻辑递进的目标组成——以善促善、人人慈善、慈善创新。

此项公益项目由支点团队策划完成，旨在回报济南大学2003届校友杨忠平和他的家乡贵州——中英文版所得稿酬，将全部被用于助力贵州山区儿童幸福成长。支点团队由哈佛大学教育研究生院（HGSE）客座教授、英国巴斯大学荣休教授Helen Haste担任顾问；HGSE访问学者、济南大学博士于海琴，哈佛大学东亚学硕士陶正（Justin M. Thomas），作为队长；来自中国、美国、巴西、加拿大、新加坡等国家的哈佛大学近十位研究生、访问学者，作为核心成员。这本书共收录教育主题访谈20篇。每篇访谈文章皆由受访者简介、编者按、对话、参考文献、注释等内容组成，便于读者按图索骥、溯本求源。

本书不仅记录了具有近400年悠久历史的哈佛校园里最重要的思想家和最有经验的教育践行者的真知灼见，而且解码欧林工学院为何在2018年麻省理工学院发表的报告中被评为世界上排名前二的工程学院，而这仅仅发生在欧林第一届毕业生毕业12年时。更令人欣慰的是，这个国际合作公益项目由哈佛大学师生和济南大学师生携手完成——哈佛大学教职员工出时间和智慧、哈佛大学访问学者和研究生出时间和精力、济南大学校友出资金资助出版。

《中华人民共和国慈善法》第九十七条规定：“学校等教育机构应当将慈善文化纳入教育教学内容。国家鼓励高等学校培养慈善专业人才，支持高等学校和科研机构开展慈善理论研究。”

“大学之道，在明明德，在亲民，在止于至善。”高等学校师生应肩负起时代使命，率先成为慈善事业的倡导者、研究者、实践者。在这方面，济南大学于海琴博士领衔的团队，为我们树立了榜样。

为了使读者更深入地了解这本书，我重点就本书的以善促善、人人慈善、创新慈善三个目标，谈一些想法。

第一个目标是以善促善。慈善在我国古汉语中可以被分解为“慈”和“善”，“慈”是慈悲之心，“善”是善行。也就是说，慈善这个概念本身，就强调了它是在慈悲之心的驱动下的善行。人是社会性动物，在现实生活、学习、工作中，人要与他人进行互动、沟通和交流，在互动的过程中会产生相互影响。正是在哈佛大学这样一个教学相长、教师共研、同学互动的环境中，一个人的善念带动更多人的善念，一个的善行推动更多人的善行：济南大学贵州校友杨忠平资助哈佛大学中国实验室，开展如何减轻中国中学生学业压力研究；支点团队决定开展哈佛系列访谈并结集出版，将所得稿酬捐赠给贵州山区儿童；哈佛师生们欣然接受访谈，济南大学1998届校友陈卓资助出版。在以善促善的社会环境中，大家的慈善意识得以培育，慈善习惯得以养成，慈善精神得以弘扬。

第二个目标是人人慈善。慈善倡导和追求的核心价值是仁慈、善良、人道、博爱，慈善教育是道德教育的重要内容。慈善教育的使命在于让人们了解慈善使命、认同慈善价值理念、知悉慈善运作机制、自觉践行慈善事业。慈善教育自身的特性是由现代慈善的特征决定的，传统慈善更多的是强调救济功能，慈善往往发生在出现大型自然灾害而需要紧急救援时或者是扶助贫困、弱势人群；现代慈善则强调为公共利益服务，公共利益体现在日常生活的方方面面，它超越了传统慈善的扶弱济困范围，向更为广阔的日常生活领域延伸，比如为迷路的人指路、扶老人过马路、捡起地上的垃圾、随手关掉水龙头等。个人捐赠，不仅包括捐赠钱、物，还包括捐赠时间，即参与志愿服务。《鱼游哈佛》的出版过程中，还有30余位志愿者的加盟，他们将访谈语音转录成文字，将文字排版加以规范，将书中照片按照出版社要求进行处理，按支点团队的创意设计封面，将清样与原稿校对，将访谈语音制作成带有字幕的视频……聚沙成塔，滴水成河。正如习近平总书记在《之江新语》一书中所说："无论是个人还是组织，无论是贫穷还是富裕，不管在什么条件下，不管做了什么，只要关心和支持慈善事业，积极参与慈善活动，就开始了道德积累。"

第三个目标是创新慈善。慈善是一个亘古常新的话题，也是一个社会文明程度的体现。

挖掘民间慈善力量，促进慈善的发展，建设慈善强国，是各国政府共同努力的方向。从我国慈善的发展状况来看，我们离慈善强国还有一定距离，与发达国家的慈善水平也有不小的差距。因此，一方面，要努力促成人们的慈善行为，使人们真正为慈善贡献金钱、时间和精力。每个公民的一点点付出，将推动我国社会的巨大进步。另一方面，要借鉴他山之石，夯实具有中国特色的慈善教育体系。高等学校要大力开展慈善通识教育，弘扬慈善文化，助力人人慈善；要开展慈善专业教育，培养专业化、高素质慈善专业人才，为慈善事业高质量发展提供坚实的人才支持。支点团队成员充分利用在哈佛大学学习机会，开拓性地开展公益慈善项目，不仅在知识、影响力、物质层面实现资源再分配，还通过慈善精神的传播、慈善活动的多主体参与，推动了不同社会群体之间的互动，实现了精神层面的升华。

"诚之者，择善而固执之者也。博学之，审问之，慎思之，明辨之，笃行之。"支点团队不仅近乎完美地诠释了出自《中庸·第二十章》的这段话，而且印证了美国慈善研究领域专家佩顿和穆迪对慈善使命的概括："回应人类固有难题"和"让世界变得更好"。

2024 年 9 月 5 日，修改后的《中华人民共和国慈善法》正式施行。在这样的重要节点，本书的出版更有特殊的意义。我乐意隆重推荐《鱼游哈佛：学习改变世界》这本有分量、有价值、有意义的好书。

希望以上内容有助于读者阅读这本书，是为序。

石国亮

首都师范大学教授、博士生导师，中国社会组织促进会专家委员会委员，

比尔·盖茨及梅琳达基金会重大招标项目"中国公益性社会组织发展"

首席专家，《慈善教育论纲》作者

2024 年 8 月 24 日

推荐语

哈佛大学教育研究生院的院训是“学习改变世界”。于海琴和陶正进行访谈的是一个充满活力、生气勃勃的群体，其中既有享誉全球的教育家，也有才华横溢的博士生，他们以其创造性思维，对教育进行了充分的探索、大胆的革新。本书对教育经历、目标、实践和愿景进行了生动、鼓舞人心的描述，表达了在全球背景下对教育的深邃见解。本书涵盖四个主题：教育的目标应该是什么？社会情感和价值技能如何发展？媒介和数字世界的作用是什么？大学生活的经历如何对个人发展提供支持？此外，对欧林工学院创校校长理查德·米勒的两篇访谈，是对上述主题诸多方面的整合和展现，内容非常丰富又具有启发性。米勒校长和他的团队创建的这所大学，不仅生动地代表了当代的前沿思想，而且还彻底改变了美国乃至全球工程教育的概念。

海伦·海斯特

英国巴斯大学荣休教授、哈佛大学教育研究生院客座教授（2003—2018）

于海琴和陶正对哈佛杰出的思想家和富有经验的教育践行者进行了访谈，记录了他们在教学艺术和大学作用方面的思想。编著者们没有把自己的观念套在他们的思想上，而是让他们充分发表个人意见。书中有医学人类学家亚瑟·克莱曼的反思，他一生致力于对中国社会进行深刻的解析；有年轻院长以同理心为出发点，思考如何帮助哈佛学生发挥其全部潜力；有经验丰富的科学家激励哈佛学生奉献一生去保护这个宜居星球；还有许多学者，宛如一块块璀璨的马赛克瓷砖，拼接成了美不胜收的壮观景色，远超任何单块瓷砖的魅力。本书还记录了一位真正的教育先驱，即欧林工学院创校校长理查德·米勒，他对整个工程教育的理论和实践有着深刻的思考。

哈瑞·刘易斯

哈佛大学戈登·麦凯计算机科学讲席教授

这本书意义非凡，它提供了一个难得的机会，让我们了解全球高等教育界的一些非常有影响力和受尊敬的思想家和研究者，学习他们的智慧、经验和原创性贡献。这些思想家和研究者的关注范围非常广，为读者提供了丰富的学习体验，对大学教育的发展起着重要作用。本书收录了享有盛誉的教育家所做的研究，而欧林工学院在工程教育方面的最新经验，也有幸被收录进来。希望欧林工学院所开展的这些实验，也是对博雅教育诸多开创性贡献的补充。

理查德·米勒（Richard K. Miller）

欧林工学院荣休校长、首位员工，“教育变革联盟”联合创始人

这本书收录了多篇精彩访谈，解析了哈佛大学为何享誉世界、欧林工学院为何引领全球教育，印证了梅贻琦先生的观点：“所谓大学者，非谓有大楼之谓也，有大师之谓也。”公益项目《鱼游哈佛》在实现文明交流互鉴的同时，将所得稿酬用于帮助贵州山区儿童幸福成长，充分展示了支点团队的全球视野与洞察力。

余德烁（Dr. Yukteshwar Kumar）

英国巴斯市前副市长、英国巴斯大学汉语学家

海琴和陶正历时八年完成的《鱼游哈佛》一书特别值得一读。作为一个多年致力于素质教育、通识教育与人才培养的教育学者，我深受感动，认为其特别之处有三：一是出版初心令人感动，全书的策划、访谈、写作、出版过程，饱含着作者浓浓的教育情怀，对反思世界教育弊端、改善中国教育现状、回馈偏远山区教育，均有裨益。二是图书内容紧扣教育的热点难点问题，探讨教育的价值与目标、学生的成长与发展、大学生活与培养制度、媒介和数字世界、新一轮科技革命下的工程教育等，无论对教育者还是学习者（接受教育者），都富有启迪。三是写作内容采用访谈、对话等形式，呈现了哈佛大学一批富有思想的学者、学子之真知灼见，生动、亲切，将学术从“高高在上”的象牙塔带进百姓之间。

庞海芍

北京理工大学教育学院教授，中国高等教育学会大学素质教育研究分会常务副理事长、秘书长

我们的世界需要改变，只有最优秀的教育思想才能对此发挥作用。传播这些思想对于加速改变是极其重要的。感谢本书编著者们为推动改变所做出的巨大努力。

孙玉红

哈佛大学肯尼迪政府学院梅森学者、

哈佛大学全球校友总会亚太区主任（2014—2017）

建设教育强国，高等教育是龙头。加强国际交流合作，有效利用世界一流教育资源和创新要素，使我国成为具有影响力的世界重要教育中心，是每一位高等教育工作者的历史使命。本书编著者充分利用在哈佛大学求学的宝贵机会，成功地将教育界优秀专家的真知灼见汇聚在一起，深刻展现了支点团队卓越的全球视野、构思智慧和访谈技巧。本书将对高等教育领域，乃至学前教育和基础教育领域，产生十分重要的影响。

李光红

山东女子学院校长、济南大学前副校长

慈善可以让世界更美好，也可以让人际关系更美好。我对慈善有着深厚的情感，一直把关注的目光投向慈善，学术研究和社会服务聚焦于慈善。慈善事业是一项利国利民的公益事业，已经成为中国特色社会主义事业的重要组成部分，对促进社会公平正义、推动实现共同富裕具有重要意义。2024 年 9 月 5 日，修改后的《中华人民共和国慈善法》正式施行。在这样的重要节点，本书的出版更有特殊的意义。我乐意隆重推荐《鱼游哈佛：学习改变世界》这本有分量、有价值、有意义的书。

石国亮

首都师范大学教授、博士生导师，中国社会组织促进会专家委员会委员，

比尔 · 盖茨及梅琳达基金会重大招标项目“中国公益性社会组织发展”

首席专家，《慈善教育论纲》作者

海琴博士及其支点团队精心编译的《鱼游哈佛》一书，引领读者如游鱼般快乐地遨游在哈佛大学渊博的知识海洋之中，启智润心、催人奋进！我于 2007 至 2008 年作为高级访问学者在哈佛大学研修，书中的一些描述和观点，我亦曾耳闻目睹、感同身受，如今读来，仍备感亲切、备受鼓舞。学习改变世界，知识铸就辉煌。诚愿此书能伴随读者在求知增慧、激情励志中健康成长！

韩延明

临沂大学前校长、享受国务院政府特殊津贴专家

这本书由于海琴博士及其团队编著，富有远见，值得收获热烈的掌声。我向于博士及其辛勤的访谈团队所取得的重大成就，表示衷心的祝贺！这一成就将对全球教育的未来产生重要影响。于博士一直致力于教育事业，有两样东西始终让她好奇和敬畏：她头上的星空和心中的道德准则。

蔡先金

山东省人民政府外事办公室主任、山东省人民对外友好协会会长、
济南大学原副校长、聊城大学原校长

前言：善良是一种选择

一、一本书，一个故事，一种理论

哈佛大学，这个全世界人都向往的地方，即将迎来400周年华诞。哈佛声誉卓著，拥有众多杰出人物、卓越成就和传奇故事。哈佛的高大形象，对于我是模糊、抽象和遥远的。然而，我对哈佛那种可望而不可即的感觉，却被接下来的三件事，彻底改变了。

首先，我读了《失去灵魂的卓越：哈佛是如何忘记教育宗旨的》[①] 这本书。书中指出，大学忘记了本科教育的根本目的，即将年轻人培养成具有社会责任感的人。霍华德·加德纳（Howard Gardner）教授在书评中写道，哈瑞·刘易斯（Harry Lewis）"是个勇敢的人，写了本勇敢的书"。我读完这本书后，对加德纳教授的评论有了更深刻的理解。该书作者刘易斯教授的确很勇敢，他有足够的勇气说出真相。在这方面，他充分体现了哈佛的校训：真理（veritas）。

其次，我偶然看到一个故事。哈佛大学有位中国留学生吴咏慧，讲述了她在哈佛经历的"遥远的掌声"：约翰·罗尔斯（John Rawls）教授是当代社会学大师，他在哈佛上完最后一堂课时，谦称课堂所谈全属个人偏见，希望大家能做独立思考、自行判断。在他走下讲台后，全体学生鼓掌致谢。有点内向害羞的罗尔斯教授挥了挥手，快步走出了讲堂。但掌声在他退场后持续了很久。吴咏慧问旁边的美国同学，到底还要拍多久？同学回答："让罗尔斯教授在遥远的地方还可以听到为止。"[②]

最后，我遇到了一种理论：职业选择的"泊车"理论。哈佛大学前校长德鲁·吉尔平·福斯特（Drew Gilpin Faust）在2008届毕业典礼演讲中，对学生们说："你们对于成功和快乐的关系，表达出了担忧，也许更准确的说法

---

① LEWIS H R. Excellence without a soul：how a great university forgot education［M］. New York：Public Affairs Press，2006.

② 吴咏慧 . 哈佛琐记［M］. 西安：陕西师范大学出版社，1998：17.

是，应该怎样定义成功，才能使它产生或包含真正的快乐，而不仅仅是金钱和荣誉……不要觉得肯定没有车位了，就把车停在离目的地二十个街区远的地方，而是要直接把车开到你想去的地方，如果发现车位满了，大不了就绕回来……要找你喜欢的工作。如果你醒着的时间有一半以上都在做不喜欢的事情，那就很难快乐。”这番话让我决心成为一个勇敢的（courageous）人。在刘易斯教授的鼓励下，我定下了研究课题“培养和提升大学生社会责任感的方法和策略”。哈佛大学教育研究生院也同意我在海伦·海斯特（Helen Haste）教授的指导下做访问学者。

海斯特教授是一位伟大的导师，她根据我的能力，全程指导我完成了一系列的访谈。她做的第一步，就是让我在“中国实验室”获得数据编码的经验，这样我就没有必要旁听教育研究生院的访谈技巧课程；第二步是亲自给我制订了一份“访谈简要培训计划”；第三步是指导我们“支点团队”设计和开展访谈。

二、马拉松式的学习

俗话说，英雄所见略同。2008 年 3 月 26 日，哈佛大学前校长福斯特应邀参加北京大学 110 周年校庆时说，“据我了解，中国有句话是这样描述教育的：大学[①]之道，在明明德。这是一所名校的核心”。梅贻琦自 1931—1948 年执掌清华，被誉为清华大学“永远的校长”。他有两个著名的观点。一个是“大师”论，也就是大师级的教育家。他在 1931 年就任清华大学校长的演说中，简洁地表达了这一观点：“所谓大学者，非谓有大楼之谓也，有大师之谓也。”[②]另一个是“从游”论或称作“大鱼前导，小鱼尾随”论，强调教师对于学生的特殊作用。梅校长把学校环境比作水，把教师比作大鱼，学生比作小鱼，师生关系是一种引导与跟随的关系[③]。教师必须磨炼自己的意志和情感。学生不仅从老师的明确教导中学习，还会在耳濡目染中学习。

我去哈佛大学访学时，适逢教育研究生院的“教育时刻”（Education’s Moment）。9 月 19 日，教育研究生院把课程取消了，所在地阿庇安大道

---

① 福斯特引用了儒家经典《大学》，而“大学”两字在现代汉语中指高等教育机构。

② 梅贻琦.大学一解［M］//刘述礼，黄延复.梅贻琦教育论著选.北京：人民教育出版社，1993：102.

③ 梅贻琦.就职演说［M］//刘述礼，黄延复.梅贻琦教育论著选.北京：人民教育出版社，1993：10.

（Appian Way）[1]也封闭了。它发起了一项2.5亿美元的筹款活动，这是哈佛大学65亿美元筹款活动的一部分。开幕式吸引了1300名与会者，仪式包括演讲、音乐表演、系列讲座和讨论、街区派对等，所有这些都为我敞开大门。首先，马科斯·苏亚雷斯（Marcos Suares）介绍了美国教育部部长阿恩·邓肯（Arne Duncan）。苏亚雷斯是“青年领导力网络项目”的成员，也是“贯通教育”视频的主演之一。此后，一位来自音乐学院实验特许学校的学生欢迎福斯特校长上台。这两个片段展示了成人如何不断激励孩子，给他们创造机会，以高期望来培养他们。

随后，讨论就围绕“批判性对话和大胆想法”这个主题展开。话题涉及整个教育领域，从全球教育、监管者作用，到高等教育中的技术及早期学习与大脑的关系。其中有8位教授分别用8分钟谈论了他们最近的工作，生动展示了教师如何作为团队进行研究。正是在这里，我注意到了托马斯·赫尔（Thomas Hehir）教授和约瑟夫·布莱特（Joseph Blatt）教授，也正是在这里，我聆听到了霍华德·加德纳（Howard Gardner）教授的演讲“超越智慧和勇气”（beyond wit and grit）。

那一天，我深深地意识到，这正是为教育事业做出重大贡献的“正确的地点、正确的时间”。瑞安院长告诉与会者，教育是改变世界的“唯一可靠途径”，任何人都可以通过教育学会做出改变。这一系列活动提醒我，我不应该只关注道德教育，而要关注更广泛的主题，比如通识教育、特许学校、特殊教育、数字技术等。哈佛大学教育研究生院自1920年成立以来，培养出了一大批教育思想家和实践者，他们给教育领域带来了革命性的变化。我想我会有机会以录音或录像的形式，访谈当代一些伟大的教育家。正如教育研究生院校友、“哈莱姆儿童地带”（Harlem Children’s Zone）创始人杰佛瑞·卡纳达（Geoffrey Canada）所说，我们过上好生活的唯一机会是接受教育，哈佛大学教育研究生院教导他要“走出去，真正去做”。我虽然知道自己能力有限，但也应该走出去，真正去做，去访谈教育界的大咖们。

福斯特校长把教育研究生院看作“哈佛最有勇气的地方”，这让我想到我也应该立志成为研究生院最有勇气的学习者。作为哈佛社区的一员，我获得了许多课程的旁听机会，并通过电子邮件获得了教育研究生院和其他地方

---

① 哈佛大学教育研究生院位于阿庇安大道上。古特曼图书馆、Longfellow Hall、教学楼、Redcliffe都在那里。

的所有信息，如费正清中国研究中心、地球和行星科学系、哈佛本科生院等。这些都启发了我的思想，为我创造了机会。在这个过程中，我结交了更多的朋友，其中一些成为支点团队的成员。我也跟着更多的教授学习，他们中的一些成为我的访谈对象。海斯特教授花费了几周时间，教我如何访谈，所以实际的访谈日期相对较晚了些。接下来的三个月就不用说了，忙得焦头烂额！我们的第一位访谈对象是哈瑞·刘易斯教授，访谈是在 4 月 9 日。最后一位访谈对象是南希·萨默斯博士，是在 7 月 6 日下午 3：30—5：00 进行的访谈，然后我第二天早上 7：00 就启程返回了中国。

我也是一名业余长跑者，经常从约翰·史蒂芬·阿赫瓦里（John Stephen Akhwari）那里获得灵感，他曾代表坦桑尼亚参加 1968 年奥运会的马拉松比赛。他在比赛中途受了伤，但还是坚持完成了比赛，只是多用了不少时间。他没有赢得奖牌，却声名远扬，因为他是这样解释的："我的祖国送了我 5000 英里来到这里，不是让我只参加就行，而是让我完成比赛。"我个人离开哈佛大学已经 8 年了，但我决心完成自己的这场"比赛"。今天，我把这本书作为我的"奖牌"，奉赠给那些一路走来帮助过我的人，奉赠给所有感兴趣的读者。

三、用善良更好地回报祖国与同胞

善良是一种选择。编写这本书的时候，我有三个惊喜：第一，尽管工作繁忙，每个受访者和访谈者都选择帮助中国贵州省的农村儿童；第二，我对教育的积极态度和努力，得到了他们每个人的鼓励，而我在设计访谈方面能力有限，他们也给予了理解和宽容；第三，每个受访者都选择持续支持我们，把他们仔细修订过和带详细评论的文字稿返给我们。刘易斯教授被任命为哈佛大学工程与应用科学学院（SEAS）的院长时，说："我要以 SEAS 的教职工为榜样，几十年来，他们的才华、智慧和善良让我受益匪浅。"欧林工学院的创校校长理查德·米勒，也与我们谈道，欧林的实验文化之所以取得成功，背后的秘密就是善良。[①]毫无疑问，善良是建设和平美好的社会、国家和世界的第一要素。

在整个项目中，我不断提醒自己要坚持初心。这可以用哈佛大学校门上的一句话来概括：为增长智慧走进来，为更好地服务祖国与同胞走出去（见

---

① 理查德·米勒，王连江，于海琴."新工科"办学的欧林效应：小规模，大影响——理查德·米勒校长与王连江、于海琴的对话［J］. 华东师范大学学报（教育科学版），2021，39（3）：111-126.

下图）。2017 年 5 月，我偶然看到了欧林工学院时任校长米勒的这句话，“霍华德·加德纳教授的研究，对我们欧林工学院的创建产生了很大影响，特别是在制订招生计划方面”。就在我了解到这一点的三个月前，也就是 2017 年 2 月，中国启动了“新工科”建设。有鉴于此，我们支点团队的主要精力，从编辑哈佛访谈录，转移到了一系列新的访谈，以便从欧林工学院学到更多。2020 年秋季以后，陶正再次有了时间对每篇访谈的英文版本进行校对，于是我们将主要焦点又放回到哈佛访谈录上。直到 2021 年 2 月，我才决定先出版这本书的英文版，之后再出版中文版。我的同事王连江免费把这些访谈翻译成中文。曾经教过我的李光红老师被大家的慷慨、善良和奉献精神深深感动，决定资助出版本书。

ENTER TO GROW IN WISDOM

DEPART TO SERVE BETTER THY COUNTRY AND THY KIND

摄影：俞国梁

我们现在所处的时刻，正是教育研究生院现任院长布丽奇特·隆（Bridget Long）所称的历史“拐点”，此刻有着巨大的变革潜力，因此我们相互学习就尤为重要了。哈佛大学教授威廉·C. 柯比（William C. Kirby）最近观察到：“中国的大学在数量和质量上都是世界上发展最快的，这就是为什么世界正在向中国走来。”[①]如果世界到我们中国来学习，那么我们也必须向其他国家学习。我把哈佛大学和欧林工学院的智慧带回来，不仅是为了中国，也是为了来中国大学学习的其他国家的人。柯比教授还解释说，1936 年，北京大学学者胡适到哈佛大学接受荣誉学位时，向哈佛大学赠送了一块石碑作为

① HARVARD PROFESSOR WILLIAM C. Kirby delivered the keynote speech “The rise and challenges of Chinese universities” at the 2021 China Education Symposium（“Embrace uncertainty and refne the future: empowering education in China”）at HGSE on April 9，2021.

礼物，石碑就立在威得纳图书馆（Widener Library）外面。胡适在石碑上题词，开篇写道："文化为国家之命脉。国家之所以兴也系于文化，而文化之所以盛也实系于学。"题词结尾处，他期望"当见两国文化愈益沟通，必更光大扩充之"。

四、把三个新的"R"、一个新的"S"和一个新的"M"加进 STEAM，创建 STREAM 教育

哈佛前校长德里克·博克（Derek Bok）在其两本著作《回归大学之道》[1]和《美国的高等教育》[2]中，特别强调要教给大学生两种能力：一种是批判性思维能力，另一种是沟通能力，包括"精确优雅的写作能力"和"清晰有力的演讲能力"。[3]近年来，大学生写作能力欠缺，这个现象已经引起包括中国学者在内的广泛的关注和批评。自 2020 年起，清华大学要求每个本科生都必修"沟通与写作"这门课程。2020 年 11 月 3 日，中国教育部启动了"新文科建设"项目，其目标之一是大幅提升学生的写作技能。在一次关于文艺复兴的在线讲座中，哈佛大学历史学教授詹姆斯·汉金斯（James Hankins）这样回答了我关于写作的问题："写作是文艺复兴时期伟大的艺术之一……但我认为写作技能在过去的 20 年里已急剧下降。我想我最后看到真正优秀的本科生写作，是在 20 世纪 90 年代。"[4]好消息是，凯尼恩学院（Kenyon College）目前正在将写作纳入科学和数学课堂，这在加德纳教授的新书《真实的大学》[5]中有详细描述。

学会写作是改变自己和改变世界的"正确"方式。我们只有把"R"（reading，writing and relevance；即阅读、写作和关联）加入"STEAM"（science，technology，engineering，art and mathematics；即科学、技术、工程、艺术和数学），同时把"运动"（sport）也纳入其中的字母 S，把"媒介"

---

① BOK D. Our underachieving colleges：a candid look at how much students learn and why they should be learning more［M］. Princeton：Princeton University Press，2006.

② BOK D. Higher education in America：Rev. ed.［M］. Princeton：Princeton University Press，2015.

③ BOK D. Our underachieving colleges：a candid look at how much students learn and why they should be learning more［M］. Princeton：Princeton University Press，2006：67.

④ HANKINS J. Harvard University：renaissance thought（zoom lecture）［Z］.（2021-03-07）. Question and answer session.

⑤ FISCHMAN W，GARDNER H. The real world of college：what higher education is and what it can be［M］. Cambridge：MIT Press，2022.

（media）纳入其中的字母 M，变成“STREAM”，个人才能得到全面培养，整个世界才能变得更好。在本书的编辑过程中，我意识到社交和读写技能对儿童的真正意义（特蕾西·伊丽莎白、罗伯特·塞尔曼、理查德·韦斯伯德、亨特·格尔巴赫等教授尤其清楚地表明了这一点）。对于成年人来说，能够写出清晰的句子真的可以改变世界（我从南希·萨默斯博士那里知道了这一点）。我于 20 世纪 70 年代初出生在中国东部的一个小山村，那里的女孩子通常只读完小学，仅有少数能上中学。我怀着极大的好奇心和兴奋感上了小学，但在三四年级时，我有过两次退学请求。第一次，我跟母亲说我想辍学在家养兔子，这样可以帮家里挣钱。母亲果断拒绝了我的这次请求。第二次，我决定先采取行动，再告诉母亲。那天我在学校对老师说，我决定退学，去学做衣服。回到家后，母亲决绝地对我说：“好吧，你可以退学。我准备去城里给人家照看孩子了。既然你不再上学，那就在家里帮忙干农活，给你两个哥哥和父亲做饭吧。”

我的母亲出生于 20 世纪 40 年代中期，那时识字还没有普及，尤其是对于女性。但母亲很幸运，她是中学毕业。母亲总是尽力帮助别人，鼓励当地的学龄儿童去上学。自然而然地，在我们村需要扫盲的时候，我的母亲是最有资格在妇女中开展扫盲教育的人之一。所以我还没到上小学的年龄（那时候村里没有幼儿园）时，就在我家院子里与同村的妇女一起接受识字教育了。我上小学后，母亲经常边在厨房做饭，边指导我写作。我一直以来的梦想，就是成为优秀的老师、作家，我想其根源就产生于那时吧！直到今天，我仍清晰地记得，我成为我们村第一个女本科生时，母亲喜极而泣的情景。甚至直到现在，我仍在探索如何写作，梦想着为学习写作者架起通向优秀作家的桥梁。我希望，这些访谈能够为教育研究人员、申请到哈佛和欧林就读的学生及其家长、英语语言学习者，以及所有希望提升写作能力的人，提供一系列优美而有效的写作方法。

五、“伟大”的含义

中国有句话，说人生有三大幸事：生来有好父母，上学有好老师，工作有好师父。这与米勒校长向我推荐的《培养创新者》一书中表达的一个重要观点非常相似。“内在动机有三个相互关联的要素：玩耍、激情和使命（play, passion and purpose）。父母、老师、导师和雇主是否鼓励这些品质，以及在多大程度上鼓励这些品质，对于年轻创新者的生活会产生巨大的影响……让学生有机会追求自己的兴趣、发现自己的激情，从而走向更深层次的使命，这是大多数欧林课堂的学习驱动力。”[①]我自己就是最幸运的人之一。我母亲非常善良，她总是教育我要乐于助人，为他人着想。她的乐观和豁达教会我追求梦想、探索外面的世界。她的极佳口才和非凡智慧向我展示了如何有效地沟通。这些经验引导我走上了一条道路，遇到了——并将继续遇到——许多伟大的老师和人生导师。我相信这本书同样会让你遇到许多伟大的思想和灵魂。

2014 年世界读书日那天，我的美国签证申请成功，使得我有机会在哈佛大学酝酿这本书。今天，我真诚地希望本书能成为了解哈佛的桥梁，帮助读者找到“正确”的学习和生活方式。STREAM 教育也许将成为我的下一个研究兴趣，重点将放在如何让信息输入和转换输出形成协同关系，为“良好工作和有见识的公民生活”打下基础。

正如米勒校长所说，“良好的教育改变了你的知识范围，而伟大的教育则改变了你是谁”。改变世界从改变自己开始。许多读者可能觉得，只有伟大的人物（如本书访谈的那些），才能让世界发生重大改变。在此，我想提醒这些读者，马丁·路德·金这样说过：“不是所有人都会成名，但每个人都可以变得伟大，因为伟大是通过服务他人而界定的。”如果你愿意服务他人，你就是伟大的。所有为建设一个更美好世界而倾心服务的人，都很伟大，都应该得到掌声，这种掌声可以在遥远的地方听到，可以跨越时间和空间。

六、通过朋友培养“仁爱”

中国有个成语叫“饮水思源”，字面意思是“喝水的时候想到水的来源”。它来源于一个完整的句子，前半句是“落其实者思其树”。[②]引申的意思是，在享受快乐的时候，不要忘记创造快乐的人，要永怀感恩的心。

在我接受教育的过程中，有 100 多位老师教过或指导过我，他们都不懈地追求真、善、美，将我塑造成了今天的我。作为高校学生工作人员、教师和编辑，我有幸深度打过交道的学生已经超过 1000 人。他们陪伴甚至引导我探索自己的身份、能动性和使命。我以前的学生杨忠平资助了哈佛大学教育研究生院的中国实验室（China Lab）项目。因此，出版这本书的初衷就是传

① WAGNER T. Creating innovators：the making of young people who will change the world［M］. New York：Scribner，2012：45，189.

② 王涛，等. 中国成语大辞典：辞海版［M］. 1 版. 上海：上海辞书出版社，2007：1364.

递这份大爱：他怀着一颗感恩的心资助教育研究，而我们支点团队也要为他家乡孩子的快乐成长贡献力量。

伯顿·沃森把《论语》中的“君子以文会友，以友辅仁”翻译为“the gentleman uses the arts in acquiring friends and uses friends in helping him to become humane”[①]，意为“品德高尚的人用文章、学问（arts）结识朋友，凭借朋友辅助仁爱道德的修炼”。他还在注释中载明，arts 包括“文学、典礼仪式、音乐等”。[②] 本书推荐人蔡先金教授对这句话的翻译是：“A gentleman makes friends through his learning and cultivates benevolence through those friends.”意为“君子以学问交友，通过朋友培养仁爱”。

如今，在任何时间、任何地点，以任何方式，都能够学习。与此同时，我们比以往任何时候都更需要重视这句话：“人类历史越来越成为教育与灾难之间的竞赛。”[③] 2022 年一丹教育发展奖得主、新教育实验的发起人朱永新教授也主张：“我们只有把指向未来的美好心愿，倾注到当下的生活中，落实到点点滴滴的言行之中，才能创造无限美好的今天。”[④] 让我们心怀敬畏和好奇，勇毅前行！

于海琴

2023 年 1 月 22 日（农历新年）

于济南大学

① WATSON B. The analects of confucius［M］. New York：Columbia University Press，2007：80.

② WATSON B. The analects of confucius［M］. New York：Columbia University Press，2007：24.

③ WELLS H G. The outline of history［M］. The Project Gutenberg eBook，1921，Vol. 2，ch. 41，sec. 4.

④ 朱永新 . 未来学校：重新定义教育［M］. 北京：中信出版社，2019：224.

目 录

CONTENTS

第一部分 价值与目标

高等教育灵魂的寻回与守护 *

——访哈佛大学戈登·麦凯计算机科学讲席教授、
工程与应用科学学院前代理院长、哈佛学院前院长哈瑞·刘易斯

于海琴 陶 正

受访者简介：哈瑞·刘易斯（Harry Lewis）1964 年在哈佛学院开始本科学习，在这里他最终找到了激情所在——计算机科学领域。1968 年获得学士学位，三年后回到哈佛，1974 年获得应用数学博士学位，之后加入哈佛大学教师队伍，1981 年成为戈登·麦凯计算机科学教授。1995—2003 年，担任哈佛学院院长，主持本科生工作。2003—2008 年，因教学成就卓越被授予“哈佛学院教授”称号。刘易斯撰写或编辑了大量计算机科学和高等教育方面的书籍和文章，比如《失去灵魂的卓越：哈佛是如何忘记教育宗旨的》（以下简称《失去灵魂的卓越》）、*Blown to Bits Your Life Liberty and Happiness after the Digital Explosion*、*What Is College for*、*The Public Purpose of Higher Education*。其中《失去灵魂的卓越》一书，通过其中文译本，在中国获得了广泛的关注。刘易斯经常去中国香港，在香港大学担任公共核心课程的外部审核人，还为《南华早报》撰写过一些文章。最近，刘易斯编辑了 *Ideas That Created the Future Classic Papers of Computer Science*，于 2021 年 2 月由麻省理工学院出版社出版。

---

* 本文已经以中文发表。海伦·海斯特是中文版本的通讯作者。中文版发表信息如下：于海琴，陶正，Helen Haste. 大学灵魂的寻回与守护——访哈佛大学哈瑞·刘易斯教授［J］. 高等工程教育研究，2017（3）：53-59。于双辰完成由录音到文本的转录工作。

哈瑞·刘易斯
（Harry Lewis）

陶正、于海琴与哈瑞·刘易斯
的合影

哈瑞·刘易斯与于海琴的
合影

摄影：Kathy Pham

编者按：于海琴申请哈佛大学访问学者时，联系的第一位哈佛大学教授就是刘易斯。刘易斯教授的《失去灵魂的卓越》一书吸引了于海琴，受其鼓舞，于海琴的哈佛访学梦想成真。在本次访谈中，刘易斯教授回顾了自己20世纪60年代在哈佛本科阶段主修应用数学的日子，并指出了他在大学四年级时经历的三件重要事情。自加入哈佛大学以来大约50年里，他发现了两个主要变化：其一，哈佛大学学生现在一半是女性；其二，很大程度上由于手机通信的便利，大学不再是学生为了远离父母、成长为独立自主的个体而去的地方。他强调，学生除了要在自己的学习领域取得优异成绩，还应把自己看作对世界未来负责的公民。他举的一个例子是，一位年轻女性非常担心无人驾驶汽车有可能取代优步（Uber）司机。不幸的是，许多学生被有效地训练成了“精致的利己主义者”，而不是对公共利益负责的未来领导者。这是刘易斯在《失去灵魂的卓越》中提到的问题。当被问及哈佛大学的录取标准时，刘易斯强调了良好的品格、从事高质量学术工作的意愿，以及认识和利用机遇的能力。刘易斯以前的两个计算机科学专业学生比尔·盖茨（Bill Gates）和马克·扎克伯格（Mark Zuckerberg），就明显体现出了认识和利用机遇的能力。刘易斯从中国经典著作《老子》（也称《道德经》）第17章的一句话中获得了灵感，他也把这句话转给了哈佛大学前校长福斯特。刘易斯分享了他对理想的大学领导力的看法，即培养教授的创造力和赋权感。最后，刘易斯对许多可能经常引起混淆的概念进行了区分，如“自由教育”“通识教育”“博雅教育”“人文教育”。

关键词：哈佛；计算机科学；录取标准；高等教育；博雅教育；通识教育；人文教育；领导力

一、在哈佛大学的求学经历与人生启航

访谈者：您在《失去灵魂的卓越》[①]中提到："1964年9月父母送我到哈佛大学报到的情景犹历历在目。就在父母离开的那一刻，我意识到，我终于摆脱了他们的监管。"许多人会认为，有着这样想法的学生，他的大学生活多半是天马行空的。但您于1968年以优等生的身份毕业，说明您大学成绩优异。您的专业是应用数学，能否谈谈您的学习经历？

刘易斯教授：我曾就读于罗克斯伯里拉丁中学。那是一所非常有名的男子学校，历史悠久、管理规范。那时我跟父母住在一起。他们对我和哥哥抱有很高的期望，所以，高中时我真的没有太多空闲时间。到了哈佛大学我仍然非常刻苦。但我发现在一所毕业班仅有24名学生的学校里成为优等生，与在一所拥有1600名学生的大学里成为优等生相比[②]，是截然不同的。我曾尝试参加课外活动，如排练过戏剧、参加过运动会，但都不是很理想。找到乐于学习的课程，着实花费了我一些时间。后来我发现：要快乐学习，关键是学习自己擅长的科目。数学和物理是我的首选专业，但也是藏龙卧虎之地，不乏佼佼者。于是，我决定主攻应用数学，因为我发现并迷恋上了电脑编程领域。

1964—1968年是所谓的"60年代"中期。这一时期的大环境不完全是20世纪60年代社会革命的顶峰。我离开学校后的1969年才到处都是抗议、占

① 《失去灵魂的卓越》（*Excellence Without a Soul：How a Great University Forgot Education*）英文版由美国公共事务出版社2006年5月出版；中文版（侯定凯等译）由华东师范大学出版社2007年8月和2012年8月（第二版）出版。杨叔子院士2008年10月在《中国青年报》发表的《我们的大学是否也在追求失去灵魂的卓越》中提到，"《失去灵魂的卓越》是哈瑞·刘易斯对哈佛大学的批评。他说哈佛大学为了追求卓越的学术成就，重视研究生教育，重视市场名利，轻视本科，轻视教学，轻视学生道德人格的培养，忘了后者才是大学的灵魂"。他在《失去灵魂的卓越》（第二版）出版时写的书评中说："教育是'育人'而非'制器'，是以'文'化人而非以'识'造物。《失去灵魂的卓越》批评了哈佛大学追求学术领域的卓越而忘却了培养对社会负责任的公民这一灵魂。固然高校育人应立足于治学（术），但治学（术）须首先服务于育人，所培养的人必须有高度的社会责任感。该书内容好，特别切合我国重点高校的实际。该书的出版，对我国高等学校如何办学颇具警示意义。"

② 哈佛大学（Harvard University）有12个授予学位的学院，另设拉德克利夫高等研究学院（Radcliffe Institute for Advanced Study）。哈佛学院（Harvard College）是唯一招收本科生的学院，招生人数每年在1600人左右，2012—2016年5年的招生数据分别为：1665人、1664人、1662人、1612人、1667人。

领大楼等活动。[①] 当时校园里充斥着毒品，各种社会变革正在发生。[②] 我并未积极参与这些变革，但它们就在我身边演变。披头士是一种另类音乐，尤其是在其发展到迷幻摇滚阶段（psychedelic phase）之后，哈佛大学出现了向上的氛围，一种社会进步的氛围[③]，你不由得受到影响。大四那年，即 1967—1968 年是我生命中最重要的一年。因为这一年我经历了三件事情。一是我在做计算机科学研究，这是非常令人兴奋的一件事。我计算机图形的早期作品几乎要花数百个小时。我发现我完全爱上了学术，同时也得到很多鼓励和肯定，这是最好的回报。那时，我面临着征兵，而且征上来的兵都要被送往越南前线。当时所有男人都是候选，能否被征募带有某些随机性。毋庸置疑，我肯定是符合条件的，而且没有明显的豁免权、医疗或其他特殊情况。所以，我是有思想准备的。当时我恋爱了，还试图结婚。

访谈者：爱情来了！

刘易斯教授：的确如此。所以，我陷入了某种关系，不仅与我深爱的人，还与她的父母及我的父母，各种关系交织在一起。当然，这与我们今天的话题没有多大关系，但它使我大四的生活变得更加复杂。不管怎样，所有问题最终得到了圆满解决。1967—1968 年里，我一方面努力保持学生身份，考虑如何逃过兵役，还要竭力独立，掌握能力，懂得担当。我得说服我父母及她父母，还得承担责任——我们一起为生活打拼的那份责任，不光为我自己，还要为我的另一半。那段时光真的是很不消停。可以说，1968 年毕业的我与 1964 年入学的我相比，真可以用“脱胎换骨”来形容。

访谈者：确实是这样，时光荏苒，1964 年至今有 50 年了。

刘易斯教授：没错，过去 50 年了。这些年大部分时间是在哈佛度过的，

---

① 20世纪60年代美国发生了很多社会革命，以非裔美国人的民权运动为主，出现了很多相似运动，主要以保护社会少数族裔权利为目的，同时反对一些保守观念。哈瑞·刘易斯提到的革命顶峰是 1969 年，在 1964—1968 年的哈佛大学校园也很明显。《失去灵魂的卓越》中提到：“大学毕业时正值越南战争。我服了两年兵役，因此没能目睹 1969 年春哈佛大学行政主楼被占领、防暴警察发射催泪弹、学生与教授激烈对峙的一幕。1974 年我博士毕业那一年，哈佛校园比六年前我离开学校的时候安静多了。征兵活动、马丁·路德·金和罗伯特·F. 肯尼迪遇刺的阴影，一直笼罩着我毕业前的那个春天。但阳光也开始照耀那个年代。1974 届的学生不再与学校为敌。”

② 在哈瑞·刘易斯1964—1968年求学期间，哈佛大学学生吸毒较多，如大麻、LSD（一种麻醉药）等；上文提到的社会革命也正在发生。

③ “psychedelic”常形容引起幻想的毒品，包括前面提到的LSD。该词同时也形容一种成员是吸食这种毒品的人的亚文化。很多乐队试图通过音乐来重复或引起那种幻想的感觉。

所以我更能体会时光飞逝——从入学到现在一晃50年过去了。

访谈者：的确。不过您看起来确实很年轻。

刘易斯教授：谢谢。身处大学会让人青春永驻，因为总是同年轻人一起工作。我非常喜欢这份工作。今天上午有个大一学生过来咨询学业问题。她问我应选哪些课程，是不是选修容易一些的课程，以便取得好成绩，她打算四年后去医科学校。我一直跟学生讲，做任何事情，都应考虑是否感兴趣，能否从中得到鼓舞、找到乐趣。不能像绘制剧情那样一步一步规划生活，这样会影响自身优势的发挥。如果懂得变通，知道如何把握机遇，就不会亦步亦趋遵循入学时的计划——“我要先做这个，再做那个，然后……”这有什么乐趣可言呢？

访谈者：是的，中文的说法叫“顺势而为”，不能强求。

二、哈佛大学50年的不变与变化

访谈者：与50年前的哈佛相比，您认为哈佛最大的相似之处和不同点有哪些？可以谈谈您的感受吗？

刘易斯教授：有人曾问过这个问题，答案带有些许哈佛特色，同样也适用于其他大学。这期间，哈佛最重要的变化在于哈佛现在的女生占一半。我就读时，女生仅占四分之一。那时，女生与男生的录取标准是不同的。录取的男生总与以下职业联系：学者、立志于仕途者，也不乏律师。在拉德克利夫女子学院，女生更多倾向于文学、艺术及狭义的学术。不同之处不仅体现在那时女性所占比例较小，还有各方面的社会融合。仅从男女生比例失衡来说，那一时期的社会生活方式在当代人看来堪称奇闻怪谈。很明显道德随之发生了变化。举个例子，拥有1：4雌雄比例的任何哺乳动物，雄性都会去别处另寻伴侣，不是吗？因此，当时每到周末校园里便空空如也，因为男生去女子院校或高中女朋友所在地约会，如佛蒙特州……周末校园如同空城。现在，人们谈到哈佛会说“为什么去哈佛而不去耶鲁（Yale）呢？波士顿是个风水宝地，纽黑文没有多大吸引力”。纽黑文是个相当不错的城市，只是没有波士顿这样的声望。而且哈佛距波士顿仅8分钟地铁路程。[①]当你问大四的孩子：“感觉如何？你多久去一次波士顿？”他们会说：“噢，波士顿！我真的

---

① 哈佛大学位于美国的马萨诸塞州，校区分布在毗邻的剑桥市（Cambridge）和波士顿市（Boston），两地乘坐红线地铁（Redline）只需几分钟；哈佛学院位于剑桥市。

应该抽时间去一趟！”由于我们生活在自给自足的社区里，一定程度上改变了学生的行为习惯。当然，这儿更有吸引力还有个更大的原因，就是这儿有各式各样的女生，涉及领域包括田径、学生干部、政治学等，过去这是根本不可能的。我认为这是个显著的变化。

另一个不同之处，我认为不尽是优点，回答上个问题时已提及，就是过去大学是学生脱离父母、不断成长、成就自我的地方，如今这一角色有所欠缺。网络、手机等使学生难以自控。有些家庭希望学生每天接受父母的检查。我认为这种情况是不利的，学生进入大学时，应当能抛开曾经对自己的定位，至少利用一年时间尝试不同的事情，或坦诚面对做不同事情的可能性。但室友的所作所为或多或少会有影响。如室友在跳交际舞，你就会想，不妨去交际舞俱乐部享受一下；再如室友正在学习中文课程，而你又必须选修一门语言，你就会想，何不学习中文呢？这可能以前从未发生过，对学生个人发展是不利的。如果学生们不断被拉回到一些规范——那些他们初到哈佛时父母身上体现的规范，他们的创新力及想象力——想象自己承担不同角色的能力——就会被扼杀。我们拥有一批聪明绝顶的学生，他们不仅志向远大，而且打心底愿意、有能力成长为有担当的社会领导人。他们将塑造的社会应是他们自己创造出来的，而不是他们父母意愿的体现。当遇到学生想做一件事，却因为担心父母不同意而没有做时，我是非常恼火的。在我那个时代，当我父母发现我所做的事情时，他们想阻止也为时已晚。我们之间很友好。我住得离家不太远，我家就在离剑桥不远的地方，我每两三个星期回家一次。我们很少电话聊天。当时长途电话费比较贵，离家远的同学不总是煲“电话粥”。

这就是我所讲的两大变化。

三、《失去灵魂的卓越》引人反思、畅销的原因

访谈者：咱们回到您《失去灵魂的卓越》这本书，它得到了《波士顿环球报》和《纽约时报》的好评，在中国也好评如潮。我之前还真没有注意到。

刘易斯教授：我得说，它让我萌生了再写一本书的想法。但由于工作，一直没顾得上，希望能尽快动笔。

访谈者：在您看来，是什么原因促成了这本书在美国、中国及其他国家的畅销？

刘易斯教授：我去过中国很多次，确实对中国人的喜好有些了解。但我

真的不知道它在中国畅销的原因。这本书里，我想表达的是理想的大学应是什么样子。今天，人们通常把大学当成交易场所——投入资金，换来学位。大家认为，如果想从事法律、医药行业或经商，就必须读大学，选择与之相应的医学院校或法律学校等。奥巴马的“大学评估提案”[①]里也有提及，以便对大学毕业生收入中位数（或平均收入）进行评估。这些提案的目标是对大学质量进行量化评估。然而，这不是我想象中的大学，或者说这不是读大学应当有的体验。我觉得，有关高等教育的投资价值、如何选择合适的学校及相应的策略问题，许多文章和演讲都已涉及。我认为，如果某个著名大学里担任过领导职务的人能够退后一步说：“瞧，这些机构保持着本色，因为它们代表着合格社会成员应保持的某些高尚理想，民众不仅要对自己负责，还要对其所处的社会及周围世界的同胞负责。”那将是大有裨益的。在这样的机构里，某些非常朴素的价值观尤为重要，如制定决策时要考虑长远利益，而非眼前的蝇头小利等，因为我们众多的毕业生要步入经济或政治领域的重要岗位。如果我们的毕业生对这些事情不予考虑……

我给你讲一件事，谈一下我的另一名学生。她对自己为何选择哈佛大学攻读计算机科学专业进行过一番思索。她在此接受了良好的计算机科学教育，但她还选修了其他课程，这些课程可让她思索科学以外的问题。例如，作为优步的忠实粉丝，她经常与优步司机交谈，了解他们各自有趣的经历，其中就包括许多因此能够自食其力、掌控自己生活的移民：晚上，他们可以在家里陪家人或做其他事情，他们可以挣钱、过上美好的生活并成为独立经营的个体。这些都是科技、地理定位和支付系统等发展的成果。这真是令人难以置信。后来，她在哈佛大学选修了另外一门课程，通过此得知优步和谷歌正在研究运用无人驾驶汽车。未来优步可能不再需要司机。那么，你对此有何感想呢？从某种意义上讲，这也是科技进步的结果。同样是技术工具——一些是人工智能控制类技术工具，另一些是网络和支付类技术工具。从道德上讲，科技是无情的。科技首先带给这名学生的是美好的体验，因为科技赋予了那些不如她优秀的司机以力量，让他们得以自食其力。有人设想：“不久的将来，我们将摆脱所有这些司机。谁还需要他们呢？我们要做的就是利用技术，忽略驾驶汽车的人。”因此，确保我们的毕业生对第二个问题进行思考，

---

① 美国总统贝拉克·奥巴马2013年8月22日提出的一项计划，通过新的评分机制奖励注册成本低、毕业率高的学校，从而使更多人上得起大学。

是大学对社会应尽的责任。那样的社会真是我们想要的吗？即使你成为一名计算机工程师，可能那是你的专业。但是，你可能要面对人们提出的各种难题。这些学生将来可能要运营这些公司，可能要制定指导业务运行的立法、规范等。我希望他们多考虑这些问题。只有利润才是我们的唯一追求吗？你所参与的是不是一种纯粹的教育交易？我希望大家从对未来世界负责的角度来思考。这是我写《失去灵魂的卓越》一书的初衷，也是“灵魂”这一隐喻的用意所在。大学培养的毕业生必须具有不断推进世界发展的道德责任意识。

访谈者：的确。您的学生有这种意识，真的非常棒。

刘易斯教授：是的，她有这种意识。虽然她还不知道问题的答案，但很清楚应该考虑这一问题。

四、对大学素质教育的评价

访谈者：您是否提倡大学开展素质教育？

刘易斯教授：这也是我写《失去灵魂的卓越》这本书的主旨所在。我从哈佛大学初建的历史开始追根溯源，就是为了揭示在此所发生的历史演变。我明显感觉到，当前美国高等教育投入不足，我们多半把高等教育当作拉动经济而不是把整个社会推向更加开明的一辆马车。我因此也对美国深感忧虑。我已经感觉到远东，不只是中国，还有新加坡和其他国家对博雅教育（也称素质教育）的渴望或者说兴趣。这是美国应该借鉴的，我们不能丢弃传统，去推行一些州立大学正在施行的体制（一些大学为节省开支而取消了哲学专业）。这样是在摧毁高等教育这一重要历史社会角色。美国联邦政府对高等教育的最大投资竟然发生在南北战争时期（美国内战），这令高等教育界震惊不已。当时，除了振兴美国大学制度，林肯总统还面临着其他更为紧迫的任务。但就在 19 世纪 60 年代，也就是工业革命前夕，国会认识到了科技教育和提高国民素质水平对美国持续进步的重要性。因此，有了《莫雷尔法案》，该法案规定在各州分配国有土地，用于开办州立大学，教育民众。那时已建立了一些州立大学。林肯当时想凝聚全国的力量，把民众送上战场……战争中期，联邦政府在高等教育上投入了巨资。真的令人震惊！我非常担忧是否有能力把目光放远，看到下一个危机时期，因为大学的建立需要较长的过程，一旦停止运转就很难重启。

访谈者：真是太好了！您启发我们重读、深读《失去灵魂的卓越》。您在另一本书《大学的作用何在》里写道："有些反常的是，高等教育机构数量的激增带来的是机构同质化，而不是异质化。"这与"失去灵魂的卓越"有关系吗？二者是如何联系的？

刘易斯教授：这句话出自我有关公民教育的书中的第一篇文章。当时我觉得一些学校（如哈佛大学），确实负有树立大学标杆的责任。任何地方要保持"真正大学"的风采，都要向其看齐。不过，现在我不会那样说了，因为当时我没太考虑社区大学及大专院校，其实它们的作用还是蛮重要的。另外，那样的说法没有给予像护理、商贸等纯职业性高等教育院校足够的尊重。当时我考虑的只是那些研究型大学及其学院，以及像研究型大学及其学院那样的人文学科高校，没有考虑职业院校和研究生院。

类似的情况还有很多。总的来说我觉得不一定是坏事。如果人人都认为一个大学未开设哲学课程、外语课程抑或音乐课程就算不上一流大学，或许可以使哲学、外语及音乐学科得以存活。在由经济驱动的大环境下，这些学科被认为是无用的摆设，各州完全可以通过立法切断预算。因此，我希望像哈佛、耶鲁、斯坦福（Stanford）等大学保留一些让其他大学敬仰和效仿的方面。"同质化"是近乎苛责和贬义的说法。我还需要回顾一下语境，以便搞清楚我想表达的确切含义。

另外，还有一些我一直在思考且确实存在的问题，那就是高等教育体系存在无关教育的恶性竞争。马萨诸塞大学就是这样。比如甲州大学有个容纳25000名观众的足球场，当甲州大学与乙州大学比赛时，看到乙州大学有一个容纳35000名观众的足球场，甲州大学就打算也建这么一个球场。这些恶性竞争加剧了教育资金的分流，使其流向无足轻重的基础建设和与课程建设无关的项目上。

访谈者：是的。我去过位于西木区的沙文略兄弟高中。他们刚刚花费了约200万美元用于整个体育设施建设。

刘易斯教授：他们担心的是如果没有那些体育设施，大家就不会去那儿了，对吧？他们担心，你习惯了他们那儿的老旧跑道也就罢了，但同时你又有机会去天主教纪念高中，而那儿除了老旧跑道外确实还有其他吸引人的地方。他们会担心你肯定去天主教纪念高中而不是沙文略兄弟高中，对不对？这就是当前的困境。我们完全是由学生的总体素质决定的。实际上，哈佛教职工来到哈佛，是为了能够有机会与其他哈佛教职工共事，也为了有机会教育哈佛的学生。如果没有把"有教无类"的任务铭刻于心，如那些付不起学费的学生，或那些分数不理想无法进入拥有更多设施学校的学生，就很难对这样的说法——不落后于他们，就必须配备这些设施——说“不”。即使投资，也不会取得多大的教育进步。

在哈佛我们拥有非常有趣的学生群体。人们会说：“难道我们是在踢足球吗？”这也是美国的一种文化。如果没有体育项目的话，大家就觉得哈佛是个另类的地方。我们的篮球队打进了美国大学生篮球超级联赛，这对我们来说是很不错的成绩。很可能队伍中就有堪萨斯州高中生脱颖而出，他们从来没有想过能读哈佛大学，但他们现在就置身于此。其中的价值又有多少呢？我也不知道，这个很难说。到底体育对教育是如何发挥作用的，我想这对中国人来说也很难理解。但这是美国的显著特点。

五、哈佛大学的录取标准，比尔·盖茨和扎克伯格的异曲同工

访谈者：在《大学的作用何在》里，您谈到了学生个体的道德发展，还提到父母在孩子道德发展方面的责任。我想问：如果父母希望把孩子送到哈佛大学，他们应从哪些方面培养孩子？

刘易斯教授：（大笑）要有远大抱负，要有追求卓越的愿望。这不光体现在学业上。当然，学习成绩一定要出色。良好的性格也非常重要。如果学生表现出某些性格缺陷，如果我们认为他们在不怀好意地利用哈佛的求学机会，我们就会为此而担忧。因此，赤裸裸的野心——能感觉到某人做某些事情仅是想出风头——并不是什么优点。最难解释的是，我们喜欢那些有创造力的学生，那些所作所为与其他同学或他人不同的学生。所有学生都想求得这些问题的答案，如“怎样才能入读哈佛大学”？有时我会说，你必须是一名好学生，而且要有好的性格，即使有些叛逆也没有关系，甚至不守规矩也无妨。但不守规矩并不是说总是一味破坏规则，而是不总是按社会规范要求的方式行事。因此，实际上我们欣赏的是挑战权威的能力。我的经历就是个特例。我深受这种思维方式的影响，我很幸运有一批出色的学生。正如传记所讲的，比尔·盖茨和扎克伯格都曾是我班里的学生，他们都选修过我的课。当两个最优秀的或最具影响力的计算机科学课程的学生，正是那两个一上你的课就辍学的学生，人们会给你怎样的评价？是不是表明他们受够了听你讲课？还是说他们已掌握了所需的知识，而后决定离开？

访谈者：他们学完了您的课程，然后才辍学的，对吧？

刘易斯教授：是的，没错。他们两个都读完了我的课程，但不在一个班。

对这两个学生来说，最重要的是他们当时对那些曾经值得前人摸索的传统智慧视而不见。如盖茨，当时没有哪个教职工把个人电脑当回事。为个人电脑编写软件也没有多大挑战。它们就像大型计算机的微型版，大型计算机的各种问题，在小型计算机上是不存在的。后来就有教职工告诉盖茨："不要再在那些小玩具电脑上浪费时间了，我们的所有问题都在大型计算机上。"盖茨知道其中蕴藏着机会，为此冒险做一名叛逆者是值得的。扎克伯格当时倾其一半时间学习社会学和心理学，另一半时间学习计算机科学。我只是凭想象，我从来没有讨论过这个，所以我也不清楚。但是，我猜他当时已从社会心理学视角了解到了社交网络。他知道人们从未看到过也不了解真正的社交网络，他们所掌握的社交网络经验数据是非常有限的。在这儿，我们曾经学习计算机网络、研究计算机网络，但没有人对社交网络感兴趣。扎克伯格就是将二者结合起来使其迅速崛起的。所以说，当你发现机会的时候，要能够利用它。最重要的是，我希望哈佛学生能掌握把握机会的能力。这一特性并不要求上美国最好的高中，也不需要"拼爹"，但确实需要在看到机会时能够辨认、鼓起勇气付诸行动。机会的存在正是由于他人没有利用它，需要发挥个人能动性和自制力。这反映了最初的问题：学生从父母那里学到的自制力问题。从经验看，成功的学生不在于他们挣了多少钱，而在于他们推动了其所在某机构或社会某领域的发展。最重要的是能够辨别机会，以及随后更努力去把握这些机会。这对正在努力寻求把孩子培养成为哈佛所需的学生的贫困家长来说，是没有多少帮助的。但这与他们对哈佛那些荒唐的印象大相径庭：都在小单间里学习的学生、浴室墙壁上的作品或我所了解到的人们为了激励学生努力学习而张贴的虚假图片——每个人都埋头苦学，每场考试都竭尽全力考满分，诸如此类。这并不是最重要的。当我告诉海琴这是假象时，她感到非常失望。①

访谈者：您 1987 年去过中国，请问对中国高等院校有什么印象？

---

① 到哈佛第三天我就拜访了哈瑞·刘易斯教授，特别核实了这些"传说"——哈佛凌晨四点半、哈佛图书馆墙上的 20 条训言。他告诉我，自己也是在两年前才知道此事，而且专门给我写了邮件：一方面，提供了一条澄清哈佛并无 20 条馆训的链接，以让我了解谣言来龙去脉的描述与逐条批驳；特别强调"这真是太令人惊讶了，这件虚构的事竟能站得住脚，因为英语是糟糕的"。另一方面，关于"凌晨四点半"的图书馆，他认为哈佛学生并非难以置信地勤奋，或过着修道院式的生活、从不浪费时间等，即使有也只有少数人如此。他们大多数只是聪明和淘气，这正是他们的创造力所在。考试时学生们在图书馆忙碌的原因，是依然将图书馆作为社交场所，而非图片展示的一帮人孤立地学习。

刘易斯教授：我去过北京、上海、汕头及中国香港等城市，去过中国香港很多次。确实，中国的院校有很多种类。20世纪90年代我还去过几所师范院校。当然，一些研究型大学拥有一批非常伟大的科学家。那里，现在还有些与我一起工作过的人，其中有些年轻时我就认识。当然，我们的工程学院计算机科学系也有非常优秀的中国研究生，他们本科阶段在那些大学受到了良好的教育。

六、给哈佛大学校长推荐老子名言，探讨大学领导之道

访谈者：我们注意到您非常喜欢《老子》的“太上，不知有之”（意为最好的统治者，百姓感觉不到他的存在）。这句话出现在《失去灵魂的卓越》的脚注中。[①] 能否讲讲这与大学领导者是怎样联系起来的？

刘易斯教授：这在大学里非常重要。现在我担任临时院长，这句话时刻提醒着我。商业界的人对此非常不赞同，他们认为大学没有得到有效的组织。他们会说：“你们为什么要那样做？你们应当提出一个结果，再按照组织机构层层下达，然后底层的人自然会去做的！”但我要说：“组织机构的底层都是教授，这些教授是不会唯命是从的，教授是自由的个人。实际上，他们还得认可大学的使命。你不能告诉教职工他们应当把伦理问题编进数学课里，等等。”德鲁·吉尔平·福斯特任校长时，我就曾把老子这句话摘录发给她。教授不会在教导下行事，他们只会做他们认为重要的事。要让他们相信这是一件重要事情的最佳方式，就是让他们相信这是他们自己的想法，而不是外人强加的。如果这只是你的想法，他们必然会抵触。

访谈者：是吗？您把这句话发给校长了？

刘易斯教授：是的，我发给校长了。

访谈者：中文，还是翻译后的英文？

刘易斯教授：具体我记不起来了。我想我可能把中英文对照版本发给了她。我还说：“就是这样。你不能发号施令，你得让大家相信这是一个好主意。而要让大家相信你让他们做的事情是正确的，最好的方式就是让他们相信这是他们自己的想法。”当时我认为这句话对学术界是非常重要的。但对

---

① 侯定凯在《失去灵魂的卓越》注释中写道：“哈瑞教授援引了《老子》（第17章）一段话解释他理想中的大学领导：太上，不知有之；其次，亲而誉之；其次，畏之；其次，侮之。信不足焉，有不信焉。悠兮，其贵言。功成事遂，百姓皆谓‘我自然’。”

商业界的人士来说，这是不可取的。若以此为指导，他们会觉得后果不可想象。他们可能会说，既然有那么多教授，为何还要实行教授终身制；你应当对他们进行年度考核或五年考核一次，把那些成果甚微的人清理出去，剩下的就……我想说的是，要想获得真正的创造力、真正的想象力，唯一方式就是要让大家始终感觉到他们有权按与以往不同的方式行事，有权把前人从未综合考虑的想法综合起来考虑。如果要做系统性改变，就需要大家买账：如果他们认为这仅仅是你让他们做的，他们是不会照做的，到头来会得不偿失。我确实非常喜欢老子这句话。

七、“自由教育”“通识教育”“博雅教育”“人文教育”辨析

访谈者：目前存在很多教育概念，如“自由教育”“通识教育”“博雅教育”“人文教育”等，这些概念的内涵及关联是什么，或者说各有怎样的语境？①

刘易斯教授：自由教育（liberal education）是为自由人所提供的教育——源于拉丁语。在罗马时期，自由教育是为自由人提供的教育，是与那些为奴隶或妇女提供的教育相对而言的。因此，自由教育是罗马公民需要接受的教育，以便在成人后承担公民责任。自由教育包括阅读、写作、演讲术、几何学及文化传播，其中包括诗歌和音乐。这就是我用这个术语的方式。在那时，自由教育与实践教育并不形成鲜明的对比——接受实践教育的人需要学习算术和几何学，因为这些人可能被迫去缴税或建造桥梁（部分奴隶实际上被教授阅读和写作——通常他们要担任自由人孩子的家庭教师）。

在中世纪，这些变得根深蒂固，成为一种标准，包括三艺（文法、辩证学和修辞学）以及四术（天文、算术、几何和音乐），都是“自由的艺术”（liberal arts）。现在出现了一种语言学上的混乱。此处的“艺术”（art）是对希腊词汇“techne”的描绘，意思是任何种类的创造技能。我所在领域运用该词汇的该层意思的经典文本是唐纳德·克努特的代表作《计算机程序设计艺

① 杨叔子，余东升.文化素质教育与通识教育之比较［J］.高等教育研究，2007（6）.该文对通识教育、自由教育的来龙去脉进行了探讨，提出：“对我国高等学校文化素质教育的基本性质和美国通识教育的历史和性质的分析，以及对文化素质教育和通识教育的比较显示，通识教育是美国高等教育的本土化创新，文化素质教育则是我国高等教育的本土化创新。”我们哈佛访学的研究课题包括“通识教育”“文化素质教育”。哈瑞·刘易斯教授非常忙碌，访谈那天没有来得及回答“自由教育”“通识教育”“博雅教育”“人文教育”内涵的问题，后来专门通过邮件回复。

术》。现在众人所说的“博雅”（liberal arts）与之前的含义非常不同，“博雅”指的是人文科学。当你说某人正在“学艺术课程”（taking art lessons），大家会认为是绘画等，因为“艺术”（art）主要是指代这样的事物。人们提及的“文理学院”（liberal arts college）不讲授任何实践课程，与技术类院校形成对照。这是一种谬论，“技术”（technical）一词本来就源自希腊词汇“艺术”（art）。

我倾向于交替使用“自由教育”（liberal education）和“博雅教育”（liberal arts education），有时必须说“人文科学和理科”（liberal arts and sciences），因为听者会误认为“博雅”没有包括科学或技术。“人文学科”（humanities education）使我们符合人之为人的要求——创造艺术（the creative arts）、哲学（philosophy）、伦理学（ethics）、美学（aesthetics）等。在某种认知或精神意义上，这些学科将我们人类和其他生物区分开来。“通识教育”（general education）需要自己的定义。这是个令人担忧的问题，它是否意味着“专业以外的课程”（subjects other than your major）？我倾向于通识教育就像自由教育一样，是大学教育的一部分，而大学是学生学会如何承担世界未来责任的地方。但众多委员会的报告中，上述内容的定义存在极大差异（contrasting definitions）。

坚韧、意义和个人的道德生活*

——访哈佛大学人类学和精神病学教授凯博文①

（哈佛大学文理学院人类学系艾斯特和西德尼·拉布人类学讲席教授，
哈佛大学医学院全球健康和社会医学系医学人类学教授、精神病学教授）

陶　正　于海琴　赫明珠

受访者简介：凯博文（Arthur Kleinman）教授出生于1941年3月11日，是一名医生和人类学家。他毕业于斯坦福大学和斯坦福医学院，获得哈佛大学社会人类学硕士学位，在马萨诸塞州总医院接受培训。凯博文在医学人类学、文化精神病学、全球健康、社会医学、医学人文学等领域，都是领军人物。1969年以来一直在中国进行研究。他是哈佛大学医学院全球健康和社会医学系医学人类学教授，精神病学教授，文理学院人类学系艾斯特和西德尼·拉布人类学讲席教授，哈佛大学亚洲中心Victor and William Fung主任（2008—2016年），也是美国国家医学院、美国艺术与科学院院士。

凯博文出版了7本个人著作，包括*Patients and Healers in the Context of Culture*、*Social Origins of Distress and Disease*：*Depression*，*Neurasthenia and Pain in Modern China*、*Rethinking Psychiatry*、*The Illness Narratives*、*Writing at the Margin*、*What Really Matters*、*The Soul of Care*。他与人合著了4本书，包括*Reimagining Global Health*、*A Passion for Society*：*How We Think about Human Suffering*、*Deep China*：*The Moral Life of the Person*等。他还参与编辑了一些书籍，主题不仅涵盖文化与抑郁、世界心理健康等，还涉及人类学与哲学的关系。他目前的合作项目包括：对6个亚洲地区阿尔茨海默病护理的比较研究、中国医患关系中关于信任的民族志研究、中国老龄化和老年护理的社会技术研究。

---

* 本文已经以中文发表，于海琴是中英文两个版本的通讯作者。全文有删减。中文版发表信息如下：陶正，于海琴，赫明珠，等. 中国人的世界观，可引领更充实的生活——哈佛大学人类学教授凯博文访谈录［J］. 广西民族大学学报（哲学社会科学版），2018，40（5）：134-140。

① Arthur Kleinman 教授有自己的中文名“凯博文”，本文和中文版发表都使用“凯博文”。

凯博文
（Arthur Kleinman）
摄影：Torben Eskerod

于海琴与凯博文的合影

陶正

编者按：我们当时在哈佛学习，一个是访问学者，两个是硕士生，我们都很幸运能选修到凯博文教授的课程，并在研究和课程计划方面得到他的指导。在得知我们的访谈主题是中国当前的道德状况，以及中国老年人如何过上有意义的生活后，几十年来一直非常关注中国的凯博文教授，欣然同意接受我们的访谈。他在讨论中国过去和现在的道德问题时，融入了对中国传统道德情感的敏锐理解。他认为，今天的中国实际上并不像许多人所说的那样面临“道德危机”，许多美国出版物对中国批评过度，甚至有时参与“抨击中国”。他考虑到这个全球化时代的特点，将人类分析为“分裂的自我”，提醒我们需要更深入地了解中国和跨文化问题。在当今世界新自由主义政治经济学占主导地位的背景下，他阐述了中国传统的“吃苦”思想的正确性，还阐述了中国人有为了证明自己的名声或“面子”而购买名牌产品的倾向。凯博文观察到，鉴于人类生活中固有的不确定性和脆弱性，中国思想有一个突出特点，就是长期以来一直关注人类的极限，这种特殊的世界观有助于引导我们过上道德充实的生活。他认为，中国目前为丰富老年人生活所做的努力非常有效，并建议中国进一步加强对老年人的护理。

需要注意的是，自2015年访谈之后，很多东西都发生了变化。因此，我们鼓励感兴趣的读者去寻找凯博文教授的最新出版物和访谈，包括他的新书《照护之魂》。[①] 当我们向凯博文教授请教有什么新的思想时，他欣然同意在2023年2月再次接受访谈。第二次访谈放在本次访谈之后，将反映世界的重要变化和他对衰老的关注。

---

① KLEINMAN A. The soul of care：the moral education of a husband and a doctor［M］. London：Penguin Publishing Group，2019.

关键词：道德；世界观；危机；坚韧；意义；老年人；老年人照护；退休；养老；养生

一、中国确实发生了道德变化，但并非“道德危机”

访谈者：您的著作《道德的重量》英文版出版是在2006年。10个年头已经过去，如今无论在美国、中国还是世界其他任何地方，都发生了很多变化。您能否告诉我们，在这期间您又取得了哪些重要进展？您如何看待中国社会的道德现状？

凯博文教授：这本书出版以后，我跟我以前的学生阎云翔、景军、李诚、张跃宏、潘天舒、吴飞、郭京华合作，又写了一本书《深度中国：个人的道德生活》。在这本书里，我们试图用《道德的重量》一书中的观点，来阐释当今中国的变化。

（一）中国正发生着很多美好的事

看看今天的中国：经济比过去大为改观，中等收入群体人数持续增加，人们的生活得到前所未有的改善。这是伟大的成就，这是巨大的成功，之前的中国社会从未有过这样的成就。纵观世界，也没有哪个国家能够像中国一样，在短时间内取得这样的成果，所以在中国有着很多美好的事。

（二）“关系网”不只存在于中国，在美国也非常重要

即便如此，就像在美国、欧洲或其他任何地方一样，问题还是有的。我认为其中一个问题是，当今的互联网把世界连接成一体，加上全球化，带来了一些问题，这些问题随处可见，比如过分强调个体的独立性。这在中国或美国并不是真实的，个体真正能够独立的地方极为少见，这是媒体强调的超级个人主义。在中国有种说法叫“关系”或“关系网”，这一现象似乎只在中国存在。实际上，关系网在美国也非常重要，只是我们没有这种叫法，我们一般称之为“network”（作者注：该词某些程度上相当于中国的“关系网”），但没有赋予它重要意义。“关系”这个观念不仅在中国很重要，在美国也很重要。

二、全世界的人正在寻求一种意义：人类必须清晰认识“分裂的自我”

访谈者：您在《道德的重量》这本书中写道：“道德的这一含义不是伦理学中好或善的同义词。”“我们应当看到，道德生活是与伦理观念紧密相连的，这里伦理观念的意思是，我们要追求超越地方环境的、可以用来指导我们生活的价值观。”在全球化时代，我们每个人如何过上有道德的生活？

凯博文教授：我想说的是，在与过去截然不同的这个时代，全世界的人正在寻求一种意义。这是一个全球化的时代，一个高度物质化的时代，一个官僚权力机构的时代，也是一个企业权力的时代，所以我们都受到周围大型机构的影响。

（一）现代化的社会生活结构：联系紧密、高度制度化、文化价值影响强烈

哈佛大学就是一个大型机构，我们在这里度过了我们的时光。济南大学也是如此。因此，我们不得不接受现代化的社会生活结构：联系紧密、高度制度化、文化价值影响强烈。这是因为互联网、手机等信息设备让我们了解世界所发生的事情，以及大量的宣传——我们称之为“商业广告”——影响着我们的生活。在我看来，这是由来已久的对智慧的跨文化探索。这一智慧就是：我们在世界上如何生活？我们如何在当下的世界里生活？这些探索并不新颖，它们古已有之，影响过许多社会形态。只是，当今中国中等收入群体人数的增长，使得这些探索更趋理性化、更显而易见。所以就以往情况来看，我认为世界各地都会对这些道德问题产生兴趣。

（二）我们是自身内部存在着分裂的复杂人类

我是医学人类学家和精神病学家，我看待价值的方法与许多人不同。我所感兴趣的不仅是作为原则、观念的价值，还有社会公正、平等理念等这些重要的社会价值。我对实现价值的方式也很感兴趣。我们如何实现自己的价值呢？这些实现的价值就是我所说的道德，我认为它与伦理不同。道德与我们身处的所有群体有关。我们发现自己置身于一个道德体验的世界，价值观念早已存在于他人的行为和行动中。我们对此可能认同，也可能不认同。但是，我们有自己内在的道德承诺。关于自我，我的见解略有不同。谁有道德问题？我喜欢这个观点——一个分裂的自我：我们不是容易被定型的单个事

物，我们是自身内部存在着分裂的复杂人类，其中一个分裂就是公开—私密。所以在中国教导孩子的时候，通常会明确地说："有些事情你不能公开谈论，只能私下说说。"在美国也是这样，只是我们没有明确说明。但中国有句俗语：哑巴吃黄连，有苦说不出（作者注：凯博文教授直接用汉语拼音说"yaba chi huanglian，shuo bu chulai"）。有些事情你不应该说出来。这就是"什么该说，什么不该说"的个人内部分裂。在美国也有这样的事情，比如你可能对哈佛怀有许多负面的看法，可是此时你在哈佛大学的亚洲研究中心见到我，就不会说出这些看法了。

（三）我们需要更深层次的答案，要把道德原则放到具体群体和具体个人中去

我对于中国或跨文化问题，特别反对简单化的回答，那些回答过于平淡统一，容易程式化，在我看来那是不对的。我们需要更深层次的答案。这些更深层次的答案有两个要求：一是对社会背景的深入了解；二是对我们个体的深入认识。这就是我为什么会谈论分裂的自我，即个体并不是一个简单的个体，而是一个更复杂的个体。所以，这些道德问题不能仅仅以社会正义那样的宏观理论来谈论。虽然那些宏观理论都很精彩，但是，必须把它们放到具体群体和具体个人中去，才能理解我们行为方式的原因所在。这些伟大的原则似乎常常与社会不相匹配。

三、中国人传统的吃苦观点，正确且影响力巨大

访谈者：就如您在前面所言："如今很多中国人感到人们变得太物质化了。作为人们生活信念和生活实用哲学的儒家思想，其地位已经被削弱，人们正在探索其他的道德和精神层面的生活知识或模式。"您如何看待中国当下的消费观念？

凯博文教授：在当今世界，占据主导地位的新自由主义政治经济学，需要售卖东西，而告诉人们要吃苦，是卖不动东西的。你要告诉他们不应该只是吃苦，吃苦也要赶上形势。你得买东西，否则没人会买任何东西，或者不会买新的东西。

四、中国人的世界观，可引领更充实的生活

访谈者：您在《道德的重量》中叙述严仲舒的故事时，这样评述道："精

心创建有道德的生活，是我们的人性义务。道德生活不是一部机器中的一个齿轮的机械反应，而是人类对自我认识的潜力的反映，也是对集体重建我们的本质和前途的潜在力量的反映。这是人类经验的伦理要求，当然不会轻松，也从来没有彻底完成过，总是卷入政治的和社会生活的种种限制，被我们自己生理和心理的激情打断。然而，最终人类将会建立道德生活应有的一切。”您认为中国的世界观，对道德生活的构建具有怎样的影响？

凯博文教授：事实上，我恰好非常喜欢中国人的世界观，尤其喜欢过去的道教观。这种世界观在我的同事迈克尔·普鸣（Michael Puett，哈佛大学东亚语言与文化系中国历史方向教授、宗教研究委员会主席）身上得到了很好的体现。这种观点认为，世界充满负能量，许多的负能量，人类的任何尝试——不管是什么——都将最终被这些负能量击垮、破坏。但我们的责任是，在面对世间所有负面事情的时候，仍要培育我们的人性，在世界上有所建树，即使我们知道这不会持久。我认为这个观点非常好，它非常接近欧洲的一个观点——“悲剧人生观”。我喜欢这些观点。我认为比起更有力的积极观点——“你会一直开心，任何事情都不会干扰你的生活”，这些观点更贴近实际生活。

什么样的生活才算充实？这是我们追求、奋斗、最终妥协的美好目标。对我们所有人来说，什么样的生活才足够好？我们需要食物、衣服，但我们需要的远不止于此。我们需要有一定的休闲活动——去看电影、下馆子，度过相当美好的时光。我们可以根据自己认为的充实生活来安排活动。但如果每个人都认为应该享有一切，那世界上的资源就枯竭了、社会就被摧毁了。所以，达成妥协是非常困难的，这也是我想说的。“基于我的现实情况，什么样的生活才足够好？”这一问题在某种程度上，受到道德生活的制约。我所生活的世界，我的兴趣、欲望，我所拥有的钱财，我将要做的事情对其他人或环境造成的影响，等等。所有这些事情都需要平衡考虑。

五、老年人退休后如何过上有意义的生活

访谈者：您一直非常关注养老、老年人护理问题。中国从 2000 年开始就已进入了老龄化社会，而且正以惊人的速度“变老”。[①] 有效应对中国人口老龄化，已经成为事关中国发展全局，事关亿万中国百姓福祉的大事。“百善孝

① 汪伟，艾春荣．人口老龄化与中国储蓄率的动态演化［J］．管理世界，2015（6）．

为先”，孝文化是中华文明的宝贵遗产，敬老爱老养老助老是中华民族的传统美德。在老龄化速度日益加快的形势下，中国政府倡导老年人晚年也要有规划、有梦想，要积极养老、快乐养老、文化养老，很多社区倡议老年人要老有所为、以老助老。我们想请教的问题是：对于老年人退休后如何过上有意义的生活，您有什么建议？

凯博文教授：这是个很好的问题。退休以后，过什么样的生活？我认为，首先，中国的老龄化是个大问题。到2050年，20%~25%的中国人将超过60岁。有这么多的老年人，而独生子女家庭又很多，年轻人赡养老人会力不从心。面对这一事实，我不知道你们的感受如何，但我的大部分中国朋友并不指望自己老了以后，孩子们为了孝顺一定会赡养他们。赡养老人失去了其最重要的意义，横向的夫妻关系变得更加重要。

（一）中国推行的养老活动非常有效果

我认为中国正在推行的养老活动非常有效果。老人很注重养生，他们从事的一些活动——跳舞、散步等，我认为是非常重要的，这样可以使他们保持活力。

（二）中国应该构建更好的社会保障体系、更完善的医疗保险机制

我认为中国应该构建更好的社会保障体系、更完善的医疗保险机制，中国也正在努力这样做。我非常关注中国的养老问题，并对此开展了一系列研究。

（三）重新审视被妖魔化的广场舞

凯博文非常欣赏四川成都老人们钟爱下棋、打牌、喝茶。他从老人所处的社会关系及道德精神层面来审视，认为这既是一种优良的社会关系，也是老人之间的一个承诺：老年人能够建立彼此之间更高质量的关系。而广场舞正是这样，老人用这种方式，共同对抗了孤独，且锻炼了身体。中国传统社会实际上是以老人为中心的，并由此衍生出孝文化，以及养生和健身文化等。在他看来，这是中国对世界的一个贡献。

六、后记

我们能约到凯博文教授进行访谈，原因归结起来有以下几点：第一，乐于助人，我们的几位作者中，陶正是他的朋友，赫明珠是正在参加他课程的

硕士研究生。第二，心系教育，我们想出版一本关于哈佛大学教育理念与智慧的书，梦想着策划中的书成功出版且如果能盈利的话，那么，用来支持贵州山区孩子的教育。第三，关注中国，凯博文对中国进行了长久而深入的研究，作为人类学家对中国给予关心且寄予无限希冀。在表达对凯博文教授的学富五车之钦佩、悲天悯人之敬仰的同时，我们更读懂了他践行道德责任之旅，“和你们每个人一样，我本人也有关于道德经验，以及力图有道德地生活的故事”。第四，本文的访谈提纲设计，访谈的提问，访谈之后的转录、翻译、整理都由哈佛大学教育研究生院访问学者于海琴负责（第一通讯作者）。赫明珠和于海琴一起研讨了访谈提纲，陶正和海伦·海斯特帮忙访谈和润色所有的访谈提纲，并校对英文转录文本。他们对文章的完成都有贡献，特此感谢！

关于老龄化问题的思考

——访哈佛大学人类学和精神病学教授凯博文
（哈佛大学文理学院人类学系艾斯特和西德尼·拉布人类学讲席教授，
哈佛大学医学院全球健康和社会医学系医学人类学教授、精神病学教授）

陶　正　李　加*

凯博文
（Arthur Kleinman）

陶正

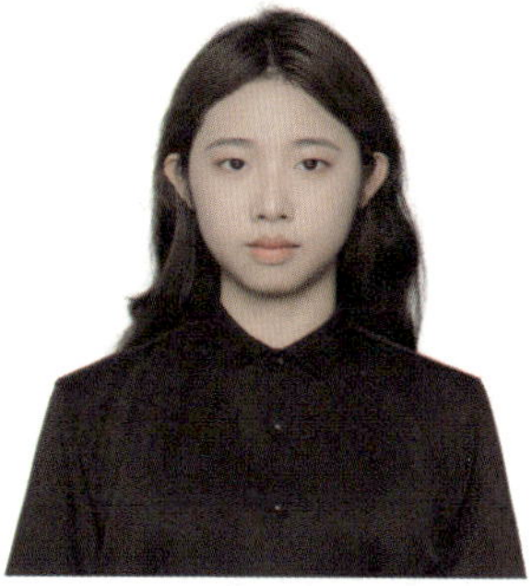

李加

关键词：老年人照护；老龄化；退休；孝；社会保障

陶正：感谢您在 2023 年再次给我们访谈机会。我们注意到，您认为，您与其他一些受访者在 2015 年那次访谈时认为重要的问题，现在可能已经发生了变化，或者有了新的问题出现，抑或 2015 年时对某些事情的重视程度与现在不同。您能告诉我们您在 2023 年的看法吗？

凯博文教授：那些访谈是 2015 年进行的，已经过去 8 年了。8 年是一段很长的时间。现在时代不同了，以前访谈中的内容可能也有了变化。

例如，对我来说一个很大的变化是，自 2018 年以来，我们在中国有一个关于老年人护理的社会技术项目，这在以前的访谈中完全没有反映出来。这个项目是高度跨学科的，我们与中国的同事积极合作，他们中的许多人是我

* 本次访谈形式为线上。李加参与了本文翻译工作。

以前的学生。项目涉及中国的江苏工业技术研究院，我以前从来没有和它合作过。我们与一些工程师和设计人员一起研究中国问题，这也是我以前从来没有做过的。因此，这两次访谈就像在谈论两个不同的世界：一个是过去的世界，应该被理解为过去；另一个是8年后的当前世界，是与以前有着很大不同的世界。就我所做的研究而言，它与特定的研究项目有很深的联系，而以前的那次访谈内容，对我现在来说没有丝毫的直接意义。

从我的角度来看，我现在全部注意力都放在老龄化上，放在老年人丧失行动能力、辅助技术、阿尔茨海默病护理、改善临终关怀等问题上，也有其他一些关注的东西。

我的职业生涯始于1969年。在职业生涯的最初10年，我关注的是：什么是医疗保健体系？怎么研究这个体系？为什么从人类学的角度来看，它与公共健康人士所认为的医疗保健体系有显著的不同？我把重点放在家庭、个人、其他医疗上，看看它们如何给医疗保健一个极为不同的说法。在上次访谈期间，我专注于精神疾病：抑郁、精神分裂和其他精神疾病，研究它们在中国和西方社会中的差异，以及对更全面了解心理健康有什么意义。

但是现在，我关注的重点不再是精神疾病，而是老龄化。我在中国看到的是，人口数量首次出现下降，80岁以上的人是人口增长最快的部分。到2050年，65岁以上的老年人在中国将占约30%。这意味着养老支持——从社会保障到医疗保健——在那个时候将承受巨大的压力。因此，我认为中国的这些问题，需要从新的角度来理解。2015年那次访谈中我认为合适的，2023年不适用了。所以，这是我关注的要点。

我再补充一下：虽然我的整个职业生涯都涉及对中国社会的研究，但我并不把自己看作中国学者。我的兴趣不是对中国进行研究，而是利用对中国的研究来更好地理解疾病、护理、医疗保健体系、老龄化等广泛性的问题。我所看到的是，我在中国工作这种特权（也的确是一种特权），让我在健康、医疗保健、老龄化和精神健康等问题上，摆脱了非常狭隘的、以种族为中心的美国视角，我对在不同社会中看到的问题，也有了更广泛、更深刻的理解。我的主要研究对象是中国社会，但我的目的一直是与其他国家进行比较。因为中国本身极为重要，毕竟中国人口占世界人口的约五分之一。所以，如果想有一个比较对象，在我看来，中国就是很好的参照。

研究中国问题是我的荣幸！我很高兴的是，你们编著这本书，是想展示哈佛的人为我们的理解做出了什么贡献。这将引起中国和其他国家的人的兴趣。但对我来说，关键的问题是从了解中国局部的问题着手，进而了解中国社会的特定问题和前景。我的早期研究主题是医疗保健体系和精神疾病，但现在已转向老龄化。所以，我今天关注的整个焦点已经不同了。我一直感兴趣的是影响人们体验的更广泛的社会力量——经济、政治和文化。但我现在的研究重点是如何将所有这些结合起来，使老龄化在世界各地不同背景下，成为不同的体验。这就是我对中国社会如此感兴趣的地方：如何以不同方式看待老龄化？可以从以下四个重要方面来看待这个问题。

第一个重要方面，中国社会的核心价值观之一——“孝”，在某种意义上已经被中国文化的一种变化所淡化。这种变化是从重视纵向关系转向重视横向关系，即重视夫妻关系中的配偶关系、朋友关系等。不是说“孝”已经消失，而是如我以前的学生阎云翔指出的那样，现在的情况是横向关系与纵向关系同等重要。这就改变了对老年生活的重视。与以前相比，今天中国有更多的老年人发现，自己并不确定能够从子女或孙辈那里获得多大程度的护理支持。随着他们年龄的增长，各种疾病出现了，行动能力受到限制，认知受到局限，护理支持就变得重要了。

第二个重要方面，也是我一直感兴趣的：人们生活中的苦痛对于其所患疾病是有影响的，那么某种精神或身体疾病与社交圈有什么联系呢？由于研究老龄化，我有机会更深刻地观察到了中国社会的经济结构及我刚才提到的社会保障支持等有关的问题所带来的影响。这些都不是我之前研究精神健康时的内容。我认为，这对于美国，以及其他也在经历快速老龄化的社会，都有着非常明确的意义。尽管到 2050 年，美国老龄化达不到中国这种程度，但也会非常接近。届时约 25% 的美国人将超过 65 岁。日本到 2050 年将有 40% 的人口超过 65 岁，因此在这一进程中，日本甚至比中国走得更远。

第三个重要方面，在我研究中国的过去 50 年里，世界已经发生了变化。50 年前，我们真的不考虑气候变化和环境变化。今天，你做任何研究，不管是哪个领域，都不得不考虑地球的健康问题，因为地球的健康已经出现了问题，影响了我们人类的体验。这就是今天关注“人类世”（Anthropocene）的全部意义：人类对气候做了什么，导致气候反过来又深深影响了人类的体验？

第四个重要方面，在我看来是，中美关系的变化，使得与中国同事合作，让研究项目持续下去，变得越来越重要。学者、科学家、人文主义者、社会学家等之间的直接接触，在这种时刻就更加重要了。在这方面我有很大的优势，因为我教过大量来自中国的学生，他们中的许多人已经回到中国，并且取得了优秀的学术成就。与过去相比，我有机会在这项老龄化研究中与中国进行更多、更广泛的合作。我认为这很好，也非常重要。所以，如果能把这些事情向前推进，就很了不起。

文化构建与能力培养

——访哈佛大学客座教授、巴斯大学荣休教授海伦·海斯特

赫明珠　于海琴*　陶　正

受访者简介：海伦·海斯特（Helen Haste）是英国巴斯大学荣休教授，于2003—2018年在哈佛大学教育研究生院担任客座教授。她的研究涉及公民和道德价值观的发展，以及“能力”（competence）这一概念，还涉及科学和社会的相关问题。她开展的性别研究，探索了性别刻板印象和身份是如何与文化形象交叉的。在她为此收集的数据样本中，欧洲和亚洲的年轻人都有，包括中国人在内，因为她曾在中国的几所大学担任过客座教授。她的研究还涉及教育和教学法，以及发展过程。她将自己界定为“文化心理学家”，借鉴了发展和社会心理学及文化研究的成果。她撰写、编辑了7本书和近200篇学术论文。在哈佛大学教育研究生院期间，她带领一群博士生研究公民教育，即“新公民职业早期学者项目”（Early Career Scholars' Program in New Civics），该项目由斯宾塞基金会（Spencer Foundation）资助。海斯特教授因其在道德和公民教育方面的成就，获得了国际组织“道德教育协会”（the Association for Moral Education）和“国际政治心理学协会”（the International Society of Political Psychology）颁发的职业成就奖。她是英国心理学会、英国社会科学院和皇家艺术学会的会员。2002年时担任国际政治心理学协会会长。多年来，她在英国科学促进会担任领导职务。她还经常担任节目主持人，也是书面媒体的撰稿人。

海伦·海斯特（Helen Haste）

于海琴、陶正与赫明珠的合影

* 于海琴为通讯作者。

编者按：于海琴教授于2014年7月至2015年6月在哈佛大学访学，其间创办了支点团队，而海伦·海斯特教授是该团队的顾问和成员之一。我们大多数人有幸聆听了海斯特教授的一些课程并参与她的项目，比如哈佛教育研究生院的中国实验室、斯宾塞“新公民职业早期学者项目”和中国新公民项目。海斯特教授是哈佛教育研究生院中国实验室的主任，也是杨忠平先生资助的“中国学校学术压力研究”项目的首席联合研究员。十多年来，她对中国表现出极大的兴趣，并在中国几所大学担任过客座教授。

海斯特教授在访谈的第一部分，就详细介绍了不同文化对教育功能的不同看法。英国的教育体系依赖的是专业上的深度，而美国的教育体系是基于“通识教育”，注重的是广度。教育的功能是培养“有素养的人”（the civilized person），这一概念的提出可以追溯到孔子，而现代中国也正在走向通识教育。在培养创新方面，美国和英国有不同的观点，而中国也正在试图解决传统的死记硬背这一阻碍创新的问题。第二部分，海斯特教授详细阐述了21世纪公民要具备的五种关键能力。这些能力最初是她和经济合作与发展组织（OECD）工作组的其他成员在1999年前后提出的。她在解释情绪管理能力时强调，前进的道路上不是要把理性和情绪分离开，而是要让头脑和心灵结合起来产生智慧。第三部分，她结合她以前就反对的二元概念（“非此即彼”），总结了科学领域的性别不平衡及其与国家和文化的关系。她强调的一个发现是，女孩往往比男孩有更多疑虑，更关注科学技术中的伦理问题。此外，她告诫不要采用现代神经科学中狭隘的“还原法”（reductionist approach）。第四部分，她用自己的三角互动模型描述了个体、社会和文化之间的相互影响，并强调学校的氛围，比如学校是如何运转的，人们在学校是如何互动的，等等，都很重要。她还认为，学校的物理布局与学生的成就和福祉密切相关。第五部分，海斯特教授指出，思维开放、在不确定性中致力于追求思想、愿意跨越界限等，都是研究生想要获得成功所必不可少的核心素质。

关键词：文化；能力；21世纪；英国；美国；中国；教育；性别；科学；伦理

一、英国、美国和中国的教育：不同文化对教育功能的认识

访谈者：英国、美国和中国对教育的看法是不同的，您能从文化心理学

家的角度，阐述一下这背后的主要文化差异吗？每个国家的主要优势或挑战是什么？

海斯特教授：这是三个不同的国家，有着不同的历史和不同的传统，对于教育在社会中的功能有着不同的认识。在英国教育中，有两个有些冲突的目标。一个是对于有文化的人（在过去是指有文化的绅士，现在当然不仅仅是指男士）的教育，其理念是良好的教育能够培养出有素养的人。但从历史上看，这种教育主要是通过学习经典著作来实现的。当然，直到 20 世纪上半叶，人们一直非常重视拉丁文和希腊文经典著作及文学，而对科学的重视要少得多。这种教育理念认为，这样会让你在几乎任何领域都能有效地思考。

20 世纪的英国教育也在日益专业化。学生从中小学甚至到大学，只学习很少的几门课程。大学只修一门或两门课程。大学基本上是工程师、物理学家、语言学家、历史学家或心理学家的训练场，因为没有人可以修习全部学科。他们在修心理学时，可能也会修少量的社会学，或者像我一样，修一点人类学。如果修物理学，也可能会修一些化学，但肯定不会修历史或法语。如果修法语，也可能会修些德语。这种专业化实际上可以追溯到中学，因为从 16 岁开始，学生就选择了一条要么主攻科学，要么主攻人文学科的道路。这种选择背后的假设是，深度教育教授了基本的学习技能，这些技能可以用到任何领域。因此，如果你取得了物理学位，那么你所学的学习方法，就为以后做任何事情打下了基础。如果你想成为物理学家，那么你已具备成为物理学家的条件。但最重要的是你学会了如何学习，所以你以后如果想成为会计师、商人等，这些基本技能都可以帮助你。

在很大程度上，英国仍然存在着专业化教育的理念，认为只要学得深入，那么学的是什么并不重要。但这也有一种潜在后果，就是大学培养的是对于未来职业非常专业的人，这意味着跨学科的自由相对较少。在英国，16 岁以上就很难从文科转到理科，反之亦然，因为在 16 岁到 18 岁所做的事情，在很大程度上决定着将来在大学里能做什么。

美国的体系就不同了。美国的“通识教育”要求学生在大学期间修人文学科外加科学，或一门语言，等等。这确实与英国的体系非常不同。美国的理念是广度教育，重点强调的是广度，那么深度就不可避免地难以达到。这个教育理念还认为，有素养的人是教育培养出来的，而有素养的人在以后的职业中，将有能力做任何事情，因为他们接受了各种各样的教育。

然而这也意味着，在美国的教育体系中，在某一学科的任何领域想要有专长，就必须接受研究生阶段的教育。但在英国不必这样，获得第一学位后，就可以专家的身份，直接踏上工作岗位。在美国，要从事专业化的工作，即便不需要博士层次，也需要硕士层次的学习。因此，所花费的时间更长。在英国获得本科学位一般需要三年，有时四年。如果继续攻读博士，预计最多四年就能完成。因此，如果连续读下去，并且效率高，那么在24岁时就可获得博士学位。

访谈者：哦，那太好了。

海斯特教授：嗯，从某些方面来说，的确很棒。虽然实际上通常没有这么快，但人们肯定希望在25岁左右或30岁之前拿到博士学位。而在美国，你知道，这个时间要晚得多，获得博士学位时年龄会大得多。

至于中国教育，我有点不太确定，因为这不是我擅长的领域，你知道这一点。我在这方面的知识非常零碎。但我的印象是，“有素养的人”这个概念可以追溯到孔子。培养有素养的人，主要目标是培养在传统官场艺术方面技能高超的人。公务员是经过一系列竞争激烈的考试产生的。他们都是高技能人才，学习是为了在政府中工作。这种传统，即高度竞争的考试和非常高的技能水平，我认为在中国的教育体系中仍然存在。但我不知道中国是如何组织的，比如重点是深度还是广度，是修许多种科目还是仅修几种科目。

访谈者：这听起来和英国有点相似，学生们在高中就必须选择专攻艺术、人文学科还是理科。他们大学毕业后，社会期望他们成为各自领域的专家。

海斯特教授：是的，和英国非常相似。但我现在感觉，中国正在走向通识教育，一些中国大学正在探索这一点。所以这三个教育体系之间有相似之处，也有差异。我最近参加了一个研讨会，讨论是否有可能为“优秀的大学教育”制定一项国际标准，就像对世界范围内的中小学进行比较的“国际学生评估项目”（PISA）那样。你可以在全球范围内对中小学校进行PISA评估，因为学校课程之间有足够多的相似之处。我们能为大学创建一个PISA评估吗？答案可能是否定的，因为不同的国家有不同的文化，对高等教育的内涵也有着不同的理解。对不可比较的东西怎么去衡量呢？例如，拥有英国大学物理学位的人所掌握的物理知识，将远远超过美国任何一个同等层次的学生。

访谈者：您认为高等教育的专业程度，与一个国家的经济或社会重点发展事项有关吗？例如，在英国，教育体系努力培养高度专业的劳动力。而美国可能更注重创新，因此更注重教育的广度。

海斯特教授：我想不是因为创新。我不知道这是不是由两国对创新的重视程度不同所引起的。这可能只是对于如何创新有不同的看法。我们英国人认为，一个领域有了高技能人才，就会有更多的创新。而我们一般认为美国人没有受过良好的教育，因为他们的知识深度远远不够。但在我看来，美国人相信创造力来自通识教育的广度。所以，英国和美国是目标相同，而实现目标的方式不同。实际上，这两个国家可能具有同等的创新性。

就重点发展事项而言，我不知道现在中国是否注重创新。但在过去不是。我认为中国的教育方法有点僵化，过于形式主义，在很大程度上基于死记硬背和获得“正确”答案。正确答案只有一个，学生需要知道这个答案。还有，老师最清楚这个正确答案。我认为这抑制了中国的创新，但中国已经在试图解决这个问题。[①]英国和美国早就已经认识到，这实际上不是一个提高创新技能的好方法。

二、21 世纪公民的五种关键能力

访谈者：您定义了 21 世纪合格公民具有的五种关键能力（five key competences）。您能详细举例解释下每种能力吗？这些能力分别是：对模糊和多变情境的适应力（managing ambiguity）、找到与融入集体的能力（finding and sustaining community）、管理或调节情绪的能力（managing or negotiating emotion）、主观能动性与责任感（agency and responsibility）、应对技术变革的解决力（responding to new technology）。

海斯特教授：好的。这五种能力的由来很有趣。大约在 1999 年，经济合作与发展组织（简称经合组织）成立了一个工作组，尝试确定 21 世纪需要什么样的能力。[②]这个组很小，我是其中的心理学家。我们集思广益，讨论这些能力应该包括什么。那次会议非常有趣，我真的很喜欢思考我们集体想出来的那些能力。然而，经合组织给出的最终报告却与我们集思广益的结果几乎没有联系。

我想我还是会坚持这些能力。我想做的就是，想办法让人们有能力生活在这个数字世界里。在这个世界里，社区不仅是地方性的，而且是全球性的，是数字化社区；社交媒体层面的交流越来越重要。对于创造力来源和批判性思维

---

① RUDOLPH J，SZONYI M. The China questions［M］. Cambridge：Harvard University Press，2018.

② RYCHEN D，SALGANIK L. Defining and selecting competencies［M］. Newburyport：OECD/Huber and Hogrefe，2001.

能力的一些传统看法也发生了变化，比如我们对“理性的人”的形象的理解有了改变。因此我想出了这五种能力，也已经发表，但还需要进一步研究。[①②]最重要的可能就是第一种能力：对模糊和多变情境的适应力。我想，很多国家都有一个长期传统，就是强调追求一个正确的答案，避免焦虑和不确定性。

访谈者：在中国尤其如此。

海斯特教授：是的，在中国更是这样。存在着“一个正确的答案”，为了得到这个正确的答案，你必须避免分心，专注于寻找这个解决方案，不被其他可能的解决方案分心。事实上，在生活的几乎所有领域，总有不止一个正确答案，起作用的答案也不止一个。实际上，生活中只有一个正确答案的领域很少。大多时候，我们通过不同的途径，得到不同的解决方案。在生活的每一个领域，真正的创造性思维都是对模糊和多变情境的适应力。换句话说，要能够包容不确定性。能够包容不确定性，就能认识到看待这个问题有多种可能的方法，解决这个问题也有多种可能的方法。你可以选择各种不同的路径，得出各种不同的解决方案。但如果我们告诉学生，“不要分心，要去找那个唯一的正确答案”，我们实际上就是在制造焦虑，这让他们非常难以容忍模糊和多变情境。因此，教导学生有效地提高对模糊和多变情境的适应力，是至关重要的。

当然，这种能力还附带其他的含义，但这就不只是认知过程的问题了。对模糊和多变情境的适应也是多样性的一个重要部分。毕竟，最模糊和多变的情境之一，就是不同种族、不同国籍的人聚在一起。如果你觉得你只能与相同肤色、相同宗教或相同社会背景的人在一起，你就不太会去容忍多样性。你更有可能成为民族主义者，甚至种族主义者。所以我认为，虽然其中有一部分是关于认知过程，但也是关于社会过程（social process）的。这可能是最重要的因素之一。

第二种能力是找到与融入集体的能力。这在一定程度上是因为我们生活在一个日益数字化的世界里。我还定义了一个技术管理能力，它与沟通和互动相关。但我认为最重要的是认识到个体是处在（in）一个集体中，这也是

---

① HASTE H. Ambiguity，autonomy and agency：psychological challenges to new competence［M］// RYCHEN D，SALGANIK L. Defining and selecting competencies. Newburyport：OECD/Huber and Hogrefe，2001：93–120.

② HASTE H. What is “competence” and how should education incorporate new technology’s tools to generate “competent civic agents”？［J］. The curriculum journal，2009，20（3）：207–223.

为什么我称之为“找到与融入集体”。这种能力是要管理社会关系，因为我们现在世界的人际交往并不一定需要面对面。要有能力不仅建立友谊模式，还能建立社交网络，并努力提高集体的有效性。所以这也是一种人际技能。这种技能为集体做出贡献，帮助、维护集体，并通过自己的社交技能和社交网络帮助创建集体。这个理念是，即使你不一定与人面对面接触，但也要成为一个善于社交的人。这是后技术环境的一个重要部分。

第三种能力是管理或调节情绪的能力。有趣的是，人们一听马上认为是“自我控制”或“自我约束”，但我指的不是这个。我的观点是，在西方，从后启蒙时代开始，就强烈地相信情绪和理性是分离的，情绪被视为理性的绊脚石，是对理性的“破坏”（disorganizing）。如果有情绪介入，就会打乱理性思考的过程。还有一种观点认为，情绪对理性有组织作用，能够为理性提供动机。你通过理性找出你所相信的东西，然后就需要情绪去激励你去做些什么。所以情绪是理性的发动机（engine）。但理性和情绪仍然是有些分离的。当然，神经科学的传统认知是，大脑的某些部分似乎专门用于认知，而其他独立的部分（实际上是大脑的原始部分）是情绪所在之地，比如与皮质系统相对的边缘系统。

但有趣的是，在民间文化中同样存在一个传统，即认为情绪实际上比理性更重要。如帕斯卡（Pascal）所说，“倾听自己的内心”“心有自己的理由，而大脑不了解这一点”。“智慧”就是“倾听自己的内心”。所以情绪实际上是智慧的来源。这是三种不同的模式，但总的来说，大脑和心灵、认知和情绪仍然是分离的。

从最新的神经科学，尤其从安东尼奥·达马西奥（Antonio Damasio）[①]和玛丽·海伦·爱默迪诺－杨（Mary Helen Immordino-Yang）[②]的研究中，我们可以看到，两者的分离并不是那么大。如果给予某些刺激，大脑的不同部分肯定会被激发，但事实上它们并不分开工作。达马西奥观察了一些大脑受损而缺失情绪的人。从技术上说，他们完全有解决问题的认知（cognitively）能力，但这是没有用的，因为他们永远无法确定好的答案是什么。他们做出的

---

① DAMASIO A R. Descartes' error：emotion，reason，and the human brain［M］. New York：G. P. Putnam，1994.

② IMMORDINO-YANG M H. Embodied brains，social minds：toward a cultural neuroscience of social emotion［M］// CHIAO J，LI S-C，SELIGMAN R，et al. Oxford handbook of cultural neuroscience. Oxford：Oxford University Press，2015：129–142.

决定会很糟糕，非常糟糕。他们在生活中经常陷入糟糕的困境，因为他们可以完成认知任务，但无法做出相应的决定。他们做不到我们所谓的“启发式跳跃”，也不能使用人们所说的“直觉”。

过去几十年的诸多研究都指出，在我们所有的认知过程中，我们都在引入情绪，而且不把情绪只看作动机的激发器。很多认知是基于一种感觉，比如某种东西感觉（feels）很好或很对。而情绪本身不只是直觉和非认知的。当然，我们的情绪深受认知记忆和认知体验的影响。我们的情绪，都是以某种记忆、理性或知识为基础的。是的，偶尔有些东西，会让我们如画般地回忆起童年，但我们大多数的情绪并没有达到那种程度，而是复杂得多。因此，我们需要找到一种方法来教育孩子不要“忽视自己的情绪”，或者“约束自己的情绪”，而要以一种明智的方式将头脑和心灵结合起来。你不能告诉他们情绪是不好的。你可以指出，“让我们考虑一下，这种情况下你的情感怎样有效地进行下去”。这是常识，但用明智的方式调节情绪，的确是一项重要的能力。

第四种能力是主观能动性与责任感。我认为非常重要的一点，是能够感觉到自己有能力做事，自己也有技能。这是一种认为自己有效能（efficacy）的感觉，知道自己能做什么，知道如何获得技能。知道自己何时拥有主观能动性，何时没有主观能动性，知道如何去获取主观能动性，这些是非常重要的。能够获取和应用主观能动性，就有了这第四种能力。

这种能力也不仅仅是技能。它有点像信心，但也不仅仅是信心，还有更多的东西。这是一种感觉，觉得自己是有效能的。信心就是其中的一种表现。我可能会说，“我有信心驾驶一辆汽车”，这意味着我知道我有驾驶汽车的技能，并且我已经有效地驾驶一辆汽车。或者我可能会说，“我没有能力做一顿有七道菜的饭”，因为我从来没有学过这些技能，如果我尝试的话，那么，我可能会把所有的东西都烧焦。当然，我可以学习这些技能。但重要的是要有一种感觉，即自己有主观能动性，是有用的，能以积极的方式接触世界。在我多年从事的公民和道德教育工作中，所有这些能力也都契合得很好。[①②]

---

① HASTE H. Constructing the citizen［J］. Political psychology，2004，25（3）：413–440.

② CARRETERO M，HASTE H，BERMUDEZ A. Civic education［M］// CORNO L，ANDERMAN E. Handbook of psychology of education. Washington，DC：American Psychological Association，2015：295–308.

第五种能力是应对技术变革的解决力。从某种意义上说，这种能力与其他四种能力是交织在一起的，特别是找到与融入集体的能力。但我认为这是充分认识到了技术，尤其是社交媒体的潜在影响。我们需要为人们提供这种能力，现在也确实正在提供。我在1999年写那篇关于能力的文章时，我们仍然处于早期阶段。例如，人们当时确实有手机，但并不能连接到互联网。当然，我们有电子邮件，但还处在学习使用阶段。许多人，包括大多数孩子在内，现在都已经掌握了这些技能。

这种能力是要培养出一种普遍的感觉，即可以胜任与技术相关的工作，不仅仅是计算机技术，而是所有种类的技术，比如换灯泡、修理坏家具，甚至缝纫。这些都是我们利用工具接触世界的基本技能。所以，它虽然是数字化的，但不只是数字化的。同样，人们在有些技术领域有能力，但在有些领域却没有。许多人擅长做木工，但发现使用计算机相当困难。而很多人则相反，例如，他们在互联网上如鱼得水，却连个书架都组装不了。

访谈者：您是主张不仅要有认知和社交技能，也要有动手能力吗？

海斯特教授：我的意思是这样，但我不会把它们分开。从某种意义上说，它们融入了所有的能力之中。它们在当时看起来是核心能力。我想我不会再补充其他的能力了。我有时会想，是否把“道德”（moral）能力也加进去。我不喜欢“坚毅”（grit）这个词，我认为它实际上是一个非常危险的概念，因为它与人们生活、工作和学习的社会环境完全无关，太个人主义了。但我认为，也许有一种管理意图（设想和计划）的能力，可作为第六种能力。自我情绪调节能力也可能会加入这种能力中。我会考虑一下这种能力。这不是坚毅。这需要从更大的层面（如更多的领域），去看待事情的发展。这就像主观能动性——也许属于主观能动性的一部分，但我不确定。谢谢你的启发。

访谈者：您会把这称作什么？

海斯特教授：我还不知道，我想一下。我认为这种能力，能够看到一个人的计划，看到其意图和行为的后果，理解因果关系的本质。它可能是主观能动性的分支，也可能是另外的东西。我觉得计划能力存在于生活的各个领域。青少年，尤其是男性，通常很难将生活的方方面面都打理好。例如，每个人都抱怨十几岁的男孩不会整理自己的衣柜，不会合理安排自己的用餐时间，也不会安排别人的用餐时间。一般来说，在这方面女孩比男孩做得好。我没有恶意中伤男孩的意思，更没有性别歧视的意思。但是，有些人似乎对一天、一周，甚至一生都没有总体计划；而有些人似乎就具有这种能力，他们自动就会把事情条理化，这样他们的一天即使没有做过计划，至少也是经过深思熟虑的，而且改变计划带来的影响是显而易见的。比如："如果我今天早上不去购物，那晚上我们吃什么？"这种事情是有意向性的。还有更远的计划，比如："如果我今天不洗衣服，到周末我会有干净的衣服穿吗？"

访谈者：在我看来，这和主观能动性似乎很不一样啊。

海斯特教授：它与主观能动性是不同的。你会看到有人有这种能力，有人没有，尽管他们最终可能会获得。实际上，当你有了子女后，你往往会获得这种能力，因为你不得不这样。有能力看到更远的画面，做事有目标，这是很有趣的。

有些人，比如威廉·达蒙和安妮·科尔比[①]，认为道德实际上是具有目标感的。这种感觉是，带着特定的目标去某个地方，并且对到达目标的路线有一些想法。这些目标服务于社会和伦理，而不仅仅是个人。

访谈者：我想到个问题。大部分能力，比如对模糊和多变情境的适应力等，看起来都与亚洲传统的"无常"哲学有些契合。有没有哪种思想影响了这些能力？或者两者之间的相似性仅仅是融合的结果？

海斯特教授：嗯，这种哲学当然没有影响我的想法。我在研究这些能力的时候，还没有接触东方文化。直到最近 10 年，我才开始关注中国，才真正认识东方文化。[②③]我仍然认为我对东方文化的了解非常肤浅。我从未有意识地接受非西方文化的影响，因为我从未走那条路。也许这种影响是存在的，但在我的脑海中并不明显。可以说，我从未坐下来阅读过非西方哲学。显然我可能受到了它的影响，但这不是有意识的。

访谈者：这很有趣，两种不同的思维竟然得出了相似的结论。

三、挑战二元概念：以科学和性别为例

海斯特教授：我说过我没有系统地读过东方哲学，当然我也知道西方世

---

① DAMON W，COLBY A. The power of ideals［M］. New York：Oxford University Press，2015.

② ZHAO X，HASTE H，SELMAN R L，et al. Compliant，cynical，or critical：Chinese youth's explanations of social problems and individual civic responsibility［J］. Youth and society，2014，49（8）：1123-1148.

③ XIANG X，ZHAO X，HASTE H，et al. Good person，good citizen？ the discourses that Chinese youth invoke to make civic and moral meaning［J］. Citizenship teaching & learning，2018，13（2）：193-207.

界观的限制和局限。所以从这个意义上说，我对西方思维方式的文化界限和局限性很敏感。过去我一直在攻击二元概念（“非此即彼”）。我在 20 世纪 90 年代初写了一本名为《性隐喻》[①] 的书，书中特别指出，看待性别和试图改变性别角色时，我们有个二元概念，一个非此即彼的概念，如男性或女性、好或坏、黑人或白人等，这是来自启蒙运动的传统，是个很西方的概念。二元观念主导着我们生活的诸多领域，当然也主导着我们对性别角色的思考。从这个意义上说，我有段时间一直在挑战西方特有的二元概念，但并没有明显受到东方宗教的影响。也许我应该多读点这方面的书。

访谈者： 太好了，这两种思路有个交汇点，就是有一套相似的原则。这预示着好事。我们可以完美转换到性别问题了。您的一个核心研究是如何看待科学，以及科学如何融入文化特有的主流价值观。科学在多大程度上有性别歧视？这对男、女生选择追求科学有何影响？

海斯特教授： 我做过这方面的研究，所以可以谈一点。在历史上，我们思考科学时就与性别有关。我来告诉你我是如何发现这一点，以及我是如何认识到这种关联是多么强大的。我在 1974 年前后做了一个实验。我对性别问题感兴趣，是因为我在很早的年代——20 世纪 60 年代末 70 年代初——参与了妇女运动。之后几年，我想我可以做一些像样的研究来支持这场运动，而不只是举着横幅走来走去和找人在请愿书上签名。

我有个研究领域就由此发展而来。我做了一项研究，试图分析人们如何看待不同的学科。我首先在大学生中开展了这项研究，继而在中小学中开展。[②③] 这个实验很简单。我让他们想一些特定的学科，比如科学、艺术等，然后按照一些标准排序，比如复杂—简单、硬—软、科学—艺术、思维—感觉、男性—女性、亮—暗等。我在中小学生和大学生身上都发现了非常有趣的现象。总体情况是，如果把科学和艺术放在一条轴上，把男性和女性放在另一条轴上，形成四个象限。你会发现在象限“科学与男性”中，除了生物学，所有的科学都在其中。显然，科学被认为属于男性。在“艺术与女性”象限中，我们看到了一些艺术、语言和文学等，但它们并不是牢固地处在该

① HASTE H. The sexual metaphor［M］. Cambridge，MA：Harvard University Press，1994.

② HASTE H. What sex is science？［M］// HARTNETT O，BODEN G，FULLER M. Sex role stereotyping. London：Tavistock，1979：168–182.

③ HASTE H. The English woman undergraduate［M］// ACKER S，PIPER D W. Is higher education fair to women？ Slough：NFER/Nelson，1984：116–131.

象限中，而是更靠近原点。因此，虽然科学明显被视为属于男性，但艺术却处于中间位置，尽管有点偏向女性。唯一倾向属于“男性的艺术学科”的是哲学。哲学虽然被看作倾向属于男性，但哲学肯定是一门艺术。所以，看起来好像没有属于女性的科学，因为在“女性与科学”象限中什么也没有。但是生物在男性和女性中间。

这件事证实了我的印象：科学是被视为属于男性的，但似乎也没有真正的女性知识领域。有中性知识、男性知识，但没有女性知识。这真的很令人担忧。这让我对其中的原因产生了兴趣，是因为在学校里男生倾向于科学学科，而女生倾向于艺术学科吗？其中有什么因果关系吗？女生选这些科目，男生选那些科目，是因为在文化上就把科目看作属于女性或是属于男性吗？

然后，我开始像当时的其他人一样，对于理性、科学和阳刚之气，在我们的文化中是如何结合在一起的产生了兴趣。科学是理性的——事实上，科学经常被认为是超越理性的，并且与价值观没有关系。这也吻合后启蒙时代的超理性男性思想。你知道“没有女孩申请”这类事情。我还观察了电影等带来的文化影响。出于对文化的兴趣，我研究过一些科幻电影。①我分析了科学，以及冷酷、阳刚、理性的科学人物的强壮形象是如何呈现的。当然，这既有积极的一面，也有消极的一面。消极的一面是这种科学家把界限推得太远了，比如像《弗兰肯斯坦》(*Frankenstein*)这样的科幻电影。弗兰肯斯坦出问题，是因为他太相信自己的能力。他高估了自己的技能，当然也因为创造出了一位人类而有些傲慢，毕竟创造人类本是上帝的能力。这是玛丽·雪莱最初表达的观点。许多科幻电影都有相同的叙事。

我最近关于科学和性别的研究着眼于伦理问题，着眼于年轻人对科学和伦理的看法。②我们发现，男孩倾向于认为科学会解决一切问题，或者说技术会解决一切问题。所以，在未来的世界，技术将解决我们的问题，无论是经济问题还是医疗问题，甚至是社会问题。女孩对此更多持怀疑态度。根据我们的研究，事实上，女孩对未来的看法也远不如男孩乐观。但是，女孩更关心伦理问题。有趣的是，最关心伦理问题的人，实际上是喜欢科学的女孩。

---

① HASTE H. Myths，monsters and morality：understanding anti-science and the media message［J］. Interdisciplinary science reviews，1997，22（2）：114–120.

② HASTE H，MULDOON C，HOGAN A，et al. If girls like ethics in their science and boys like gadgets，can we get science education right？［R］. Liverpool：British Science Festival，2008.

一般来说，喜欢科学或想从事科学职业的女孩，对科学中的伦理问题特别关注和感兴趣，而男孩更倾向于相信技术会解决所有问题。这是一个有趣的发现。

其中一个影响是，关注伦理问题是有意义的，要用合适的方式教授科学，以便让更多女孩学习科学。伦理不仅关注科学会带来损害或好处，实际上科学也不是没有价值观的。我们在教授科学时，说科学与事实有关，而与价值观或观点无关，以试图让学生"客观"。事实上，科学不仅仅关乎事实。所有的科学都随新的发展而不断变化。科学是基于我们对目前拥有的数据的最佳理解，明天或许就变了。[①]你在学校里第一次学到的科学，很大程度上可能是"事实性的"，因为它很大程度上是"旧"科学。但当你过了 16 岁，开始学习有趣的东西时，你就离事实很远了。科学家也有自己的观点和争论，争论的基础也许是需要考虑的其中一个重要变量。此外，围绕科学还有许多伦理问题待考虑。这些也是我一直在思考和研究的领域。

访谈者：您认为有什么方法可以帮助在科学上趋于性别平衡？举例来说，只是在麻省理工学院的街道上走走，都会觉得与哈佛大学的氛围截然不同。两校都没有达到性别完全平衡。

海斯特教授：嗯，麻省理工学院确实有很多女生，它很擅长招收女生。

访谈者：是的，但麻省理工学院是如何做到这一点的？其他教育机构如何效仿？此外，即使女生在学生中所占的比例更大，但仍然可能存在一种潜在的观念，即认为科学是一个"男性"领域。

海斯特教授：我知道。矛盾的是，如果你看看科学史和科学思想史，以及它们的演变，就会发现其中包含了大量的情感，比如激情洋溢的科学家对别人的错误理论感到愤怒。许多科学都是通过直觉跳跃式发展起来的，人们尝试着看看它们是否可行。数据是严谨的，但与此同时，思维过程通常是高度直觉化的，而在人们所持有的特定观点上，它是高度情感化的。我关注的是情感和理性的结合，是"结合"（marriage），而不是"分离"（separation）！这样才能找出什么是重要的。

至于让更多女孩学习科学，我认为这种情况正在改变。顺便说一下，不同的国家有不同的情况。在有些文化中，性别差异比其他文化大得多。我最

---

① ORESKES N. Why trust science？［M］. Princeton：Princeton University Press，2019.

近参与了一项涉及6个国家的研究，[①]是由欧盟资助的。这项研究是关于青年和科学的，研究的是科学如何融入年轻人的生活，以及成为科学家或继续接受科学教育的动机是什么。男女性差距最大的国家实际上是西方国家：英国和荷兰。我们也研究了印度和马来西亚，那里的差距要小得多。在黎巴嫩和土耳其，科学领域的性别差异要小得多，你可能认为会有很大的差距，但事实并非如此。性别差距大的确实是在西方国家。所以“缺少女性工程师”主要是西方的问题。

访谈者：事实上，我能够看到这是真的。我的工作环境中就是以男性为主，主要是软件工程师。这种一边倒的性别现象也许在西方更容易被接受。

海斯特教授：在英国时，我在20世纪70年代末开始研究学习工程学的女生，当时大约有2%的工程学学生是女生。现在已经上升到大约15%，但比例仍然很小。真的非常糟糕。但在其他一些国家却不是这样。在世界的其他地方，有许多女性工程师。

访谈者：随着职业化和专业化的发展，人们似乎根本没有时间去思考更多的伦理问题。

海斯特教授：是的，因为他们认为这与他们正在做的事情无关。工程师不能不考虑伦理问题。但是情况正在发生变化，现在有了更多的女性工程师，特别是在某些领域，当然也有了更多的女性科学家。存在问题的领域，尤其在大学层面，是计算机科学和物理学。由于某种原因，这两个领域仍然是以男性为主。但化学不是、生物不是，生物化学也不是。在生物学领域，本科中的女生比男生多。由于某种原因，在物理学和计算机科学这两个领域，女生似乎数量不足。但是，在这两个领域的科目考试中，女生至少和男生一样优秀，不存在能力差异。问题只是她们是否觉得这门学科激发了她们的想象力。我怀疑是教学方式的问题。你可以让物理变得更加“对女生友好”。人们已经尝试这样做了。

访谈者：我也认同文化是性别失衡的一个重大因素。

海斯特教授：文化？是的。你是科学家吗？

访谈者：我想我从事的主要是科学工作，但我确实一直在这个问题上挣扎。我的思想中并没有明显的性别化，我碰巧相当平衡。但是，被拉向两极

---

① GRIETHUIJSEN R，VAN EIJCK M W，BROK P J，et al. Global patterns in students' views of science and interest in science［J］. Research in science education，2015，45（4）：581–603.

中的任何一极时，我发现有时很难找到一个位置。

海斯特教授：你的第一学位是什么？

访谈者：经济学和生物学，主要是生物学。我在做人机交互的时候又获得一个学位。所以现在，综合这些，我真的很想知道更多关于神经科学是如何影响教育的知识。这也是我参加 MBE（心智、大脑、教育）项目的原因。但是这个领域的问题是，许多人现在相信神经科学带给我们的事实，将能够证实或否定心理学的发现。但实际不是这样的。

海斯特教授：是的，不是这样的。我担心的是某些神经科学，因为它们往往倾向于狭隘的、单一的解决方案。这看起来非常像一种认知的、过度理性化的，也许是“男性的”看待世界的方式。这不是一个好的方向，我认为这可能是一个危险的方向，因为它似乎并不总是能够认识到，我们对于大脑活动的理解仍然处于非常早期的阶段。我们有时会急于找到明显的微观解决方案，比如“那个神经元做的这个”，但是它不是自己做的，它是与其他神经元合作完成的。这是一个网络系统。而且通常是不同的情境，有不同的网络系统。举例来说，如果我们试着去找制造贪婪的那个神奇的神经元——算了吧！不是这样的。

访谈者：您说得很精彩，就这点直觉，在该领域费了 10 到 15 年的时间才认识到，才从局部化的视角转向了网络系统的视角。这才刚刚开始。我们能够认识到这一点就让我难以置信了。

海斯特教授：还有很长的路要走。现在开展的一些研究确实也非常令人兴奋。我认为，当我们对神经科学了解更多时，对心理过程肯定就会了解得更多。但是，即使我们知道神经的基本结构，也不意味着我们知道它是如何工作的。这就像你知道一辆车是如何工作的，知道发动机是如何工作的，但是你不知道某人要怎么开车，不知道车要开往哪里，也不知道车在不同的路况下会有怎样的表现。这个比喻可能不是特别恰当，但我认为背景和文化非常重要。

四、三角互动模型：个人、社会和文化

访谈者：我们还有几个问题。其中一个是关于人类对意义的创造。它与环境有很强的交互性，并且依赖于过程。虽然我们确实在积极地理解世界，但我们是通过与他人的不断对话去理解的。我们的问题是关于在全球化中有移民经历的儿童。他们的生活处于不断变化中，而他们的同龄人不一定有相

同的经历，那他们是如何理解这个世界的？

海斯特教授：嗯，移民儿童的事情，我所知不多，但是，我可以谈谈前一个问题，也就是我喜欢的事物运转模型。我发现使用三角互动模型很有用。传统上，在社会科学中有一个模型，认为个人受到同龄人和父母的直接影响，而同龄人和父母受到社会的影响。这意味着一种因果联系：一般情况下，社会影响父母，父母影响孩子。孩子受到这些外力塑造，在这个过程中没有多少发言权。但事实其实不是这样，当然，我不是第一个这样说的心理学家。事实上存在着更多的互动，不是单向的因果关系。

我所做的研究，源于20世纪早期的心理学家维果茨基（Vygotsky）。[①] 我的模型已研究了很长时间，也借鉴了同样的三个组成部分，但它们的样子非常不同。[②③] 想象一下这样一个三角形：一个点是个人理解世界，发生的是一些认知的、头脑中的事情。我们确实作为个体存在，我们确实有各自的进程，我们确实作为个体在思考。但不幸的是，认知心理学往往只关注三角形的这个点。

三角形的另一点是我们与他人的互动，包括对话互动、面对面互动（当然也包括现如今的数字化互动），这是我们在一定的社会情境下，通过对话协商的意义。这是两个人在彼此的对话关系中共建意义。

三角互动模型的第三个点是这种情况所发生的文化背景。文化背景是文化中蕴含的所有文化故事、民间传说、寓言故事、历史记录、主流信仰，以及所有这类东西。孩子通过媒体、机构实践及环境中的一切接触到这些。所以我把这整个三角形，看作包含了在任何特定时间点发生的事情。个人都是尽力去理解，但是，他们的脑海中不断重放与他人的对话。他们记得对话，这是一种对话关系。即使他们不记得对话，他们也可以说："某某对此会怎么想？如果我和母亲、朋友或老师交谈，他们会怎么想？"我们不会孤立地构建事物，总是有这种隐性对话，以及记忆中的明确对话。当然，在任何对话情形下，每个人都会把自己的想法带入这个对话过程。这是个人和对话过程

① VYGOTSKY L. Mind in society［M］. Cambridge，MA：Harvard University Press，1978.

② HASTE H. Culture，tools and subjectivity：the（re）construction of self［M］// MAGIOGLOU T. Culture and political psychology. Charlotte：Information Age Publishers，2014：27–48.

③ HASTE H，BERMUDEZ A. The power of story：history，narrative and civic identity［M］// CARRETERO M，BERGER S，GREVER M. International handbook of research in historical culture and education：hybrid ways of learning history. Basingstoke：Palgrave Macmillan，2017：427–448.

之间的一个持续的、互动的双向过程。

个人也从文化中直接汲取，这也是我的模型不同于其他模型的地方。例如，在布朗芬布伦纳（Urie Bronfrenbrenner）极具影响力的模型中，儿童通过同龄人和父母接触文化，而文化处于外圈，儿童处于中间。[①] 在后维果茨基三角中，儿童可以直接接触到文化，当然是因为我们能接触到，能在我们做的每一件事中接触到。技术给我们提供了帮助，但又不仅仅是技术。这也是我们利用空间的方式。哈佛教育研究生院有个优秀的博士生叫杰西卡·费，她研究的是我们如何利用空间。[②③] 即使你走在剑桥街上，你也知道你是在马萨诸塞州的剑桥市，而不是在上海或伦敦。你从空间的布局方式上，也能看出来你是在一个中产阶级地区。例如，我们周围的树木，就能够告诉我们一些事情。把某人放在任何空间，你都能够立即解码他的社会阶层、文化，以及人们如何看待他的等。

如果是在学校，学校的布局方式——几排桌子以及讲台前的老师，会立即告诉你在这个物理环境中，等级制度和师生关系的概念是如何呈现出来的。但如果房间里有桌子，孩子们又分成小组在不同的桌子上独立学习，而老师在桌子之间来回走动，这就表达了一个截然不同的学习过程。所以，这不仅仅是媒体和互联网的问题，它实际上是物理环境。

看看现在这个房间。显然我们在这里可以舒适地坐在椅子上——我希望如此。我们被书包围着，因为我们碰巧是同一类人，客厅和书房里都堆满了书。它反映了我们生活的环境。来到这里的人会立即知晓，这是一个喜欢书的人的房子，这个人可能已读过其中许多本，可能从中汲取了各种思想。在另一所布局不同的房子里，你面对的环境就不同。例如，一个在堆满书籍的房间里长大的孩子，与一个在没有书的家庭里长大的孩子，对书的理解会有很大的不同。

因此，我们不断地通过所有这些物理的和社会的东西，以及通过个人和对话之间的关系，来接触文化。但是对话和文化之间也有关系。举个例子，

---

① BRONFENBRENNER U. The ecology of human development：experiments by nature and design［M］. ambridge，Massachusetts：Harvard University Press，2009.

② FEI J. Learning about where you are：pedagogies of place and placemaking in an urban community art studio［D］. Cambridge，MA：Harvard Graduate School of Education，2018.

③ VASUDEVAN D，FEI J. This is their house，too：an afterschool space designed for and by teenagers［J］. Family involvement network of educators（FINE）newsletter，2015，2（Ⅶ）：1–6.

在社会变革中，经常发生的是——事实上可能几乎总是——一小群人开始有了新的思想，最终影响了文化。新思想经常来自小团体，我们有时称之为“觉悟团体”、有时称之为“革命细胞”、有时称之为“疯狂的怪人”。但关键是，新思想通常是始于小群体的对话关系，然后通过社会变革进入制度。新思想开始影响更大的媒体，然后当然会反馈到对话过程中。因此，随着我们听到更多的文化故事，它们就会反馈到对话中，当然也会反馈到个人思考中。有些个人也直接影响文化，也许相对较少。然而，个人与文化之间，会以各种方式存在着这种持续的文化协商。

这就是我偏爱的模型，这也是我为什么认为，我们在看待个体思维时，不能不考虑与对话互动、与文化背景的关系，以及它们是如何逐步展开的。这也是我为什么认为，学校氛围非常重要。学校是如何运作的，学生在学校是如何互动的，以及学校的物理布局，都非常重要，因为它们传达了不同类型的信息，也促进了不同类型的互动。

五、优秀研究生的核心素质

访谈者：以您在哈佛大学的经历来看，优秀硕士生和博士生的核心素质是什么？

海斯特教授：我认为这个答案是美国特有的，因为在英国是不同的。哈佛大学教育研究生院硕士项目的优势之一是，它们将背景迥异的人聚集在一起，解决围绕教育的共同问题——从思想、大脑、行为到艺术教育的所有问题，范围极其广泛。硕士项目设法利用人们的不同背景，帮助他们获得某个领域的综合性专业知识，或者开始掌握专业知识。

我认为，对于硕士项目来说，重要的是愿意将此视为一个教育过程，而不仅仅是另一套技能。如果他们来这里只是想获得一些额外的技能和一个学位，以在回去后能够晋升，那就不会从硕士项目中获得最大的利益。哈佛大学教育研究生院有一些以技能为主的硕士项目，但即使这样，它们关注的仍然是增进和加深对整个教育领域的理解，也整合了好几个学科。所以我认为，要成为一名优秀的硕士生，重要的是有开放的心态，能够尝试整合和综合，能够探索新边界和新领域。

访谈者：我们中的一些人认为，要求学生写硕士论文，会给他们提供一个机会来进行这种整合和综合。然而，哈佛大学教育研究生院的硕士课程没有写论文的通用要求。

海斯特教授：这只是一个为期 8 个月的课程。我所熟悉的一个英国硕士课程，为期 12 个月，规定要写一篇论文，所以 9 月入学，第二年 9 月毕业，而不是 5 月就毕业。整个夏天都在写论文。我认为如果没有一段时间做整合（sythesize），就不可能写出一篇真正的综合性论文。写论文很难与课程学习同时进行，所以不得不花费整个夏天去完成，而毕业时间可能会推迟到 11 月。8 个月时间做不完这些，这是不同的硕士项目。

对于博士生来说，也有一种类似的心态开放经历。我喜欢的方式是，他们带着完全不同的学科背景来到这里，参加两年的课程，然后产生各种各样令人兴奋的思想，并有机会真正去追求自己的目标。所有的博士项目都是如此，但我认为哈佛大学教育研究生院的一个优点是，它真的是一个集体，博士生有了群聚效应。在许多机构中，存在的一个问题是没有足够数量的博士生来产生群聚效应。相反，他们是孤立的，经常做着不同的事情。他们一起去见导师，但是他们并没有形成真正的群体。在这里，我们有足够的博士生，可以创建好几个群体。因此，我作为导师或指导委员会成员进行指导工作，是很重要的，但我非常清楚，我的学生也在与他们的同龄人谈论这些想法，通常是以写作小组的形式。我喜欢写作小组这种模式，这是一个真正与同龄人一起学习的机会，而不仅仅是与导师一起。这是一种很好的学习体验。

我有点担心的是，在美国，拿到博士学位需要的时间很长。7 年是你生命中很长的一段时间。我们的博士生通常都三十五六岁了。若是在另一个行业，他们这个年龄可能已经爬到职业阶梯的一半了。其中的部分原因，当然是教育学博士生通常不会在 21 岁或 22 岁即他们本科毕业时直接来读。他们通常先在教育领域做一些事，然后在快 30 岁的时候来到这里。这意味着比起他们本科毕业后直接读博，博士生阶段就成为一段不同的生命历程。即便如此，他们中的许多人还是做了非常多原创性的工作，并发表出来。这通常是他们职业生涯的启动平台，他们的研究惠及的范围更大了，这一点很好。

访谈者：7 年是平均年限吗？

海斯特教授：不，我认为平均是 6 年，有些人需要攻读 7 年。

访谈者：一个优秀的硕士生或博士生还有其他核心特征吗？

海斯特教授：硕士生我已经说过了，博士生情况也非常类似。你必须在一个相当不确定的环境中追求自己的想法，因为你不知道你的想法是什么。事实上，对自己要做什么有明确想法的学生，不一定会从博士项目中受益最多，因为他们可能会割舍掉某些选择。另外，他们可能会感到沮丧，因为他们不能做自己想做的事情，这可能会阻碍他们真正做出点什么，虽然事实上很少有人退学。我认为，愿意学习，愿意认识到你将会被改变，认识到你完成学业时，将会成为一个不同的人，这也是读博的重要一部分。要有跨越界限的意愿。跨越界限是非常重要的，要对新的体验，尤其是新的知识体验，持开放态度。

访谈者：非常感谢！

中美教育的差异不应被夸大

——与哈佛大学维克多·托马斯讲席教授保罗·哈里斯的对话

方祥发　于海琴*

受访者简介：保罗·哈里斯（Paul Harris）是英国人，1968年获得萨塞克斯大学（Sussex University）心理学学士学位，1971年获得牛津大学实验心理学博士学位。毕业后，他前往哈佛大学，在认知研究中心担任研究员。随后的几十年里，他在各个大学讲授心理学，包括阿姆斯特丹的自由大学（Free University）（哈里斯懂荷兰语和法语）、伦敦经济学院、牛津大学。在牛津大学期间，获选为英国国家学术院（the British Academy）院士。2001年，以教授身份加入哈佛大学教育研究生院。哈里斯运用跨文化的框架，整合了心理学、人类学和社会学，研究儿童早期的认知、情感和想象生活。他在教育研究生院开设的课程包括"发展心理学"及"认知发展：信任和想象"。后者帮助学生评估早期认知发展的两种理论。这两种理论有些冲突：一种认为幼儿就像"小科学家"，根据自己的经验观察来构建对世界的认知；另一种强调儿童在理解世界的过程中是如何依赖他人的。哈里斯在其2012年出版的《相信你所听到的：孩子如何向他人学习》一书中，谈到了这门课程的大部分内容。

哈里斯最新的著作 *Child Psychology in Twelve Questions*，于2022年由牛津大学出版社出版。他在哈佛教育研究生院开设"发展心理学"20多年，该书就是这门课程的结晶。

保罗·哈里斯（Paul Harris）

方祥发、保罗·哈里斯和于海琴的合影

* 于海琴为通讯作者。

编者按：2015年春天，来自新加坡的研究生方祥发参加了哈里斯教授开设的“跨国家和跨文化视角下的教育成果”课程。我们一起联系了哈里斯教授，请求就中美教育差异进行访谈。这次访谈变成了双方交流。哈里斯教授首先向访谈者询问，将本次访谈列入《鱼游哈佛：学习改变世界》一书，目标是什么。实际上，我们把历次访谈结集出版，意在通过学习美国在教育领域的思想和实践，使中国的教育受益。虽然哈里斯教授并不否认这一观点的正确性，但他告诫我们，不要不加批判地将美利坚合众国捧为“指明灯”。事实上，美国教育存在着一些与中国教育相同的问题，比如强调学术成就而非道德和社会责任、优先考虑实际的谋生而忽视精神生活、人文学科衰落、缺乏批判性思维等。哈里斯教授回应了访谈者在中国推广道德教育的意图，提出了他的想法和建议，并对在课堂上讨论道德和公民问题所面临的挑战进行了评论。在最后一节中，哈里斯教授提到，心理学是由合作和讨论产生的流动的知识体，他所喜欢的教学方法和他对心理学的这种理解是吻合的。访谈最后，哈里斯教授给大学生们留下了一条精辟的建议。

关键词：美国；中国；教育；跨文化；人文；道德；公民；（学业）成绩；心理学

一、本书的期望

哈里斯教授：在我们开始之前，我想多了解一下你出版这样一本书，有什么目标？

于海琴：我的学生杨忠平资助了罗伯特·塞尔曼教授和海伦·海斯特教授的一项研究，是关于如何减轻中国中学生压力的。杨资助了10万美元。杨来自中国贵州的一个小村子，我想帮助一下他的家乡，那里的许多孩子没有条件接受高质量的教育。如果这本书出版了，稿费就可用来资助这些农村孩子的教育。

哈里斯教授：我知道了，这笔钱将用于农村教育，但这本书的主题是什么？

于海琴：这本书取名《鱼游哈佛：学习改变世界》。中国学生从幼儿到研究生，面临着许多挑战，我希望这本书能够解决这些挑战。我曾经旁听过您的“发展心理学”课程，也想拜读您的大作《相信你所听到的：孩子如何向他人学习》。[1] 我们这本书的主要目标是，帮助中国的孩子、父母和教师学习如何培养社会责任感和开展道德教育，我认为您的研究与这一目标息息相关。我认为中国有些人主要关心金钱和名誉，一些父母关心的是自己的孩子将来如何成功。然而，这种狭隘的关注经常忽略了生活中的道德层面。我想鼓励父母去思考，如何让他们的孩子过上有意义和快乐的生活。

方祥发：这本书会有非常广泛的读者群。正如海琴所说，我们的目标首先是挑战中国当前的教育观念。我们在对其他教授的访谈中，也试图把重点放在海琴认为的中国教育忽视的其他方面，如道德教育、社交和心理发展等。然而，为了切合读者的兴趣和视角，我们仍然纳入了一些与学习成绩等密切相关的问题。我们希望本次访谈能让读者受益。

二、美国的教育真的是一盏“指明灯”吗

于海琴：我们的第一个问题是：东西方文化的教育目标有什么不同?

哈里斯教授：我觉得这个问题有点难以回答，因为即使我们看看美国的教育，再看看英国的教育，在某种程度上，仍然非常强调学习成绩。它们都有一个实用目标，就是通常注重获得上大学的资格，获得一个学位，便于以后谋生。所以，我认为我们不应该夸大美国和中国教育之间的差异。事实上，如果你看看最近美国出版的书籍，特别是关于高等教育的书籍，里面有一些教授越来越担心的一件事是，学生更关心的是建立一个社交圈子，或有一个实习机会，或在简历上能够添加点东西以稳定就业，而不是塑造精神生活。[2] 在过去的几年里，这是一个非常重要的主题，也是高等教育的走向。公正地说，如果我们看一些实际数据，就会发现这是有些道理的。所以，商科成了报名人数不断增长的专业，而人文学科（如英语、历史和哲学）的报名人数正在下降。

我是带点推测性的，我并不知道确切的数据。但我和儿子谈过这个事。他在美国的康奈尔大学学习计算机科学。他说，他计算机科学专业的一些同学往往对人文学科的作用持怀疑态度，因此，他特意选择留在文理学院，而

---

① HARRIS P. Trusting what you're told：how children learn from others［M］. Cambridge，MA：Harvard University Press，2012.

② LEWIS H R. Excellence without a soul：how a great university forgot education［M］. New York：Public Affairs Press，2006.

没有转到工程系，就是为了接受更全面的教育。但他也说，工程和计算机科学专业的这些学生，不一定要非常关注市场需要的技能，但也没怎么重视广泛意义上的文科，尽管美国在过去是珍视这些文科的。这是我要说的一点。我们应该谨慎，不要夸大美国教育和中国教育之间的差异。

另一点要说的是，其实我们也研究过这一点，即美国大学经常说它们尽力鼓励批判性思维，也就是更具反思性的思维。但是，如果看看数据，我们在看过一些书籍、文章之后，发现在许多大学里，并没有强有力的证据表明学生正在走向更具批判性的思维。所以我想说，我们不应该把美国捧成“指明灯”。

三、中国的高等教育：实用性与广阔的道德视野

哈里斯教授：说说你如何看待中国的高等教育，中国的高等教育又存在哪些问题，这对我来说是有帮助的，我们可以就此多谈一点。我虽然从未去过中国，但有很多学生来自中国，具体人数我倒是没统计过。

方祥发：您想专门了解高等教育吗？

哈里斯教授：我认为从某些方面来说，这可能是我们最感兴趣的研究点。如果可以的话，我想更多地谈论一下高等教育。

于海琴：在中国的高考制度下，学生的人文主义倾向非常有限。

哈里斯教授：我有点不解的是，你们的历史或其他人文学科的测试，要使用多项选择题。多项选择（或标准化考试）和缺乏人文教育之间有什么关联呢？

于海琴：中国的高中生要么专注于人文学科，要么专注于自然学科，高考内容也是分别反映了这两种学科。因此，对于理科生来说，高考的内容很少与人文相关。中国的大部分高中生——也许能占 2/3 吧——集中在理科。

哈里斯教授：我明白了。

于海琴：除此之外，中国的优质教育资源和就业机会有限，很多学生在大学期间感到迷茫。在中国找到好工作的压力非常大，所以许多学生会继续攻读研究生来提升竞争力，从而缓解这种压力。

方祥发：所以我认为大学及其教育目标，仍然有一种实用主义的倾向：使大学带来的利益，主要是经济利益，达到最大化。很大一部分学生认为，学习理工科是达成这一目标的更好途径。

哈里斯教授：我想说的是，在这方面美国也有一些相似之处。谈到大学

里的第一代学生，我认为他们也更倾向于工程、计算机科学、商科或药学。他们认为这是谋生的手段。选个与工作关联不大的专业，需要有一定的经济后盾或安全感。我认为对于父母上过大学的中上层阶级的家庭来说，他们的孩子这样选择更为常见。有趣的是，中国和美国在这方面有相似之处。

于海琴：人文教育在中国是相对缺乏的。多年来，我们一直遵循苏联的教育模式，强调科学技术，忽视人文学科。从小学一直到研究生阶段，我们更关注自然学科而不是人文学科。我认为通识教育更好。我们在人文、文化教育领域，还有很长的路要走、很多东西要学。

方祥发：海琴担心的是，看看当前的社会及表现出来的某些社会弊病，如果继续沿着这条路走下去，那将是非常危险的。在哈佛大学，她的主要研究兴趣是道德教育，她认为将这些经验应用到中国，能够带来很多益处。

于海琴：我认为通识教育是改变中国现状的好方法。首先，我们可以从人文学科中学习批判性思维。其次，我们可以鼓励学生去做志愿者，这样他们就可以看到，通过帮助别人，他们自己也可以过上快乐而有意义的生活。每个人都有能力帮助别人。通常学生认为，“我出名或富有的时候，就可以帮助别人”。但事实未必如此。我认为，社会责任感是可以通过年轻人的志愿活动在早期培养的。

哈里斯教授：你的乐观是好事。但在美国有一件事是，要上大学，学生大概率必须有志愿者或社区服务活动的经历。这已经成为一个行业。有些富有、享有特权的孩子会飞到非洲的某个村庄援建一所学校。这有点像慈善旅游，我不确定这是否改变了真正的动机。但是，我不想太愤世嫉俗。在我看来，你们以后在创建这些类型的活动时，也必须非常谨慎。

我不想否定太多。有些学生经常帮助一个阅读有困难的孩子，他们每周都去看望这个孩子，他们真的在帮助这个孩子。而有的学生在当地的动物收容站工作。所以从某种意义上说，鼓励年轻人这样做是件好事，但我认为这并不一定自然而然就成为好事。

于海琴：我们也有这样的机会。例如，我就会鼓励我儿子去孤儿院或养老院帮忙。但流行的观点仍然是，学生在年轻时应该专注于努力学习，只有当他们年龄大些了，拥有了更多的资源时，才应该更关注帮助别人。

我还发现，哈佛大学的学生通常以小组为单位学习，而在中国，我们通常单独学习。我认为中国应该更加注重教导孩子如何与他人相处和合作。

哈里斯教授：我想这可能是对的，尽管我会把这两件事分开。帮助那些需要帮助的人，因为他们不识字，或者他们是孤儿，或者是其他什么遇到困难的人。这种无私的帮助是一回事。但在我看来，知识上的合作进取在直观上是不同的。我可以很容易地想象出，在制造机器人的科学团队中，有人是非常优秀的队员，却不一定是优秀的志愿者或社区服务的积极参与者。在我看来，它们只是两个不同的活动领域。当然，如果人们在这两个领域都能合作，那就太好了，但我对此有点怀疑。

方祥发：我同意您说的。我认为海琴的观点是，如果我们现在开始挑战当前的个人竞争模式，让学生互动，他们就会减少以自我为中心，更多地考虑他人。

哈里斯教授：如果你看看美国或英国的教育体系，也是这样的，对每个学生的评价最终都是根据他们自己的成绩。我们谈论的是 A，或者 SAT，或者 GPA。甚至我的 AH103 这门课程，我会让学生一直合作到最后，然后要求他们各自分开写。我们对集体成果的接受度不高。这很有趣，也很矛盾，因为如果我们看看科学出版物，多人合著的越来越多。一些顶尖的科学家，实际上就是拥有这种合作技能的人。一个有趣的悖论是，我们还没有把它纳入教育体系。也许我应该召开教职员工会议，谈一下这个。

方祥发：既然您提到了这一点，那么当您在制定评分标准时，会有这方面的要求吗？

哈里斯教授：对于个人评分，没有明确的规定，但问题是它根深蒂固，我从未想过别的方式。我是说，我讨厌一切评分的事！（笑声）

四、道德和公民教育：课堂讨论面临的挑战

方祥发：您是发展心理学家，海琴对您在以下问题上的观点很感兴趣：在道德教育领域，人的一生中需要注意哪些重要问题？

哈里斯教授：我想我以教师和家长，而不是发展心理学家的身份，会给出更多的答案。我实际上要说的是，发展心理学不会给你带来很大的帮助（笑声），其中部分原因是“发展心理学”中的研究——尤其是目前——重点放在幼儿及道德思考和道德判断的基本因素。我们甚至在研究婴儿能否分辨对错。

说到这儿了，顺便提一下，劳伦斯·科尔伯格（Lawrence Kohlberg）教授在哈佛大学教育研究生院培养了一个老传统，其中一点是让学生思考道德问题。如果你在高中介绍这些，可能会带来一些好处。在某种意义上，当我

们成为青少年或成年人时，有各种各样的情况很难做出最佳判断，这时我们可能会从合作讨论中受益。对于这一点，不一定需要研究科尔伯格才能够认识到。但在有些国家，这些讨论有时并不容易进行。因为首先，道德很快就和宗教或政治搅和在一起了。所以，以一种家长不会反对的方式来进行这些讨论，是一个挑战。

举个具体的例子。我的小儿子今年16岁，正在上高中。我明确地问过他："老师鼓励你们辩论吗？"他说："不。"现在，我知道这位老师见多识广。他70多岁了，已经教这个班很长时间了。他游历甚广，消息灵通。但有趣的是，我不知道他是不是因为担忧，不允许这场辩论。但我认为，这正是鼓励学生思考这个国家及其政策的一件事。所以，想让学生进行反思甚至批判，这一点我很理解，但需要一个有勇气的老师来做。

方祥发：是否有办法应对这个挑战呢？

哈里斯教授：我对海琴的研究不是很了解，但是这里有位梅拉·莱文森（Meira Levinson）教授，他对公民教育很感兴趣。在让学生思考道德的两难选择时，我认为你至少可以从课堂上开始。对深具反思性的学生，是很难提出反对的。假设他们开始讨论："在有特殊需求的学生身上，花费多少比例的预算是合适的？为将英语作为第二语言的学生开设辅导班的费用，占预算的多少比例合适？"在这一点上，也许你会说，孩子到了十六七岁的时候，就真正能够思考这些问题了，他们也有权思考这些问题了。

我住在牛顿市（马萨诸塞州波士顿的郊区），那里有一个选出的校委会，校委会还邀请两名高中生加入。我的二儿子曾在这个校委会待过一段时间——我过去常常开车送他去那里——他在里面听那些老年男性和老年女性谈论预算问题（笑声）。我对这种会议极其厌烦，但他听进去了。他意识到，一切都是轻重缓急的问题，人们都是带着轻重缓急从不同的角度来看问题的。这是很好的一课。总之，我认为道德和公民教育是可行的，如果你不过于雄心勃勃的话。你解决的问题应该更契合当地情况，对学生更有意义，比如与学校规章制度、预算和政策有关的问题。你甚至可以让高中生讨论，他们在合作项目或个人项目中应该怎样得到评分。我想你可以把我们谈论的这些内容纳入课堂。

关于这个项目，有一本书你可能要读一读，书名是《不让一个公民掉队》，[1]作者是梅拉·莱文森教授。这本书真正谈论了高中生感到自己有多少发言权，感到在多大程度上可以民主地行使自己的公民权利，或者感到脱离了整个进程（当然他们中的许多人都是这样）。

还有一个人你可能想和他谈谈。他是一名博士生，一直在研究中美公民教育的比较。你见过他吗？

于海琴：见过，是安德鲁·斯科特·康宁（Andrew Scott Conning），去年他帮我访谈了哈里·刘易斯院长。我也想访谈安德鲁，因为我想了解如何提高硕士和博士生的教育质量。

哈里斯教授：另一个值得考虑的人是迈克·桑德尔（Michael Sandel）教授，他在哈佛大学非常有名。他开设了一门叫作"正义"（Just Justice）的课程，我没有去听过课，但听说这门课很特别，在学生中很受欢迎和尊重，有两三百名学生选修了这门课。桑德尔教授提出了这些道德的两难选择情况，学生们就在大课堂上展开讨论。据我所知，桑德尔教授为了这门课程还出国游历过。就算看看他的网站也是值得的。

五、心理学教学与优秀大学生的重要素质

方祥发：我们想听听您对教师素质的看法。在您眼里，一名优秀的老师或差老师都有什么特点？

哈里斯教授：小学，高中，大学，还是……

于海琴：您想谈哪个都行。

哈里斯教授：嗯，让我……我是说，我是一个非常糟糕的高中老师，所以……

方祥发：您教过什么课呢？

哈里斯教授：在来大学工作之前的一小段时间里，我作为一名实习生教过英语，但是教得很糟糕。所以我还是来说说大学老师吧。

嗯，你知道，我很幸运，因为我教的是心理学，这里面没有非常固定的真理。所以，在我们开始做一些开拓性的事情之前，我并不觉得有很大的义务要先讲授"第一个到第十五个概念"，因为甚至第一个概念也是有争议的。因此，从某种程度上说，这种教学更容易，因为我可以鼓励学生提出自己的经历和观点，这些虽然并不总是有帮助，但经常是有用的。这是一场讨论，

---

① LEVINSON M. No citizen left behind［M］. Cambridge，MA：Harvard University Press，2012.

是一场合作，我们学会了彼此倾听，我想我要强调的就是这个方面，也是我认为重要的事情。我们从中知道了知识不一定“在那里”，但如果我们一起努力，我们是可以向前迈出一小步的。因此，在某种程度上，对我来说，我喜欢的教学方式符合我对所教课程的理解。我想，如果我教的是数学，或者化学，也许我的理念就不会这么有效果了。这一点我不太确定。你教数学和化学吗？

方祥发：是的。我仍然认为在教授这些课程的时候，可以从一开始就利用学生的好奇心。至少对于化学来说，可以选择一个现实世界的真实场景，问他们：“你会怎么做？”然后开始拓展这背后的概念。所以从这个意义上来说，这是件有趣的事，也可以开展一些讨论。当然，随后在学习概念的时候，就很难讨论了。

于海琴：最后一个问题：您认为怎样才能成为一名优秀的大学生？

哈里斯教授：一名大学生，面对教授告诉他什么是优秀的大学生时，持怀疑态度，那他就是优秀的大学生。

于海琴、方祥发：谢谢！

哈里斯教授：不客气！

艺术与教育

——访哈佛大学教育哲学教授凯瑟琳·埃尔金

赫明珠　于海琴*　索尼亚·玛丽亚·佩雷拉·维迪加尔

受访者简介：凯瑟琳·埃尔金（Catherine Z. Elgin）于1970年在瓦萨学院（Vassar College）获得学士学位，1975年在布兰迪斯大学（Brandeis University）获得博士学位。目前是哈佛大学教育研究生院教育哲学教授。在1996年加入教育研究生院之前，曾在麻省理工学院、普林斯顿（Princeton）大学、韦尔斯利学院、达特茅斯学院、北卡罗来纳大学教堂山分校、密歇根州立大学、西蒙斯大学和瓦萨学院等，讲授哲学。她是一位哲学家，研究方向是知识理论、艺术哲学和科学哲学。她最近研究的问题是，什么使得事物具有认知价值。她认为认识论关注的焦点，应该是追求理解，而不是追求知识。她探索了类似的问题如何出现在多个哲学分支中，如美学、语言哲学和科学哲学。她的著作包括*True Enough*、*Considered Judgment*、*Between the Absolute and the Arbitrary*、*With Reference to Reference*等。埃尔金教授开设了三门课程："教育哲学""艺术与教育""杜威教育哲学研讨"（2021年春季开始）。这门研讨课讨论的是教育是什么、教育应该是什么等基本问题。例如，教育的目标是什么？教育能够且该利用哪些资源？教育如何与其他机构对接？教育如何使学生茁壮成长？参加研讨课的学生需要重点关注杜威（Dewey）的主要教育著作：*Democracy and Education*、*Art as Experience*、*The Child and the Curriculum*，以及*The School and Society*。

凯瑟琳·埃尔金（Catherine Z. Elgin）

索尼亚、赫明珠、于海琴和凯瑟琳·埃尔金的合影

* 于海琴为通讯作者，于凌涛完成由录音到文本的转录工作。

编者按：2014 年秋天，我们有幸聆听了“教育哲学”课程。通过阅读和评价柏拉图、卢梭、沃斯通克拉夫特、华盛顿、杜波依斯和杜威等人的著作，我们学会了批判性地分析隐含在教育中的哲学假定。我们还聆听了“艺术与理解”课程，学会了探究艺术与理解之间的关系。我们还通过阅读和实地访查，调查了艺术家、演员、博物馆和观众对艺术作品的有效贡献。在本次访谈中，埃尔金教授详细评论了艺术的价值、目的和意义，尤其是艺术与教育的关系。她令人信服地指出，艺术不是奢侈品，而是人类的基本组成部分。此外，艺术和科学的相似性，要超过许多人的认识，因为它们都高度依赖于象征和虚构的表现形式。出于这个及其他原因，对艺术的理解实际上对科学家和即将成为科学家的人都非常有益。艺术示例，也能加强我们的道德教育。对于父母如何培养孩子的艺术兴趣，埃尔金教授分享了她的想法，并对艺术教育评估的难度给予了评论。艺术可能难以定义，但埃尔金教授清楚地表明，艺术具有实用、教育、审美和精神价值，艺术是值得我们所有人追求的东西，无论是为了它的实际应用还是为了它本身。自 2020 年 11 月 3 日中国教育部正式发布《新文科建设宣言》以来，越来越多的中国人进一步认识到，人文社会科学的发展水平反映了一个民族的思维能力和精神品格，关系到一个社会的繁荣与和谐。我们希望这次访谈说明，艺术研究是新文科建设的一个重要部分。

关键词：教育；艺术；科学；符号；模式；表现；哲学；科学、技术、工程、艺术、数学（STEAM）；道德；意义

一、事实、虚构和象征：艺术与科学的关系比你想象的更紧密

访谈者：非常感谢您接受我们的访谈！我们的第一个问题是，在《艺术与教育》一书中，您说：“显而易见的是，由于时间和金钱的严格限制，艺术教育是学校负担不起的奢侈品。”[①]在您看来，艺术在正规教育中起什么作用？

埃尔金教授：艺术教育有其真正的价值。它并不像有些人（我们在《教育哲学杂志》上读到的一些人）认为的那样，是某种虚饰，而不是核心。我认为这是一个大错误。先从历史观点开始吧，如果你看看人类的历史，就会

---

① ELGIN C Z. Art and education［M］// SIEGEL H. The Oxford handbook in the philosophy of education. Oxford：Oxford University Press，2009：311–324.

发现艺术可以一直追溯到很久以前。14000 年前就有洞穴艺术，23000 年前就有乐器，是一根长笛，现在仍然可以演奏。所以认为人只有成功之后，或者有了空闲之后，才可以追求艺术的想法，是不正确的。人类利用艺术不仅让事物变得更美，尽管我认为这是真的也很重要，但同时是为了探索，我认为这是艺术教育如此重要的一个原因。美国有个流行的短语“跳出框框思考”（thinking outside the box），基本意思就是以非标准的方式思考。艺术这个领域就会让你学会如何做到这一点。所以如果想在化学方面有所创新，你必须知道很多化学知识，但是，你也必须知道，什么时候该停止相信学到的化学知识，然后如何采取下一步行动。我认为有艺术背景通常会很有帮助，因为它把学科和创新融合到了一起。

访谈者：这就顺理成章地到了下一个问题：艺术具有文化普遍性，而科学是一种文化特有的、理解世界的现代方法，您认为艺术和科学的区别和相似之处是什么？①还有，它们的理想关系是什么样的？

埃尔金教授：我认为艺术和科学的关系，几乎比任何人想象的都要密切得多。在我看来，两者都是理解事物的方式。这本身并不能让它们的关系密切，但是，两者都使用类似的符号机制。例如，人们认为科学是基于事实的，是由真理组成的。然而，科学会使用模型、思维实验和理想化的事物，而这些都已知是不真实的，是虚构的表现，基本上都有些虚构。

访谈者：尤其是心理学方面？

埃尔金教授：是的，心理学当然是，也有物理学。想想谐振器，它没有摩擦力？实际没有这回事的！但这种思考方式非常有用。你知道，理想气体定律违反了大约五个基本的物理定律：没有相互吸引力意味着违反了万有引力定律、没有摩擦、点是无量纲的、点是完美的球形等。这些都是不可能的。然而，这是一种非常有用的思考气体行为的方式。所以这个想法是，实际上虚构的装置是嵌入在科学理解中的。它们是其中的一部分。它们甚至不是你说的：“好吧，这只是权宜之计，我们会摆脱它的。”你可能认为我们化学家会想出更好的模型，但仍然是模型。你不能摆脱模型，只是通过描述缸中每

① ELGIN C Z. Understanding：art and science［M］// FRENCH P A，UEHLING Jr T E，WETTSTEIN H. Philosophy and the arts（Midwest studies in philosophy）. Notre Dame，IN：University of Notre Dame Press，1991：196–208. Reprinted in Synthese，1993，95：13–28 // COMETTI J. Lire Goodman. Combas：Editions d'Eclat，1992：49–67.（In French）

个气体分子的运动，就希望有所收获，因为这完全是计算上难以处理的——会爆炸的。一般情况下，物种在灭绝前，是无法计算的。所以模型确实是强制性的，但它们基本上是虚构的装置。思维实验显然是虚构的。爱因斯坦说："乘坐光波的人会看到什么？"你必须仔细考虑虚构，没有人能够乘坐光波，如果他们能，他们就会死，因为光波的速度是每秒 186000 英里。如果你把这看作真的，就寻找不到支持的依据。但是，只要你知道如何把它解释为虚构，它就非常有价值了。

总体来说，如果我们对于在科学中发现的各种表现方式仔细地研究一下，那么我们会发现，在艺术中也有同样的表现方式。所以我们看不到事实和虚构的明显区别。但我认为区别还是存在的，这在我的"艺术与教育"课堂上的确也有体现。你可以在纳尔逊·古德曼（Nelson Goodman）的著作中看到这一点。一个是"相对充盈"（relative repleteness），它的基本思想是，一件艺术作品是"充盈"的，它象征着许多不同的维度，至于有多少维度和有哪些维度，是无限制的。比如我拿的这件刺绣，我们看到差异非常小。又如树干的黑色度，差异也非常小。你解释时可能会忽略它们，也可能会说："不，黑色的差异承载着一些象征性因素。"我们可能不同意这一点。再如我们观察屋顶的形状时，看到的是精确的几何形状，看起来有点像扁舟，又有点像平底船。当我们继续观察时，我们可能会发现与这个形状相似的东西越来越多，这就是为什么我们说艺术的收获来自不断的鉴赏。你不应该说："嗯，我看过《蒙娜丽莎》一次，不用再去看了。"因为你再去看可能会发现更多东西。

但是在科学案例中，你不希望这样。比如你做一个实验或研究项目，你预先知道你在寻找什么（在设计中有明确规定），以及精确到什么程度。你可能会对自己的发现感到惊讶，但你很可能不会花费大量的时间去得到同一个结果。你将去做另一项实验，或者重复这个实验，以确保没有干扰因素。但是你不会回到同一件事情，因为——我认为这很重要——科学比艺术更重视主体间的一致性。为了获得一致，你必须限定精确度，必须限制你评估的维度的数量，否则你会陷入没完没了的分歧，这就是在艺术案例中的情况。

访谈者：哲学呢？

埃尔金教授：当然，哲学也是这样。为什么这很重要？因为科学家都是以彼此的成果为基础的。如果你不能确定别人的成果是什么，你就不要去依赖。如果对发现的东西存在无休止的争论，那么你不能说："从纳米粒子方面做这项研究。接下来的研究我来做。"因为我们不知道从纳米粒子的"这项”研究中能得出什么结论。这表明，科学被设计成一种社会企业，科学家以彼此的成果为基础，他们想要的是确定性和主体间的一致。为了得到这些，他们对精确度做出了限制。而对艺术来说，尽管一位艺术家的确会影响另一位艺术家，但与科学家以彼此成果为基础的方式截然不同。你不能接着约翰尼斯·布雷厄姆斯的《摇篮曲》，创作下一首曲子。你可能会在不同方面受到《摇篮曲》的影响，但这并不是说你只是续写 7 个小节什么的。这就是我对差异的看法。他们一直有认知能力，但很明显的是，这些是程度上的差异。这只是笼统的说法，并不意味着没有例外。一些艺术作品，尤其是观念艺术（conceptual art），可能是可耗竭的——我的意思是，一旦你看过布里洛盒子（Brillo Boxes），你就明白了。你不需要像看伦勃朗（Rembrandt）的画作一样，回头再看它们。我觉得这些只是程度上的差异。

二、艺术对于科学教育的价值

赫明珠：您认为艺术教育和科学教育之间的理想关系是什么？特别是鉴于大约 40% 的科学方向在读博士都患有抑郁症，我们大规模推动了 STEM 教育，这就使得想成为一名科学家，就要在各级教育中放弃艺术。

埃尔金教授：艺术研究对于治疗抑郁症能不能有帮助，我对此并不乐观。或许你观察一下艺术生，就会发现他们中的 40% 也有抑郁症。我的意思是，这个时代困难重重，使人焦虑。科学的一个特点是——我认为艺术也是如此——科学家成功的方式是经历一系列的失败。并不是你尝试了某样东西就成功，然后尝试另一样东西又成功，再尝试另一样东西……大多数情况下，事情不会成功，然后经历一次次不成功，直到排除故障并进行微调，最终才会有所收获。但是在这个过程中，没有人能保证你会有所成就。也许你的论点真的是错误的，或者你的假设是错误的。这与鼓励乐观、快乐的世界观那类事情不同，这是完全合理的。

我认为艺术也是如此。我的意思是，你想想艺术家的工作方式，他们也是经过一系列的实验，尝试了很多东西，但都很糟糕。先画一座山，再尝试画别的东西，每隔一段时间就向前迈进一小步。但这真的与灵感一点也不搭界，然后，他们就完成了。所以对于抑郁症，我回答不了你。

但我认为，艺术能够培养创造性思维，对科学家来说，更大范围、更认真地接触艺术，真的很有价值。现在我谈的只是职业上的成功，我没有谈它会如何丰富你的生活等方面，虽然我认为它可以。我想我还应该指出，工作不是你的生活。仅仅针对将来工作的教育是狭隘、贫瘠的教育。你一周工作是否达 80 小时，我真的不在乎。你的生活还有其他方面。我认为艺术可以培养有价值的方向。

就 STEM 教育的价值而言，你可以把艺术加进去，变成 STEAM。因为蒸汽（steam）能够提供动力（这是个比喻），带我们去某个地方！

这就是为什么要多研究艺术、多研究哲学，这些都是有用的，因为不管怎样，学会独立而严谨地思考，就是我们想要的。我不希望人们贸然行事，做一些愚蠢的事情，但事实是，你可以在保持原创性的同时遵守高标准的严谨性，这是非常重要的，也是我们培养科学家的目标。培养其他人也是这样，但科学家当然包括在内。如果你想以一种简单明了的方式来做这件事，你可以看看艺术史，看看创新是如何保留了一些以前的东西，如何否定了一些以前的东西，然后变成了新古典主义，或者变成了印象主义以及其他什么，看看坚持和违反标准相结合是如何卓有成效的。我认为理想的情况是，让他们真正去做更多的事情。

三、竞争、卓越和热情

赫明珠：我想继续探讨的，是中国的许多父母如何重视培养孩子的艺术兴趣。我观察中国的教育体系，发现了一件非常有趣的事情：人们虽然在强烈推动追求艺术，但当孩子真的想从事艺术职业时，大多数家庭是反对的。父母在帮助孩子发现和培养这些兴趣时，怎样才能不把它看作一种竞争手段，而是单纯为了孩子的兴趣而去培养？

埃尔金教授：我不确定我是不是知道。你可以做的一件事——但我不知道这是不是个好主意——就是建立没有竞争的艺术场所。目前，美国的音乐培训竞争非常激烈，因为你总是要经历一个面试过程。如果想加入一个好的管弦乐队，你必须去试演。乐队如果要选两名长笛手，那么你想加入，最好是前两名之一。一些学校有自己的管弦乐队，任何想演奏的人都可以加入。这就没有了竞争力，在艺术水平上也不是很高。所以我认为在音乐方面，要有一个权衡，因为如果你要达到真正的卓越，在没有竞争的情况下是非常困难的。这在一些领域可能更为可行，比如乐器独奏或绘画，或者不需要划分 A、B 等级的地方。一旦要划分 A、B 等级，就有了竞争。所以这方面我没有好的答案。我认为这个问题中最大的矛盾之一是，如果完全消除了竞争因素，就消除了可以实现卓越的想法，这就又让它变得肤浅了。就像跳绳上点缀的装饰一样。

赫明珠：您能给中国家长一些具体的建议吗？我尽量不以引导方式问这个问题……从某种意义上说，也许中国父母应该优先考虑学习艺术和培养兴趣，而不是利用这个去丰富孩子们的简历。

埃尔金教授：小孩子们的简历真让人抓狂！我不认为一个5岁的孩子需要简历。下面我想说的，我认为是真的，但什么事情都这样做也可能是非常不现实的：在任何事上达到卓越的最好方法，就是对它充满热情。所以，假如你能培养热情，无论你培养我具有多少热情，你都不会使我成为伟大的画家，但是，如果你能调动我自己的热情，并把它作为一个激励因素，而不是告诉我，周五就到期了，我必须去那里完成那幅画，这样你就可以让我尽我所能。父母督促孩子完成作业时大喊大叫这种典型方式，也调动不起孩子的热情。最好的主意是建立教育机构，比如学校、工作室等，培养学生的兴趣，让他们充满热情，愿意去做，然后利用这一点来提升自己。顺便说一下，数学也是这样。我不想说STEM教育不能这么做，当然是可以这样做的。如果你能让人觉得数学很酷，那就令人叹服了。

四、艺术在道德教育中的价值

访谈者：艺术对于道德教育有作用吗，如果有，如何发挥作用呢？

埃尔金教授：我认为艺术本身不会对道德教育特别有益，但你可以用艺术作品来进行道德教育，这是一种非常有价值的方式。范例可能是有用的。范例基本上是展示而不仅仅是说说而已。对于道德课堂上学习的5种美德或其他内容，如果有相关的文学作品或电影，展示这些美德的样子，展示它们为什么令人钦佩，那就不用去死记硬背了，道德教育的效果也得到了很大加强，因为人们看到这方面的示范，能够更好地理解。所以我说，你可以利用艺术作品、绘画、文学、电影或舞蹈来展示一些东西。

有些其他的东西也同样有用，这有点抽象，但我认为它们仍然适用于道德教育，比如“和声”（harmony，另一个意思是“和谐”）。和谐与平衡是我们在人际关系中想要达到的目标。如果你接受过音乐教育，你对和声与平衡就会非常敏感，这能化解紧张感。在很多音乐作品中，你会产生某种紧张感，然后随着进展，紧张感消失。如果人们对这种模式敏感，并把它当作一种方法去思考别的抽象模式，也是值得的。

如果你有一套道德理想，想让学生接受，你就必须先教这个。这也是我们正在努力做的。4 岁的孩子应该学这些，8 岁的孩子应该学那些，等等。一旦拥有了这些标准，你就可以寻找与年龄相符的合适艺术作品。例如，我们现在担心腐败之类的事情，而有大量的文学作品讲述了现实中存在的腐败现象，以及腐败是如何破坏各种人际关系的。你可以找一件作品看看，你会看到谎言、两面派是如何导致人人互不信任的情况，这是一种糟糕的生活方式。你可以找到合适的文学作品、电影、戏剧或歌剧等，用它们来生动地展现这一点，而不仅仅是告诉学生："这是一件坏事。"艺术可能非常有价值，但只是扮演次要角色。你必须对你想要的道德承诺，提前做出决定。你是想努力灌输美德吗？你是想让他们重视道德准则吗？如果是，是哪些美德和道德准则呢？要做到这一点，你可以从艺术中寻找可能帮助你的东西。

相比现实生活中的例子，我认为艺术尤其有价值。在现实中，有人向婴儿配方奶粉中添加有毒化学物质，太可怕了！我们可以把这件事讲给学生听，他们都会说这太可怕了。但也有人可能会想："是不是有别的什么事情驱使那个人这么做？也许他并没有那么坏……"即使是在这样的情况下，也可能有其他的背后因素会削弱你的坚定看法。但是在艺术家虚构的小说中，艺术家已经声明背后不存在其他因素。所以你不能说："嗯，也许他小的时候他妈妈打过他。"因为那部作品里没有这个情节。所以小说只会向你展示作者能够让你看到的东西，不会有其他潜在的干扰变量。这样看来，小说更有价值，因为你不必担心干扰。

访谈者：艺术和道德都是一种美吗？我们可以做个比较吗？

埃尔金教授：我认为艺术并不总是美丽的。戈雅（Goya）的《战争的灾难》（*Disasters of War*），是 50 幅蚀刻画，描述了战争的恐怖，令人不敢直视！但它们是杰作。你看完离开时会说："是的，我们必须制止战争，它太可怕了。"而道德是不是总是美好的，我不好说。实际上很多道德经常是看不见的，这甚至可能是道德自身的原因，道德不是多么了不起的事。人们在幕后做的好事可能比炫耀更有道德。你可能会说，嗯，要是我们知道，那就称得上美好了。也许吧，但是我不想在这里建立一个紧密的联系，因为我们想想道德，想想美德，它们并不是我们想说的美好的东西。

五、艺术教育评价面临的挑战

访谈者：中国政府目前正在实施一些鼓励创新的政策，这与您之前谈到的培养创新精神和创造力有关。您能根据对中国和艺术教育的了解，谈谈您的看法吗？

埃尔金教授：我不太了解中国的艺术教育。你们最近做了很多创新，但我知道的是5年前或10年前的，可能非常陈旧了。对于那些想走艺术道路的人来说，艺术教育似乎开展得很好。学京剧的都受过良好训练，基本上只学音乐。但这种训练，只是为那些早就决心以艺术为职业的人准备的。它不是为STEM教育下的孩子或打算上高中的普通孩子准备的。这些孩子没有接受多少艺术教育，同样，美国的普通孩子也是这样。也就是说，孩子们必须学习的是与考试有关的内容。而在全国范围内举行靠谱的艺术考试，是非常困难的，因为有太多的细微差别和主观性，评分者的打分标准也有差异。要想有一个真正公平的全国性的制度，就必须对某些类型的考试做一些控制。

我认为最大的问题之一，就是要弄清楚如何进行公正的评价，因为有太多的因素——我不想说是因为主观性，但古德曼（Goodman）的密度（density）和充盈（repleteness）概念清楚地表明：非常小的差异也会有多么重要。这意味着不同的评分者对同一场考试，可能会给出不同的评分。因此，我认为这将是非常困难的，因为我们想要在全国范围内实现公平，甚至在整个课堂内实现公平。如果上百万名孩子参加同样的考试，我们希望他们能得到公平的评分，但这是非常困难的。我认为要做好这件事，需要对中国孩子的评价进行一些反思。你可以像对标准化历史考试打分一样，给艺术史考试打分，但是对艺术考试却不能这样做。

访谈者：从经济的角度来看，只要我们对人口有资源约束，就必须有一些公平的衡量。

埃尔金教授：从公正的角度来看，公平的衡量是必要的。你不希望因为我给你的考试打了低分，导致你考得很差，而同一次考试，别人给你打了高分你却可能考得很好。这是个公正问题。但弄清楚如何做到公正，是很困难的。现在有两种可能性，只是这两种可能性都不好。一种可能性是，你说不能公平地评分，就不去评分了。如果这样做，学生就不会把它当回事了。如果你想让学生认真对待，就必须给他们一些激励，所以这第一种可能性不是个好主意，但这至少不会给你带来公平方面的问题。另一种可能性是，只在各评分人认同的范围内打分。这会给出一个相对粗略的评估。想象一下这种情况：有时候小数分值非常重要，但没人给出小数分值，只给出整数值。虽然这能够给出一定程度的评价，但还不够，所以这个可能性也不理想。我不知道如何解决这个问题，但我认为这是一个非常严肃的问题。中国对考试追求公平客观的评分，这非常重要，但并不总是能够实现。但考试确实是，而且永远是一个公正的工具，我们不想抛弃它。

六、教育与灾难

访谈者：教育和人类历史有什么关系？我们应该向孩子们教什么？

埃尔金教授：我认为有几项。我们正在教育和灾难之间跳舞。现在世界上正在发生着一些灾难，环境污染就是其中之一，人为的气候变化也是其中之一。无论发生了什么，这方面的教育是失败的，因为人们不理解。我不认为世界上有那么多骨子里邪恶的人。有很多人得到的信息是严重错误的，导致他们认为气候变化不存在，认为自己或国家对此无能为力。我不奢求他们都是科学家，但他们甚至理解不了科普新闻，而且仅仅因为不理解，就对此不屑一顾。如果我们能够对人们进行足够的教育，让他们能够理解各种事情背后的事实，我们的处境会好得多。

我的建议是，教育必须做的是，既要教会人们如何以及何时更新对事物的理解，还要激励他们去做。在美国，有很多人走出学校后，再也不想学习任何东西。也许你学会了工作需要的东西，但是有些人可能会说："我再也不看历史书了，我通过了历史考试，我受够了。"你会发现，他们说这话时甚至没有一丝尴尬。我认为动机真的很关键，但我们教育孩子的方式使他们很吃力，他们只想尽快完成，不想继续做下去。

赫明珠：流行文化并没有让它变得更好。听贾斯汀·比伯（Justin Bieber）歌曲的人，比听古典音乐的人多。

埃尔金教授：是的，还有比贾斯汀·比伯更好的流行音乐！我的意思是，贾斯汀·比伯的音域大约是三个音符，所以即使你想把自己限制在流行音乐风格内，你也可以做得更好。但他吸引了你，就是这样。

七、艺术的多重价值：实用、教育、审美和精神价值

于海琴：快到母亲节了。我儿子 15 岁，是个非常健壮的孩子。我认为作为母亲，应该引导孩子把艺术融入生活，享受生活。通过艺术，我们可以引导孩子过上有意义、成功的生活。

埃尔金教授：这是正确的。父母可以做的是，让孩子从很小的时候就对艺术敏感。带他们去博物馆，或者只是告诉他们看一幅画，并谈谈这幅画：

你在画里看到了什么？你认为画里的人在干什么？就是让他们多思考。定期这样做，让他们养成这种习惯。同样，我甚至会用音乐来做这件事，让他们集中注意力，让他们沉浸在音乐中。问他们：“你喜欢这首乐曲的哪一点？”让他们开始思考喜欢哪一点。我最终会告诉他们，不应该只喜欢贾斯汀·比伯，但这些话要拖到最后才能说！我只是问一下，音乐有什么吸引他们的地方。在我看来，让孩子参与艺术，实际上对孩子的教育可能更多一些。我们不必说：“你周六上午要去上艺术课。”只须领他们去博物馆或只须问：“你觉得那幅画怎么样？你看到墙上的那个东西了吗？”通过这种方式吸引他们的注意力。

赫明珠：这可能也是一个诱导性问题，但有些流行的观点，比如“为什么我的孩子需要艺术”或者“为什么我需要把艺术学好？我只需要推进我的事业，找到一份好工作，赚很多钱，拥有很多东西即可”。我感觉这是一种很强烈的心态，至少在商业界是这样。那么，我们为什么需要艺术呢？

埃尔金教授：这个问题有两个答案。其中一个对你没有任何帮助，我先从这个开始。如果你想要的是物质，那你的生活将会非常空虚。你会很富有，拥有很多财产，但过着非常空虚的生活。我可以谈谈亚里士多德，谈谈什么样的生活值得过，诸如此类。

另一个答案，又回到了关于创造力，以及艺术如何增强你的思维的问题上。如果你想获得巨大成功，也许最好的方式就是跳出思维定式。史蒂夫·乔布斯（Steve Jobs）就是一个例子。乔布斯提出苹果电脑的想法时，面临一个大问题：大多数人认为不需要电脑。电脑是数字处理器，处理数字的人知道自己需要电脑，但乔布斯却试图向每个人出售电脑。他会说：“嗯，你可以把食谱存到电脑上。”人们会回答：“我的厨房里放着本很好的食谱，谁还会需要电脑呢？”我是说，这种推销没有说服力。

但乔布斯在大学里上过书法课，他喜欢设计。他认为，如果他能提供漂亮的字体，让人们看到，用这些不同的字体可以打印出漂亮的东西，那么家用电脑就更有吸引力了，也就有市场了。帮助他成功的，是他在里德学院（Reed College）上的中国书法课。这门课程使他相信，书法对印刷品的体验感很重要。在乔布斯之前，电脑上打印的东西丑得令人难以置信。适合不同用途的漂亮字体，吸引了人们购买电脑。这就是你提出的说服力。如果你想成为一名普通的金融人士，赚足够的钱，那没有问题，但如果你想真正出类拔萃，你必须做一些创新的事情，而去理解艺术就是思考创新的一种方式。

其他情况……比如医学。哈佛大学医学院现在有一门课，是研讨课，他们带领医科学生去博物馆仔细观察画作。因为如果你想把身体检查做好，就必须仔细观察病人，寻找那些通常不会被注意到的东西。所以，在巴勃罗·毕加索（Pablo Picasso）为格特鲁德·斯坦因（Gertrude Stein）画的肖像中，斯坦因的眼睛并没有聚焦在同一个方向上。这也是你希望你的医生注意到的事情。要让自己敏感地认识到如何看待事物，那么了解艺术家如何看待事物，能够推进你的医学生涯。这是一个受控实验，实际上是通过观察参加这门课的学生，看看他们在初次做身体检查时，是否比没有参加实验的学生做得更好。

我认为你们可以做这样的事情。我再多谈点。你在金融界工作的朋友想要拥有很多东西。他们想拥有的东西，也许是一辆保时捷那样的豪车。保时捷有什么好的呢？嗯，有漂亮的流线型设计。他们想要一栋装修精美、家具漂亮的房子。他们最终寻找的是漂亮的东西，漂亮且昂贵的东西。所以，如果你最终会有数不清的钱，并且想要买东西，那么培养对美的鉴赏力可是个好主意。我不认为这个论据很伟大，但值得注意的是，他们富裕后，不会购买看起来笨重的汽车。

八、“无用”中的“有用”

于海琴：我的专业是化学，我没有艺术基础。我认为，对于很多像我这样的人，艺术离我们很远。所以我有个问题：什么是艺术？艺术的使命是什么？我通常认为艺术只属于像您这样的人，像您这样研究艺术的教授，我对此很好奇。

埃尔金教授：什么是艺术？其实很难回答。无法回答的原因是——尽管有很多书试图回答这个问题——艺术是创新的。你会看到有人给艺术下了很好的定义，比如“艺术是对美的追求”。然后当你遇到像戈雅这样的人，他创作的东西是艺术化的，但绝对不是追求美，这时你可能会说：“好吧，艺术是有意义的形式。”然后你可能会遇到另一些人，他们要么想出无形的东西，要么想出以其琐碎而令人陶醉的东西。一般情况下，艺术家总是超越了对艺术的狭隘定义。其中一部分原因是，艺术家经常脱离常规，对艺术的任何定义都只是暂时的。所以寻求对艺术的定义真的不太值得。

古德曼关于“何为艺术”的问题更好。它还摆脱了许多你不想费事的问题。有时候，人们在区分艺术和非艺术，或者艺术和工艺时，会说工艺有用，而艺术无用。但问题是，如果你看一些你想称之为艺术的东西，你会发现它们被分错类了。那些装酒、油或谷物的希腊瓮是有用途的，但它们实际上也是艺术。庙宇是有用途的，但你肯定想称之为艺术，或者宗教艺术。古德曼的建议是，把某样东西当作艺术来看待，就是带着某种思考来看待它。你可用这种方式去看待任何事情。不要问像纳瓦霍（Navajo）毛毯这样的东西是不是艺术品，你要问："它是什么？"或者："把它当作艺术品意味着什么？"然后你会说："嗯，我应该关注什么呢？关注某些象征功能？还是应该关注某些细节呢？如果我从其他方面思考，可能就不会关注这些了。"

至于艺术的意义是什么，每件艺术作品都有自己的意义，这意味着你可以解读它们说："这是这个的意义，那是那个的意义。"但是我不知道我们是否应该说艺术本身有意义，就像我们说科学本身有意义一样。科学可以做很多事情，不同的科学可以有不同的走向，但科学基本上是通过某种方法或某种表现方式，统一在某种非常高的普遍性水平上的。我想说艺术也是如此。但是这并没有太大的帮助，因为这非常笼统，你会提出一些更具体的问题。

于海琴：我认为艺术可以帮助我们追求快乐、有意义、平静的生活。我们应该多向艺术学习。

埃尔金教授：我不认为艺术具备维护和平或类似的作用。但是我确实认为，艺术没有实用性这一点，是很重要的，因为你可以重视的是其本身，而不是因为它有益于其他东西。我认为科学也是如此。作为一名化学家，你选择化学是为了某种益处，但你也可以因为化学本身而重视化学：它能够揭示这个世界本身的一些迷人之处。我觉得艺术和科学都是非常有用的"无用之物"！它们的正当性不完全是因为它们对别的东西有用，而是它们本身就是值得的。我认为我们应该更多地关注这一点，而不是像金融界的朋友那样问："我能从中获得什么？"你从中获得的将是非常酷的体验！这一点真的很棒！有时候这可能会改变生活。

访谈者：再次感谢给我们这次宝贵的访谈机会！

如何建设一个宜居的地球：一门通识教育课程

——访哈佛大学希金斯地球化学讲席教授查尔斯·朗格缪尔

励音骐　于海琴*

受访者简介：查尔斯·朗格缪尔（Charles H. Langmuir）是哈佛大学地球和行星科学系的希金斯地球化学讲席教授，也是该校矿物和地质博物馆馆长。他于 1973 年获得哈佛大学学士学位，1980 年获得纽约州立大学石溪分校博士学位。在接下来的 20 多年里，他在哥伦比亚大学的拉蒙特－多尔蒂地球观象台工作，直到 2002 年回到哈佛大学担任教授。他对固体地球化学循环的各个方面进行了研究，领导或参与大约 20 次海底调查研究航行，其中有首次探索北冰洋海岭系统。数年来，他的工作得到了各种奖项和认可，包括美国地球物理联合会的 N. L. Bowen 奖、欧洲地球科学联合会的 Holmes 奖章和欧洲地球化学联合会的 Urey 奖章。他是美国艺术科学院、地球化学学会和美国地球物理联合会的成员。2012 年，他与沃利·布勒克尔（Wally Broecker）合作出版了《如何建设一个宜居的地球》（*How to Build a Habitable Planet*）一书，讲述了从地球大爆炸到现代人类文明的故事。这本书被用作他同名课程的教材，也可供大众阅读。美国出版商协会授予该书 Prose 提名奖，视其为 2012 年出版的最佳“地球科学”书籍之一。

查尔斯·朗格缪尔（Charles H. Langmuir）

查尔斯·朗格缪尔和励音骐的合影

* 朗格缪尔教授以邮件的形式回复了我们的访谈。于海琴为通讯作者。

编者按：哈佛的通识教育项目，作为哈佛大学课程的基石，以“探索、拓展、参与”为目标。通识教育课程旨在将学习科目、学生个人成长和他们所参与的外部世界直接联系起来。这些课程是对本科生专业知识和技能的补充，为他们提供了一个更为广阔的视野，让他们了解自己的主要研究领域如何适应更广阔的前景。朗格缪尔教授从事的研究包括固体地球化学循环、岩石学、火山学、海脊、会聚边缘、海洋岛屿及地球地幔的组成和演变等。他的课程“如何建设一个宜居的地球”（通识教育 1018）非常具有代表性，并附有一个综合网站，里面有教学和自学的辅助材料。该课程的目的是，将人类置于同一个星球、同一片宇宙下，通过探索我们的起源（从大爆炸开始，到现代人类文明），以及我们与支持我们的地球的关系，让学生更好地了解地球家园的过去、现在和未来，以及他们的生活决策对地球的影响。我们访谈团队中有位成员是朗格缪尔教授指导的博士后研究员，也担任这门课的助教，所以我们有了这次宝贵的访谈机会。访谈是通过电子邮件进行的。

朗格缪尔教授首先从整体上介绍了哈佛大学应对气候变化所做的努力，然后具体深入探讨了他的这门通识教育课程，包括课程的起因、目标、政策、内容和相关书籍。虽然对于如何解决气候变化，不会轻易找到答案，但他强调，这个答案必须包括人类对地球态度的根本性转变，从自私自利转变为责任和管理。这反过来又涉及我们每个人内心的自私、兽性，与慷慨、高尚的人性之间的斗争。最后，朗格缪尔谈论了他自己作为一名科学家的职业轨迹，即从哈佛大学到哥伦比亚大学，再回到哈佛大学，以及在中国浙江大学的兼职。尽管朗格缪尔认识到了年轻的科学家对于多发表论文有实际需求，但还是鼓励他们始终坚持寻找真理，因为这是“唯一的坚实基础”。

关键词：通识教育；课程；行星；地球；气候变化；管理责任；地球化学家

一、应对当前时代的核心挑战

访谈者：从福斯特校长的讲座“大学与气候变化的挑战”（2015 年 3 月 17 日于清华大学）到“气候变化校长总筹委员会”（2015 年 4 月 13 日于桑德斯剧院，福斯特校长主持），哈佛一直致力于应对气候变化。作为哈佛大学的希金斯地球化学讲席教授，您能描述一下我们人类现在面临的形势吗？为了应对气候变化，哈佛大学正在进行哪些研究，推行哪些政策？

朗格缪尔教授：当然可以。气候变化是一个非常重要的全球性问题，哈佛大学的许多研究都集中在这个问题上。哈佛大学环境中心是这类研究的交流场所，它主要关注气候和能源挑战。此外，哈佛大学有一个由迈克尔·麦克罗伊（Michael McElroy）教授领衔的新项目，着重点是中国。我认为重要的是，我们不能只关注气候问题。气候问题是可以通过技术解决的。我们如果转向可再生能源、土地使用规划（要考虑海平面上升）、环境保护和碳封存等，就会发现有许多工具可以解决气候问题。同样重要但却更少受到关注的问题是水资源、土壤、生物多样性，以及过去一个世纪里人口大量增长对地球造成的总体压力。所有这些问题关联的态度都是“地球是为人类服务和被人类利用的”，而不是“人类应该维护地球健康”。只要这种极度自私的态度占主导地位，就会出现严重的问题。

访谈者：您从2008年秋季开始为本科生开设“如何建设一个宜居的地球”这门课程，并在2012年出版了《如何建设一个宜居的地球（修订版）》一书[1]。是什么驱使您写这本书并教授这门课程？

朗格缪尔教授：我认为每个受过教育的人，都应该知道地球的故事，了解我们来自哪里。在沃利·布勒克尔于1982年写了那本经典著作后，我想拓展一下，把生物学也纳入进来，展现地球演变和生物进化之间的密切联系。如果所有人都能认识到我们是地球的一分子，并且完全依赖于地球，那么也许我们的态度会改变，会打造出一个可持续的未来。

二、如何建设一个宜居的地球：课程近窥

访谈者：在“如何建设一个宜居的地球”课程网站上，您写道：“哈佛通识教育课的课程大纲和课程目标，是为非理科专业的学生设计的。本课程还可用作‘地球与行星科学’专业的初始课程。”我们对本科生的通识教育很感兴趣。哈佛大学的通识教育被视为美国高等教育的“DNA”，您如何看待哈佛大学通识教育的现状？

朗格缪尔教授：我这门课程正是代表了通识教育那类课程。除了职业成功所需的专业知识，一个受过教育的人还需要对各个领域有广泛的了解。每

---

① LANGMUIR C H，BROECKER W. How to build a habitable planet：the story of Earth from the Big Bang to humankind. Rev. and exp. ed. [M]. Princeton：Princeton University Press，2012.

个人都应该知道关于地球的基本知识，以及个人如何适应一个更大的行星系统。同样，人们也可以了解其他的核心知识，例如伟大的文学、哲学或社会科学中的伟大思想、艺术欣赏等。

访谈者：在 SPU 14“如何建设一个宜居的地球”的课程目标中，我们发现了这样的描述：“这门课程讲述了宇宙如何使得地球上居住了智慧生命。本课程的首要目标是让你理解并能够讲述这个故事，但不是要你记住事实，而是要理解证据，通过推理来获得这种知识。”您在教学中是如何达到这个目标的？

朗格缪尔教授：难点在于，既要全面地讲述故事，又要给故事一些严谨性，以便学生理解故事背后的各种证据。在多年的课程教学中，我们逐渐了解到哪些是学生可以接受的，哪些是不必要的细节。当然，面临的一个挑战是，有些学生比其他学生更能够理解更严谨的方法，而通识教育课程的学生在背景和能力方面，差别很大。

访谈者：第二个目标是将人类置于星球演变的背景下。您为什么要设置这样一个目标？

朗格缪尔教授：如果我们不知道自己从哪里来，我们怎么能理解作为一个人意味着什么？我还认为，人类文明的崛起标志着地球上开始出现了一个新的“宙”（eon），这里把“宙”的科学含义用于指代一个具有不同功能的星球。在氧气出现之前，多细胞生命是不可能存在的。没有植物、没有动物，也没有我们认识的现代生态系统。人类文明的到来是一个更遥不可及的边界。一场能源革命将我们这个物种变成了超人，我们能够在全球范围内探测行星，我们通过互联网把全球连接起来，我们也可以主导生物进化。只有把这个时刻放在一个星球的背景下，我们才有可能意识到，此时是这个星球的重要时刻，星球要么在此时进入一个新的阶段，要么倒退到以前的阶段。

访谈者：在课程要求方面，您强烈鼓励要去上课和去办公室答疑。这两种形式的课程参与，有什么重要性？

朗格缪尔教授：上课是一段特殊的时间，学生有一个小时去关注学习材料。我在课堂上不允许使用电脑，这样学生就不会在上课的时候上网和查看电子邮件。这使得课堂更具互动性，我相信这有助于学生学到更多东西。办公室答疑时间是非正式交流的一种方式，我可以从学生那里了解他们对什么感兴趣，什么对他们有意义，什么令他们困惑。

访谈者：我们注意到，课程中完成了 5 项实验室活动（占总成绩的

14%）：红移、矿物 / 陨石、放射性年代测定、板块构造、温室气体。您为哈佛大学通识课程选择实验室的原则是什么？实验室在培养学生方面有什么作用？

朗格缪尔教授：使用实验室是为了让学生亲历一些简单的实验，也让他们接触到地球上的实物材料。目的是将课程从纯粹的文字转移到亲身体验，例如检查岩石和矿物，查看地图，做多普勒频移、熔化和温室气体等的实验。

三、对我们的地球家园在态度上的根本性改变

访谈者：《如何建设一个宜居的地球（修订版）》于 2012 年出版，成为美国最畅销的自然科学读物之一。这本书为什么这么受欢迎？您希望读者从这本书中学到什么？

朗格缪尔教授：我希望他们对地球感兴趣，对我们如何来到地球的神奇故事着迷。我的目标是读者读完这本书后，既知道地球的故事，又质疑人类在地球演变中的作用。

访谈者：您写这本书历时 9 年。作为一名专业的地球化学家，您为普通大众写这样一本科学书是什么感觉？

朗格缪尔教授：写这本书使我学到了很多，这对我的研究很有帮助。我喜欢这种学习经历。

访谈者：在这个数字化时代，科普教育面临哪些机遇和挑战？

朗格缪尔教授：许多科学想法是“伟大的想法”，我的意思是它们需要涉及大量的逻辑和关注。我们现在在互联网上搜索东西，花几分钟就行，这只相当于一个 YouTube 视频的长度。一方面，互联网提供了极大的便利；但另一方面，互联网使事情变得琐碎，并且含有很多错误的信息。通过制作高质量的数字化材料来吸引观众的注意力，是非常困难的。

访谈者：如果我们想建设一个宜居的地球，作为教授、学生、管理者或公民，应该采取什么行动？

朗格缪尔教授：这不是一个可以简单回答的问题。人们需要在态度上有根本性的改变。作为人类，我们既是哺乳动物，也具有更高尚和更慷慨的天性。我们自身的这两个方面不可避免地会发生冲突。如何与我们自私的一面斗争，褪去无知，服务于更大的利益，这是每个人都需要面对的问题。

四、一名地球化学家的职业轨迹

访谈者：您本科在哈佛大学主修科学和地质学史，后来在纽约州立大学石溪分校获得博士学位，博士论文题目是《玄武岩的主元素和微量元素研究》[论文导师为吉尔伯特·汉森（G. N. Hanson）]。①您能不能告诉我们，是什么经历让您专注于地球化学呢？

朗格缪尔教授：这纯属意外。我喜欢石溪分校的教授吉尔伯特·汉森，他是一位地球化学家。他的教学和对科学的探索激发了我对这个主题的兴趣。

访谈者：您已经在三处海洋盆地发现了热液地点，最近还参与领导了对北冰洋海脊系统的首次调查。您是如何实现这些的？在您看来，青年科研人员和博士生的核心素质是什么？

朗格缪尔教授：努力工作、利用机会、如饥似渴地追求知识、培养广泛的职业关系。永远追求真理，因为这是唯一坚实的基础，而不是忧心于写文章或在重要期刊上发表文章。成果丰富固然重要，但更重要的是做值得信赖的高质量工作。

访谈者：1973 年，您以优异成绩从哈佛大学本科毕业。2002 年，在哥伦比亚大学拉蒙特－多尔蒂地球观象台工作了 20 多年后，您又回到了哈佛。您当时为什么离开哈佛，而现在为什么又回来了呢？

朗格缪尔教授：对一个学生来说，从本科到研究生时更换大学是很自然的事。获得博士学位后，我去了哥伦比亚大学的拉蒙特－多尔蒂地球观象台。我喜欢拉蒙特，那是一个了不起的机构。哈佛给我提供了一个拥有新实验室的机会，并且与新同事交流能够获得丰富的科学知识。更换大学可能会令人振奋。在职业生涯中期时转到哈佛，我能够在新的方向上得到发展。

访谈者：从 1984 年到 2004 年，您为了探索海底进行了大约 20 次考察航行。在这 20 年里，人类活动是如何影响海洋的？我们应该做些什么来保护海洋？

朗格缪尔教授：我在 20 世纪 80 年代初第一次出海时，到处都是鱼群和鲨鱼。从船上抓鱼很容易。出海就能看到大量的海洋生命。现在我们在海上很少看到野生生物，也从来不从船上抓鱼。人口的激增和工厂化捕鱼的出现，

---

① LANGMUIR C H. A major and trace element approach to basalts[D]. Stony Brook：SUNY Stony Brook，1981.

正在消灭全世界的鱼类资源，这是对地球大部分区域的隐性破坏。破坏我们的食物供应实际上是危险的，这是自私的。而毫不犹豫地消灭与我们共存的生物，也是道德问题。在这两方面，都需要采取严肃的行动。

访谈者：您于 2014 年成为浙江大学兼职教授，并成功入选中国外国专家局高端外国专家。是什么让您做出加入浙江大学的决定？您对中国高等教育有什么印象？

朗格缪尔教授：中国拥有最古老的文化之一，拥有全球第二多的人口，很快将成为最大的经济体。如果想了解地球上正在发生什么，那么尽力去更好地了解中国，似乎是必不可少的。浙江大学的职位，为我提供了一个难得的了解中国和中国科学的机会。同时，我希望能够帮助年轻的中国科学家提高科研水平，解决具有全球重要性的问题。

第二部分　发展

社会意识和参与能力发展的研究与实践

——访哈佛大学罗伊·爱德华·拉森教育与人类发展讲席教授罗伯特·塞尔曼

张锶雯　于海琴*　白　潮

受访者简介：罗伯特·塞尔曼（Robert L. Selman）是哈佛大学教育研究生院的罗伊·爱德华·拉森（Roy E. Larsen）教育与人类发展讲席教授，也是哈佛大学医学院精神病学系的心理学教授。1969年从波士顿大学博士毕业后，获得博士后奖学金，进入哈佛大学人类发展实验室做研究，当时与他一起的，还有劳伦斯·科尔伯格（Lawrence Kohlberg）。从1975年到1990年，他在"贝克法官儿童诊疗中心"（Judge Baker Children's Center）担任"曼维尔学校走读教育和治疗项目"的负责人。该中心为有严重心理困难的儿童提供教育和临床服务。在此期间，他还经常在哈佛大学教育研究生院做讲座。1992年，他在教育研究生院的人类发展和心理学研究方向上，创建了风险和预防专业，现在的名称是"预防科学与实践"（Prevention Science and Practice），并担任该专业主任直到1999年。塞尔曼教授是美国心理学协会、心理科学协会和教育研究协会的会员。他早期的研究，主要是针对走读学校和寄宿制学校青少年的严重心理障碍，进行治疗和预防。他最近的研究和实践侧重于帮助儿童改善社会关系和学业表现，同时减轻压力和其他风险，增强幸福感。他对小学阶段的识字和语言艺术，以及高中阶段的社会研究、文学和历史的课程设置，进行了干预，目的在于促进不同背景的青年相互理解，建立积极的关系。

---

*　于海琴为通讯作者，于凌涛完成由录音到文本的转录工作。

罗伯特·塞尔曼
(Robert L. Selman)

张锶雯

编者按：罗伯特·塞尔曼教授的研究和干预，旨在改善美国和中国青年的健康状况，减轻他们的压力。为此，他专注于数字媒体、跨媒体教育和双语开发领域。他是杨忠平资助的“中国学校学业压力研究”项目的首席研究员，还指导过几名中国博士生，其中一名就是我们“支点团队”的成员。我们不仅从他的研究中受到启发，还通过参加他的课程、会议和项目得到指导。值得注意的是，与本书中的其他许多人一样，本次访谈是在 2015 年进行的，因此并没有反映出塞尔曼教授当前的研究内容。

塞尔曼教授首先总结了他对中国研究感兴趣的四个原因。接着，他详述了学校如何在课堂上促进社交技能的发展，以及学校如何更有效地与学生家长或家庭联络。随后，话题转向了他的三个“E”框架、该框架在美国课程中的应用，以及对中国课程的潜在适用性。该框架运用教育、道德和投入活动，旨在培养在社交和道德方面成熟的人。接下来，塞尔曼教授针对中国“留守儿童”面临的挑战，特别是来自同龄人的排斥和排挤，提出创造更好的学校环境。他建议，对这些问题引入干预的最佳时间是小学四年级或五年级。在此之后，塞尔曼教授讨论了“正视历史和我们自己”，以它作为一个课程项目示例，演示了如何通过深入探索历史案例研究，成功地整合教育、道德和参与。最后，塞尔曼教授承认，网络欺凌已经成为数字时代的一个严重问题，但他也强调，通过他所称的“亲社会网络”，同样的数字工具也可以用于打击网络欺凌。他以社交网站 A Thin Line 为例，该网站不仅帮助学生应对欺凌，还帮助他们应对各种人际关系问题和其他形式的压力。

关键词：学术；竞争；压力；教育；伦理；参与；留守儿童；欺凌

一、研究中国的四个原因

访谈者：谢谢您接受我们的访谈，您能谈谈是什么让您对中国感兴趣吗？

塞尔曼教授：第一个原因是我对中国年轻人感兴趣。因为在许多方面，他们面临着与美国年轻人相似的教育挑战。如果我们研究中国的年轻人，并且取得了成功，也许美国这里也会有人关注我们。生活中经常是这样。

我感兴趣的第二个原因是，我曾经和一位优秀的博士生赵旭一起工作。早在 2003 年的某个时候，她就参加了我发起的一个“预防科学项目”，主要焦点就是中国年轻人所面临的压力问题。这些压力是她认同的。在过去的十多年里，她在这项研究上做得非常出色，项目非常令人振奋，我也帮助了她。所以，这是两者的结合。

第三个原因是，我们现在有很多来自中国的学生，他们对社交、道德和公民发展方面有着广泛的兴趣。与他们一起从跨文化角度探索这些问题，真的是一种快乐。当然，我们不能忘记海伦·海斯特教授，她是我们实验室开展这些问题研究的主要智囊和社会力。

第四个原因是，我们已经就这些主题发表了一些文章，有些人，特别是来自中国的人，已经表明他们愿意支持我们的研究。

二、关于教育改革的思考：课堂上的社交技能和家校互动

访谈者：我们很欣赏您从比较视角展开对中、美的研究。我们最近在《纽约时报》上读到一篇关于中国劳动力市场的文章。文章称，中国有越来越多的大学生正在进入就业市场，他们对白领工作感兴趣。但一些观察表明，他们缺乏在职场处理人际关系所需的社交技能。您认为在中国教育体系中，可能导致技能不匹配的因素有哪些？

塞尔曼教授：我必须既会说普通话，又能旁听求职面试，还能接触这些学生所做的工作，才能真正理解什么是“社交技能”。但是我会说一下美国的经验和我对社交技能的看法，就我所理解的这些年轻人缺乏社交技能而言，在工作场合，这意味着要学会倾听，学会为自己的观点辩护，学会讨论和辩论工作问题。但是，如果这意味着他们和同事相处不好，那就有点不一样了。所以，一个问题是：“他们能参与到交流中来吗？”另一个问题是：“他们能友好相处吗？或者别人所做的事不如他们意时他们总是很烦？”

让我们假设这个问题属于第一类。我认为 K–16 教育的难点在于为年轻人提供交流的机会，去讨论学术或非学术的话题。一般情况下，我们需要更多的机会。我认为这些学生没有那么多机会，在美国也是这样。解决这个问题的一个办法是，从幼儿园开始，就在日常课程中建立更多的对话或讨论。但这意味着也将放弃其他一些有价值的东西。

如果他们更像是发脾气或懊恼，觉得周围的人都不听他们的或是很愚蠢，或者他们难以达到自己的目的，那么，这样的问题可以在学校解决。但是，通常你会认为这应该在他们的家庭生活中解决。我确实认为，作为独生子女，这一点很可能会更具挑战性，因为他们不习惯打架，没有兄弟姐妹发生冲突，他们的父母也没有机会充当调解人。据我所知，我在这里遇到的来自中国的学生，似乎并不缺乏社交技能，他们看起来非常善于表达和合作，但他们也可能是例外。

访谈者：您刚才提到，独生子女很难发展与兄弟姐妹谈判所需的技能。家庭的过度关注意味着什么？这会怎样阻碍孩子的社交发展？中国学校要建立更安全的校园氛围、避免欺凌、帮助学生发展健康的家庭和社交关系，您的研究能为此提供哪些有益的经验？

塞尔曼教授：这个问题看似简单，实则非常复杂。我认为要真正解决这个问题，必须从社会的各个层面进行思考，从家庭、邻里、社区、省政府，一直到中央政府，甚至如我前面提到的那样，从国际层面思考。这些我是间接了解到的，因为我没有多少这方面的第一手经验，但我周围都是优秀的同事、学生和访问学者，我与他们分享过这类谈话。

如果政治议程认为，竞争必须得到缓和或平衡，它就要考虑实施什么样的政策来做到这一点。只生一个孩子有挑战，但生多个孩子也有挑战。我作为祖父，偶尔也会被叫去对子女和孙辈安慰一番，我和孙辈之间以及他们彼此的关系，也有很多紧张的时候。所以这并不容易，尤其是对父母来说。

但是，如果你在人性的更大层面上思考这个问题，那么与专横的姐姐、过度活跃的弟弟，或者饥饿时行为变得非常糟糕的弟弟，在一起生活的经历，都是学习如何在群体中生活的一部分。我不认为学校能缓和这种情况，因为它不像苏联体制那样注重集体，比如"我班将与你班竞争，我们必须合作"。我在当代中国教育中没有看到这种情况。你认为这合理吗？

访谈者：总是有一种群体心态，就像一个阶层对另一个阶层。在我这一代，我们肯定有竞争关系。

塞尔曼教授：是的，总是有一种群体心态，但问题是这种心态有多强烈、有什么回报、群体内部对分歧有多大的容忍度。我的主张是，真正的合作需要激烈的协商。在我们自己的研究中发现，孩子之间一些最好的友谊，是彼此分歧严重的那些孩子之间的友谊，或者他们发现他们的关系可以经受住这种分歧的考验。

回到你的问题，教育议程面临的挑战是，父母觉得儿子或女儿没有达到非常成功的地步，就不能照顾他们，这只是人类的本性，父母把自我保护投射到了孩子身上。我去过中国，我确实认为在微观层面上，人们对善良和善良的民众有着强烈的关注。我看到有各种吸引眼球的标题，是关于缺乏同情心的。我非常相信文化，我认为如果政策与旧文化更好地结合，旧文化会很快回来。

访谈者：在美国，您之前提到过，经常谈论家校合作的重要性。而在中国，似乎老师代表着学校，父母代表着家庭，交集很少。依据您的研究和经验，我们可以做些什么来帮助中国家长和学校进行有意义的对话，不仅仅是关乎学习成绩，而是从各方面支持学生？

塞尔曼教授：这是个非常好的问题。我完全没有这方面的背景知识，但这不会阻碍我。我认为你说的是：你有家，你有学校，你有几乎中国大多数人对学校权威的尊重。这样说行吗？所以你不会遇到多少家长去挑战学校。尽管我们在最近的一些会议上，看到有些家长不赞成学校的一些政策，但这些家长通常拥有很多社会资本，来自非常成功的家庭。我不认为有很多家长会质疑课程设置。我不知道是不是这样，再说一次，我这样说是没有任何实际证据的。

我觉得，打破其中的一些界限是非常困难的。一种可能性是，你可以看看美国是怎么做的。很明显的是，关于家校关系，现在有更多的讨论，对于如何改善家校关系，也有各种思考。再说一次，通常是拥有最多社会资本的家庭，在实际中才有这种支持。我认为，某些类型的课程和教学，比如我之前谈到的，要求年轻人更有能力进行讨论或辩论之类的事情，需要向父母解释。你不能把它仅仅作为学校内部的一个转变，而不改变走向成功的真正指标——考试。如果家长不理解为什么教育政策制定者认为这些技能是未来需要的，那么所有的家长都将只关注孩子在考试中表现如何，而所有的孩子都将只关注自己的考试成绩。

三、三个“E”：教育、道德和参与

访谈者：我现在换个角度，问一下您的三个“E”（education，ethics and engagement，即教育、道德和参与）框架。您能说说它们是怎么演变的吗？能带来什么益处？

塞尔曼教授：你这个问题很有意思，我今天也在想这个问题。我的研究一开始主要是关注个体的社交发展以及如何促进他们的社交发展，顺便补充一下，还关注患有精神疾病的年轻人在与人相处时面临的问题。所以，你可以看到，我们在访谈开始时谈到了一个中国文化问题，即年轻人缺乏良好的社交技能。同样，我从美国的心理学观点出发，认为那些耍脾气和不学习的孩子，也需要被关注社交能力。

我对这三个“E”采取的步骤如下。这三个“E”是：主要利用既有趣的（entertaining）又引人入胜的（engaging）材料而开展的教育活动（educational activities）、道德活动（ethical activities）和参与活动（engagement activities）。我要说的是，我的途径主要是道德。我们现在正坐在哈佛教育研究生院的劳伦斯·科尔伯格（Lawrence Kohlberg）休息室进行这次谈话，你看看身后的牌匾，上面写着：“在这个房间里，思想是通过讨论诞生的，是通过辩论验证的，我们要像劳伦斯·科尔伯格那样，怀着对所有人的尊敬，来倾听和讲话。”这就是我开始的地方。我感兴趣的是，你们如何造就社交和道德方面成熟的个人。你们主要关注他们与人相处的能力，而不是让他们成为社会中的好公民。所以对我来说，第一步是扩大“道德”这个词的范畴，把公民道德和人际道德都纳入进去。这是第一步。

第二步什么时候真正开始，要取决于你如何看待。可能是20年前，也可能是5年前。这要理解我之前没有提到的一个问题：课堂氛围和课程设置，都需要非常出色的社交发展才能实施。即使是像语言艺术和历史理解这样的学术科目，其核心能力也是理解他人观点的能力。你必须理解历史书作者的观点，理解书中人物的看法。如果你和班里同学一起上社会研究课，你必须理解这些同学。假如你有一门课程，也希望孩子们表达自己的观点：是赞成还是反对。所有这些都要求有多方面的社交技能。这就是第二步。我很幸运能留在哈佛大学，因为周围有这么多优秀的同事。我的研究转向公民教育就是因为我开始与海伦·海斯特（Helen Haste）合作，她对此有着长期的兴趣。我转向读写和语言素养时，就一直和凯瑟琳·斯诺（Catherine Snow）一起工作。

第三步是要认识到，在21世纪，“媒体即信息”（the medium is the message）的理念比以往任何时候都正确，孩子们的社交和人际关系能力有很大部分是通过媒体培养的。所以我开始与志同道合的同事一起做研究，做到了今天的样子。促进道德发展的想法，在很大程度上源自我所知道的早期理论。如何促进教育机会、如何促进发展，也在很大程度上源自我从教育界人士那里学到的东西。他们教的是“学科素养”（disciplinary literacy），比如论证、对文本的深度理解、对背景知识的理解等技能。有些娱乐也能为我们提供重要的生活故事。例如，小说《动物庄园》（*Animal Farm*）和《杀死一只知更鸟》（*To Kill a Mockingbird*）将教育和道德结合起来，对于当前人们对教育和道德的思考，有着启发作用。对我来说，这是一次有意外收获的旅程，我感到非常幸运。当然，我的学生也特别出色，他们对这些思想很感兴趣，起了极大的助推作用。

访谈者：在课程设置方面，您在课堂上分享的学科素养中，使用了很多道德困境。把教育或道德信息嵌入道德困境中，引起年轻领导者的兴趣，这样做有什么好处呢？

塞尔曼教授：我认为这里的关键词是“引人入胜的”。至少在美国，教育政策一方面非常重视国际竞争，另一方面非常重视缩小国家内部的差距或差异。这种差距或差异在不同的社会阶层或不同的人之间非常明显，“参与”这个想法至关重要。如果一个社会群体的成员认为他们没有平等的成功机会，就很难愿意参与这种学术科目（academic discipline）。（discipline还有一种意思：专注、坚持学习以获得成功，即自律。）

我认为解决这个问题的一个策略，是提供具有文化吸引力的材料。我们一直在寻找具有文化吸引力的材料。它有两层意思，不仅是指种族或人种，也指年龄。某种文化中的年轻人最关心的是什么？此外，如何将涉及这些问题的故事，与过去的类似故事（真实的或虚构的）联系起来？在我讲授的课里，有一个单元是六年级的社会研究，重点在古代史。在那个单元，至少在美国，我们主要关注西方文明的影响，我们追溯到了埃及、希腊和罗马。我们还有一个单元是关于四千年前的法老的，他决定利用资源去建造庙宇，而不是建造灌溉系统。在某种程度上，我们今天也存在同样的问题。比如有的校长面临着决策难题：是为学校的运动员建一个更好的游泳池，还是配备更好的电脑？我们将尝试使用当代问题来回顾和讲授历史，我们的想法是，如果学生看到与历史的相关性，他们会对历史更感兴趣。

访谈者：我们再回到三个“E”框架和课程上来。根据您的观察，教师在实施的过程中遇到了哪些挑战？如何才能更有效地实施？

塞尔曼教授：这是一个既需要形成性评价又需要终结性评价的问题。我们已经做了一些形成性评价，结果相当有趣，尽管样本量很小，不具普遍性。

一个具体的例子是《给予者》(*The Giver*)。这本书在美国非常受欢迎，已经被拍成电影，也已经翻译成中文出版，但我不知道它在中国有多流行。所以，我们开展了一些活动，比如写作，这些引发了很多讨论。哪些活动是学生最喜欢的？哪些是他们评价最好的？哪些是老师评价最好的？学生喜欢的，就是我们所说的“对话活动”(dialogical activities)：角色扮演、讨论、辩论，以及写作、个人理解活动——这是大多数国际教育项目的标准形式。

现在，有趣的是，他们最喜欢的写作，却让老师感到紧张和矛盾。为什么？我们非常惊讶：因为老师觉得如果一个孩子写了篇有趣的作品，就有责任给它打分。如果哪天 120 个孩子都写了，那么打分或写评语是很累人的。无论评分是基于语法还是读写抑或文学能力，老师都很紧张。学生自己也很紧张，他们说：“哦，我真的很喜欢这个，但是我不想交上去，因为我不想给它打分。”那么你会如何解决这个问题呢？解决这个问题的一个方法是让学生们互相打分。但这需要一种新的心态，也需要花费精力。如果我们习惯于自己的文化，就没人会注意它，即使注意到了，也会迟疑不决。

更具挑战性的是人们认为高度敏感的问题，比如自杀、强奸或频频发生的问题。但老师不确定自己是否想谈及这些问题。在美国，许多老师即使认为这些问题很重要，也不想提出，因为他们对家庭内部发生的事情不够了解。所以如果你把它照搬到中国……我不知道会有什么结果。我不确定这种问题会不会被谈及，但我认为它们不会被视为学术界的目标。即使会，也没有办法分享家庭内部发生的事。这些问题通常是我们所说的“诱因”(trigger issues)：它们诱发压力。一方面，这是真实的教育，因为其中包含了情感；另一方面，这也太冒险了。

访谈者：这些老师受过什么培训吗？如果没有，那需要什么条件才行呢？

塞尔曼教授：对于我们进行的这项研究而言，它并没有远离传统模式，而是非常适度地专业性发展。基本情况是，在老师使用课程之前、之中和之后，与他们一起认真讨论课程，他们不想做的事，可以不做。老师看到有 15 项活动时，如果觉得其中一项有风险，可以剔除。我们不会强加课程，也不会强制干预。我们只是提供而已。这就是为什么是形成性评价。在过去的十年里，我们对能否坚持实施进行了大量研究，我们发现的一件事是，如果老师能够直接看到学生获得的益处，那事情就容易多了。

访谈者：这个项目有家长参与吗？有没有尝试将教师的在校工作与家长的努力结合起来？

塞尔曼教授：父母消息灵通。我要说的是，各个地区在信息通报方面做得非常好、非常细，家长都很乐意接受。我们不把这个看作挑战。如果我们在一个地区为一个班提供课程，而不为另一个班提供，我们会觉得这是一个挑战。换句话说，人们会问："为什么他们有而我们没有？"我们带来了一个好品牌，是一部备受推崇的电影，这是一所拥有良好口碑的大学提供的。我们与科罗拉多和波士顿的学校领导层密切合作。

访谈者：如果我们在中国实施这个项目，您会建议我们怎么做？例如，我们是否要招募一群有意愿的家长，让家长和老师一起设计课程？也许家长可以从家庭方面提供额外的支持，因为有些话题可能在家里更合适。

塞尔曼教授：你考虑过这两种驱动机制吗？其一，为年轻人提供更多的讨论机会；其二，引入数字化和 21 世纪的工具来讲故事，从而使主题更加引人入胜。假设这两种都是参与机制，我们可能不想从学校开始，而是从非正式的学习环境开始，比如课后活动。我认为我们需要学习很多东西。我这里说的"我们"，指的是"你们"和其他研究人员。我也很乐意学习，但由于距离和语言的原因，我的学习将非常受限。但我确实认为我们可以保持沟通，我们作为一个集体必须学习。

访谈者：我们怎样才能让家长参与到对话中来？

塞尔曼教授：再说一次，家长有什么社会资本？记得我们在古德曼图书馆的一次会议上，有一位家长是对冲基金经理人，她回到中国后开办了一所学校。她是个见过世面的人，拥有大量的资源。但是普通职员能做什么呢？中国的家长在家给孩子读书吗？

访谈者：如您所说，那些拥有社会资本、时间和资源的人会这样做。在农村地区，情况就差多了。

塞尔曼教授：还有些有趣的问题。当年我在上海的时候，参观了一个幼儿中心，那里的活动非常出色。祖父母把孩子带去，然后做了很多体力活动。而那里的书籍和活动项目，是由私人非营利、非政府组织提供的。我认为，如果中国经济保持增长，越来越多的人就能使用那样的资源。

四、为中国留守儿童营造富有同情心的校园氛围

访谈者：我们项目有个博士生正在研究“留守儿童”这个群体。他们和在农村的祖父母或亲戚住在一起，而父母都到城市打工赚钱了。根据您在美国看到的情况，您认为这些孩子面临着哪些挑战？父母、教育者、青年工作者、不同的利益相关者，都应该做些什么来帮助他们？

塞尔曼教授：我确实有过这种经历。我接触过来到美国的中国儿童，了解他们是如何被抚养长大的。我对留守儿童的生活没有真实的感受。如果我说，在美国，这些去我妻子幼儿园的中国孩子，是被他们的父母“抛下的”，那就是带有成见了，因为这些孩子只是被留给了他们的祖父母。你知道，这方面的文化差异很大。在美国，我没听过任何其他移民群体会这样做，但我也不能肯定是这样。这些孩子是系统性巨变的一部分，至少在过去的20年里，这个变化如此之快，只是难以察觉。坦诚地说，我会从案例研究开始，寻找有关各种变化的事。而在美国，你已经看到我们的移民政策变化后，到处交通堵塞。同样，一方面，这在很大程度上取决于经济；另一方面，这在很大程度上取决于文化。教育位于中间。

访谈者：还有一群孩子，他们随父母移居到了上海这样的大城市。在K–12制度下，他们在参加高考之前，存在着家乡、口音和社会经济地位所带来的社会分化。您认为这种问题，可以通过对城市学生培养同情心来缓解吗？或者需要对这些转校的孩子培养一些沟通技能或社交技能，帮助他们吗？

塞尔曼教授：嗯，对我们来说，坐在象牙塔的六楼（注：塞尔曼的办公室在拉森大厅六楼）说“当然”，是很容易的，但我还是会说“当然”。我看到中国有很好的学校氛围，但你不能弹指一挥间就有这样的学校氛围。从一个教育工作者的角度来看，我会从学校的氛围着手，而不是考虑原有学生或新来学生的技能，因为这对于他们都很不公平。在中国，他们一直和同一批同龄人在一起，对吗？突然，一个新人来了！他是不容易加入的。如果你不营造一个有利于转校生的氛围，那会很难，但我认为这不是不可能的。人类能够表现出极大的同情和怜悯。我在一些开展良好的项目中看到过这一点。

访谈者：大环境非常注重学习成绩，学生们承受着巨大的压力。如何在这种大环境下营造这种学校氛围？

塞尔曼教授：嗯，你必须调和，不是吗？

访谈者：但是从哪里着手呢？

塞尔曼教授：幼儿园或学前班。

访谈者：如果不能从幼儿园开始，而是从中学开始的话，怎样才能营造更好的学校氛围？

塞尔曼教授：我认为围绕着排斥、排挤等问题开展预防服务，非常重要，如果必须为此选择一个年龄段，我认为是在小学四年级或五年级比较合适。因为从发展上来说，这是孩子们开始从认知上理解事物的时期，比如“我受到排斥不是因为我（me）本身，是因为我在的这个群体（group）”。孩子们开始反思性地理解这一点。事实是，孩子们在两三岁的时候就会有这种排斥行为，但是，他们那时对发生的事情没有能力去做反思性的理解。所以，我认为关键的干预时间是在他们的意识有可能提升的时候。我们已经做了一些这方面的工作。我认为在美国确实如此。

五、“正视历史和我们自己”（Facing History and Ourselves）：将自我意识融入历史教育

访谈者：您能分享一些成功的例子吗？

塞尔曼教授：好的，我们有一个非常成功的项目，称为“正视历史和我们自己”，它将自我意识融入历史教育和理解。它注重使用案例研究，深入个案，而不是试图涵盖整个历史事件，并且把很多注意力放在环境氛围上。说到融合，这个项目是非常成功的，它不需要大量的学术资本。据我观察，它在低收入社区和资源丰富的社区都有效。我们已经做了一些客观的评价来证明这一点。

访谈者：您可以多谈谈“正视历史和我们自己”，以及对它的评价吗？

塞尔曼教授：我尽量简短地说一下。这个项目当初是一个叫玛戈特·斯特罗姆（Margot Strom）的学生发起的，她是名年轻女子。至今她担任这个项目的负责人已经有40年了。这个项目是关于种族主义的，以公民遭难的历史时刻作为案例。它问：“导致这些暴行的事件是什么？”它要求我们不要只看到暴行本身，而要弄明白人们为什么会被推到那个方向。该续发事件从非历史材料开始。有些青少年关注这些问题，比如：为什么我们会这样或那样称呼别人（用贬义词称呼）？为什么我们要排斥别人？然后就从自我走向真正的历史，进入了一个续发事件。这就是那个项目。

我们进行评价时，随机分配了学校，那些学校都从未实施过这个项目。

我们将志愿学校随机分成实验组和对照组。我们选择的教师有的提供过专业发展服务，有的没有。我们策划，“正视历史和我们自己”提供干预、教育、项目、案例——这是一个为期六周的单元。一个有自主权的小组制定了措施来衡量影响，我是负责人。还有一个小组设计了实际评估，也就是说，如何去设计比较，这对于当前来说，是一套非常复杂的科学技能。

所以，我们实行了三个小组的合作。其一，“正视历史和我们自己”，他们想赢，想让项目更好地展示影响力；其二，学者们想制定公平的衡量措施，但也要代表“正视历史和我们自己”努力开发的教学法；其三，咨询公司 Abt Associates，这是一个营利性社会研究组织，被选为科学方面的裁判。可以说，它像在运行一场游戏，总得有人来评判，让它变得公平，是吧？Abt Associates 公司所做的就是创造一个公平的游戏场地。我们决定怎样才能得分，“正视历史和我们自己”派出了一支现场队伍。

访谈者：“正视历史和我们自己”是一门附加课程还是取代课程？在中国，取代一门课程是很难的。

塞尔曼教授：这是一种妥协。它不是一门综合性课程，而是一个需要为期 6 周的单元。“正视历史和我们自己”实际上是在中国推行的。我在中国上海的时候，有一些老师做过报告展示。它不是在私立学校，而是在高水平、先进的国际学校实施的。你们如果感兴趣，可以回去拜访那些实施“正视历史和我们自己”项目的人。

六、网络欺凌和亲社会网络：数字化时代的挑战和机遇

访谈者：您的研究重点是帮助儿童发展社会意识和参与能力，以此降低心理健康风险和促进社会关系。[①②] 您能告诉我们，在数字化时代我们面临着哪些挑战和机遇吗？

塞尔曼教授：让我们回顾一下历史。我在这次访谈中很早就提到，我的研究最初的驱动力是关注有心理问题的个别孩子。但是，要预防这些问题，实际上意味着要去寻找面临某种心理问题风险的青少年，并针对他们的风险

---

① DRAY A J，SELMAN R L，SCHULTZ L H. Communicating with intent：a study of social awareness and children’s writing［J］. Journal of Applied Developmental Psychology，2009，30（2）：116–128.

② SELMAN R L. The promotion of social awareness：powerful lessons from the partnership of developmental theory and classroom practice［M］. New York：Russell Sage，2003.

制定针对性的干预措施，从而消除这些风险。其中一个典型例子就是有暴力倾向的孩子。你可以识别出一些风险因素，由此进行概率性预测，看看有这些风险因素的年轻人，如果不对其采取措施，是否会陷入麻烦。这些年来，我们开发、研究并开展了许多项目来帮助解决这个问题，比如攻击和攻击行为。这里面许多是社交技能项目，要求孩子们必须交流，遇到冲突时，必须学会冷静并进行反思。

数字化时代面临全新的机遇和挑战。我们自己在这方面也做了一些工作。在美国和其他地方，一个引人注目的问题是所谓的“网络欺凌”，意思是你无法逃避欺凌者，因为你与骚扰只隔着一部手机，这一点更加令人震惊和不安。在别的情况下，至少回家后就会感到安全。然而，在我们的研究中，我们发现了一个名为 A Thin Line 的社交网站。这个网站原本是为了帮助遭受社交网络困扰的孩子而建立的。最初人们认为建立该网站主要是为了解决网络欺凌问题。但事实证明，网络欺凌是最微不足道的问题，孩子们面临的大部分压力，实际上来自他们想与其他孩子交往，却发现处理关系具有挑战性和难度。这好像转了一大圈，又回到了我们 22 岁时的起点。

一个新的挑战是，如何把孩子们花费了大量时间的社交网络，发展成“亲社会网络”（prosocial networking）。我们一直致力于发展所谓的亲社会网络，同伴支持（peer support）就是其中一部分内容。这个网站真正为孩子们提供了机会，让他们述说自己的忧虑、自己的怪异经历，无论是寻常的还是不寻常的，然后从匿名的同龄人群体中获得一些建议。所以，我认为数字化时代给孩子们带来了新的挑战，但同时也提供了应对挑战的新方法，这就是我们正在研究的。

访谈者：太了不起了！谢谢您！

让关爱成为日常：一个不同寻常的关爱项目

——访哈佛大学人类发展与心理学项目主任理查德·韦斯伯德教授

林 怡 朱颂宇 于海琴 于 洁*

受访者简介：理查德·韦斯伯德（Richard Weissbourd）于1979年在斯坦福大学获得心理学学士学位，1987年在哈佛大学教育研究生院获得咨商与咨询心理学教育博士学位。他是哈佛大学教育研究生院和哈佛大学肯尼迪政治学院的高级讲师。本次访谈时他还担任着哈佛大学教育研究生院人类发展与心理学硕士项目主任，但现已退出。

他的研究重点是儿童的脆弱性和适应力、道德发展、对儿童的有效教育和服务。他是“让关爱成为日常”项目的主任，该项目是一项全国性活动，旨在把道德和社交发展放在儿童养育的首要位置，并为学校和家长提供策略，培养儿童关爱能力和其他重要的道德、情感、社交能力。该项目有过一项全国性举措，是改革大学中的招生制度，名为“扭转潮流”（Turning the Tide）。这一举措促使200多所大学的招生办公室推动道德参与，减轻了高中成绩压力带来的损害，增加了经济弱势学生的公平和机会。他对年长者如何更好地指导年轻人发展符合道德的、成熟的恋爱关系进行了研究。他是波士顿一所名为“李学院”（Lee Academy）的试点学校的创始人，也是扫盲倡议“读写波士顿”（ReadBoston and WriteBoston）的创始人。他在联邦、州、市各级担任家庭政策和学校改革的顾问，他的文章发表在许多学术和流行出版物等媒介上，包括《纽约时报》、《华盛顿邮报》、《赫芬顿邮报》、美国有线电视新闻网、《新共和》、美国公共广播电台、《今日心理学》。他的著作 *The Vulnerable Child: What Really Hurts America's Children and What We Can Do About It*，被《美国教育委员会期刊》评为有史以来十大教育书籍之一，而他的另一本著作 *The Parents We Mean to Be: How Well-Intentioned Adults Undermine Children's Moral and Emotional Development*，被《纽约客》评为当年24本最佳书籍之一。

---

* 于海琴为通讯作者，于洁参与了本文翻译工作。

特别值得一提的是，韦斯伯德在2020年秋季开设了“让关爱成为日常：美国关爱现状研究”课程，让学生参与该课程的研究，了解在新冠疫情期间，儿童和其父母/看护者关爱的是谁，他们如何看待争取种族公平的斗争，如何考虑弥合巨大的政治和文化分歧。该项研究旨在深化以下几方面的知识：其一，道德发展，包括儿童如何学会关爱他人和理解正义；其二，如何利用研究去影响公众的理解，并告知教育者和父母/看护者；其三，疫情如何影响儿童和父母/看护者的道德发展；其四，父母/看护者和儿童如何理解争取种族公平的斗争和我们当前的政治分歧。

理查德·韦斯伯德（Richard Weissbourd）

于海琴、理查德·韦斯伯德和林怡的合影

于洁

编者按：我们作为研究生和访问学者来到哈佛后，一看到《成功是什么》（*What Is Success*）这篇文章，就对理查德·韦斯伯德教授的研究、课程和项目，无比地崇拜。在2015年6月，他极为繁忙，很难抽出时间来接受我们的访谈，但他还是克服了所有障碍，为我们腾出了时间。这一慷慨的行为本身，就体现出了他的“让关爱成为日常：美国关爱现状研究”这个项目的使命：在这个世界里，儿童会关爱他人及公共利益，每天都善待他人，逐渐理解并寻求公平和正义，做正确的事，即使有时自己要付出代价。

韦斯伯德在访谈伊始就指出，在当代美国文化中，年轻人往往优先考虑个人幸福和成就，而关爱他人及公共利益往往处于第二位。“让关爱成为日常”这个项目的研究、资源、计划和干预措施都致力于扭转这一潮流，并使道德参与成为父母、教育者、年轻人和教育机构最关心的问题。此后，我们的讨论转向了美国儿童的脆弱性，特别是韦斯伯德所说的“安静问题”（quiet problems）。韦斯伯德还表达了他对中国儿童特有的脆弱性的看法，因为数千万中国儿童因父母去城市打工而“留守”在农村。他强调，处在牢固、信任的关系中学习效果才最好。父母和孩子的关系是最重要的，尤其在塑造和教授同理心方面。然后讨论了青少年对恋爱和性关系的追求，这在美国是一个很难解决的问题，可能在任何文化中都是如此，中国当然也不例外。中国青少年的这种关系遭到强烈反对，因为这种关系被认为会分散他们的学习注意力，给考试带来极大风险。韦斯伯德建议，如果一个社区或一种文化对与年轻人公开谈论性感到很不舒服，那么它至少要教育年轻人，要强调在恋爱关系中需要适当的尊重和关爱。最后，韦斯伯德就预防欺凌、培养健康的家校伙伴关系等关键要素，提出了自己的看法。我们坚信，韦斯伯德及其团队的“让关爱成为日常：美国关爱现状研究”项目，是没有国界的。一个到处充满了关爱的世界，将会变得不同寻常。

关键词：教育；共同利益；脆弱；安静问题；贫穷；关系；同理心；父母；青少年；欺凌

一、扭转潮流：将“关爱他人”提升为养育子女的首要目标

访谈者：《成功是什么》这篇文章发表在《哈佛教育杂志》上。文章指出，大多数年轻人似乎将成功的某些方面（如成就和幸福）置于关心他人之上。这一发现主要是基于2013年对近万名初、高中学生进行的一项调查。针对这一结果，您能否谈谈您对“让关爱成为日常：美国关爱现状研究”这个项目最初的想法，以及您在未来两年的研究？

韦斯伯德教授：过去的几年里，我们一直在试图评估高中生——相对成就和幸福等其他价值观而言——对关爱他人及公共利益的重视程度。我们的调查一直在进行，现在手头有三四万名学生的数据。数据显示出的一点是，我们真的把成就和幸福提升为养育孩子的首要目标，而把关爱他人和公共利益边缘化降格到了历史上前所未有的程度。这并不是说孩子们不关爱他人，只是其他的价值观变得比关爱他人更为重要。

因此，我们试图扭转这个潮流。“让关爱成为日常：美国关爱现状研究”项目在一定程度上就是致力于改变这种状况。我们试图提升对他人的关注，促进道德参与，并将其作为养育孩子的主要目标。成就和幸福也很重要，但我们认为当你关爱他人与公共利益时，实际上也会对你的成就和幸福有所帮助，对世界、对社会都有好处。这就是我们做这项研究和启动这个项目的原因。

访谈者：未来两年这项研究会怎么样？您能分享一下这个项目的潜在目标或更多细节吗？

韦斯伯德教授：我们将继续在一些不同的领域进行研究，比如孩子们对不平等的看法、对社交媒体的使用等。我们也将与大学招生系统合作，提升道德参与和对他人的关注度。我们已经在这样做了，我们刚刚还发布了一份引起全国广泛关注的报告。我们将继续与大学合作，向这个目标迈进。我们还会评估所做的努力会带来什么样的影响。我们希望继续尝试，看看能够做些什么来扭转这一潮流，比如在中小学和大学试行干预，并为父母提供策略，帮助他们培养和教育出有爱心、有道德的孩子。

访谈者：你们已经开始在这里的学校实施干预措施了吗？

韦斯伯德教授：是的。我们有一个由 57 所学校组成的圈子，我们正在这些学校实施干预措施。学校可以使用我们提供的资源和策略，直接从我们的网站下载就行。

访谈者：您计划将该圈子扩展到其他州吗？

韦斯伯德教授：我们在全国许多州都有。我们也向其他国家（如爱尔兰）提供资源。我们刚刚与一位巴西人取得了联系，他正在使用我们的一些策略。

访谈者：如果这个项目扩展到其他国家，文化差异会对你们的方法有影响吗？

韦斯伯德教授：我认为文化差异是深远的，所以我们从来不假装自己是其他文化或其他国家的专家。我们确实向他们提供资源，但我们真的鼓励他们要考虑哪些资源对他们的文化有意义，或者考虑如何调整资源，使这些资源在他们的国家或文化中更有用。

访谈者：在 K–12 体系或大学招生中，与 GRE 分数、SAT 分数等因素相比，关爱他人很少被作为一种品质进行考察。那么，您能详细说明一下这个项目与大学的关系，以及您希望达到的目标吗？

韦斯伯德教授：在我们的报告中，有 75 名大学招生相关人员签名，其中 50 多名为大学招生办主任，甚至所有常春藤联盟学校的招生办主任都在其中。他们都支持我们报告中的建议。报告的主要内容是：高中生的培养目标不是长篇大论，不是大量的课外活动或大量的大学预修课程，而是有意义的道德和智力参与。我们鼓励学生加入不同的团体来解决社区问题。服务不应该是关于成绩、领导力或企业家精神的，而是一次有意义的社区参与体验。

二、脆弱的儿童：贫困、“安静问题”和成绩压力

访谈者：谢谢。我认为从高中开始就强调这些，再继续接受高等教育，

是非常重要的。在您的著作[①]中，您向我们揭示了儿童处于弱势的真实本质，并设法解决儿童面临的最严重的威胁。为什么这本书在2009年被《美国教育委员会期刊》评为有史以来十大教育书籍之一？

韦斯伯德教授：我不知道为什么会授予它（笑声）。我希望它获奖，因为这是本好书，值得获奖。我认为这本书很有意义，一个原因就是它讲述孩子们故事的方式，能够——我希望——帮助人们以一种更复杂、更深刻的方式，真正理解孩子们的脆弱性和风险。我认为，一旦你以一种细致、深刻的方式讲述这些故事，就真的会让人理解解决方案的复杂性，并会引导人思考这些解决方案。所以，我希望这本书因这个方面而得到认可，这也正是我想做到的。

访谈者：在您看来，美国儿童现在面临的挑战，与20年前相比有什么异同吗？

韦斯伯德教授：嗯，很多挑战都是一样的。现在仍然有一些孩子面临着严重的贫困，以及贫困可能带来的负担和伤害，比如压力、抑郁、视力问题、听力问题、未经治疗的疾病等。很多问题都是一样的。我认为，从很多方面来看，这些问题变得更糟糕了。我还认为，在中上层社会，尤其是上层社会，巨大的成绩压力带来更大的风险和脆弱性。你会看到很多孩子处于危险之中，因为他们面临着难以进入心仪大学、名牌大学的巨大压力。因此，某些社区的许多抑郁症和焦虑症患者都与这种压力有关。在过去的20年里，这种情况变得越来越糟糕。

访谈者：在您的论文《低收入家庭孩子的“安静”烦恼》[②]中，您明确表示，对于处于风险中的贫困儿童来说，他们的麻烦大多不是搞破坏或加入帮派这样的“喧闹”问题，相反，他们是“安静”的。这些“安静问题”包括健康、情感、学业和社交等方面。中国有大量“留守”儿童，他们和祖父母或其他亲属住在农村地区，而他们的父母则去城市打工赚钱。这些孩子面临的挑战是什么？今天的父母、教育者、青年工作者和其他人应该为他们做些什么？

---

① WEISSBOURD R. The vulnerable child：what really hurts America’s children and what we can do about it［M］. Boston：Addison-Wesley，1996.

② WEISSBOURD R. The “quiet” troubles of low-income children［J］. Education Digest：essential Readings condensed for Quick Review，2009，74（5）：4–8.

韦斯伯德教授：这是一个很难回答的问题，因为我对中国文化的了解远不如你。但是你知道，我基本上认为养孩子是一个社区的责任。有句古老的非洲谚语："养育一个孩子需要一个村庄。"所以，当父母不在身边时，我认为社区里的其他成年人介入是非常重要的。儿童需要至少与一个成年人保持亲密关系，这一点真的很重要。这个成年人应该是他们信任和尊重的。我认为，当父母不得不离开孩子时——再说一次，我对中国不够了解——孩子们最好能够与其他成年人接触，能够与大孩子接触，这些大孩子也可以为他们承担一些责任。他们可以在团体中互相支持，这一点是有益的。很多同龄人团体对孩子非常积极地支持。但是他们需要一个安全的圈子，对吗？他们需要其他类型的关系来支撑他们。我不知道学校或教师，或者消防员、警察乃至社区所有的人，是否也可以拓展他们的角色，提供更多的支持。

访谈者：中国和美国的儿童可能面临一些相似的挑战。您能评论一下您在中国和美国的有风险儿童之间，看到的任何相似之处吗？

韦斯伯德教授：我不知道，我真的不愿意对美国和中国的情况进行比较，因为我不知道中国的情况。我确实认为这些"安静问题"非常普遍，我们往往关注"喧闹"的问题，比如破坏行为、暴力。在学校有大量的孩子不能学习，因为他们吃得不好、睡眠不足，他们的家务负担令人疲惫不堪——即便不令人疲惫，也是挺费力的。他们要照顾生病的亲属，或者照看年幼的弟弟妹妹。这些都是要求高的责任，会妨碍上学。他们没有钱参加课外活动，没有钱买书……所以我认为很多"安静问题"会阻碍低收入家庭孩子的进步。

访谈者：在亚洲文化中，儒家思想认为父母有责任照顾和教育孩子。这很正常。但在这里（美国），根据我的经验和观察，很多父母都让自己的孩子独立。他们中的一些人甚至没有时间来教育孩子。在美国，丢下孩子不管是个问题吗？

韦斯伯德教授：有个大问题是父亲离开孩子，比如离婚后父亲不知所踪，或者孩子的父亲从未和孩子的母亲结婚。大约有 40% 的婚姻以离婚告终，所以经常会有父亲——生父、继父——在孩子的生活中进进出出。我认为没有多少母亲会离开自己的孩子，虽然有一些这样的案例，但我认为数量不多。

访谈者：您认为这可以改变吗？

韦斯伯德教授：母亲抛弃孩子的情况没有多少，但我们确实有父亲离开孩子的问题。所以我认为对父亲方面还有很多工作要做。

三、父母在同理心教学中的核心作用

访谈者：从出版《我们想要成为的父母：善意的成年人如何破坏儿童的道德和情感发展》[1]，到获得200万美元的资助（其中部分用于帮助父母教育孩子变得更有同理心），是什么让您如此关注父母在教授同理心方面的作用？

韦斯伯德教授：我认为孩子们的重要道德品质，主要是在与父母的关系中发展的，虽然在同龄人或与其他成年人的关系中也能够发展。父母是他们的榜样。对他们来说，这种关系本身就是一种榜样，所以如果这种关系是具有同理心的、信任的，那么他们与其他人发展的关系也更可能是这种关系。我认为同理心对孩子来说就像水一样。如果父母对孩子有同理心，孩子就能够建立自我、强化自我，能够对其他人有同理心。所以我认为同理心的主要来源，是父母本身具有同理心。需要父母真正引导孩子扩大自己同理心的圈子。许多孩子对某个人有同理心，但他们对别的人（如不同性别的人、不同种族的人、不同文化背景的人、残疾人等）就没有同理心。引导孩子们对不同于他们的人、陌生的人或以这种那种方式让他们感到不舒服的人，也产生同理心，这一点是很重要的。简言之，我认为父母是影响孩子心理的主要因素，兄弟姐妹对孩子的生活也有很大的影响。我觉得学校是次要的。所以，父母做出什么榜样、教什么东西、如何安排孩子的生活、对孩子有什么期望等，都会影响孩子同理心的发展。

访谈者：所以您也注意培养孩子对残疾人和其他少数族裔的同理心？

韦斯伯德教授：是的，我不知道在中国是否有受到歧视的特殊群体，或者特别容易受到霸凌的孩子。但是总有被孤立的孩子、孤独的孩子、受欺负的孩子、被歧视的孩子。此外，在社区中可能有一些看起来很奇怪的成年人，被每个人当成陌生人，我们也要要求孩子对这类成年人具有同理心。有时候，孩子们可能很难注意到每天帮助他们的人（如杂货店店员、公交车司机、管理员、门卫等），所以，也要要求孩子们注意这些人，不要视而不见。

四、技术不能取代牢固、信任的关系

访谈者：技术，特别是互联网，对教育有什么影响？尤其在师生关系

---

① WEISSBOURD R. The parents we mean to be：how well-intentioned adults undermine children’s moral and emotional development［M］. Boston：Houghton Mifflin Harcourt，2009.

方面。

韦斯伯德教授：技术对孩子有很多影响，有些是积极的，有些是消极的，在家里和学校都是如此。这是一个大领域，比较复杂。在某种程度上，技术能让孩子们接触到社交群体、获得有效的学习方式。但它有时也使学习丢掉了个性化。我的确认为，如你所说，在牢固、信任的关系中学习效果最好。所以，让技术取代与成年人（如老师）的牢固、信任的关系，我认为是不可取的。技术可以有力地增强这些关系，但不应该取代这些关系。

访谈者：接下来的问题是，为了更好地培养学生的道德感，我们需要培养或培训老师的道德感。老师的职业压力可能会在许多方面影响他们的表现，包括道德方面。我们怎样才能减少这样的压力呢？

韦斯伯德教授：是的，我认为这是个大问题。特别是在压力大、资源不足的学校和社区，老师们压力很大。有的感到抑郁，有的感到无助和无望，无法完成自己的工作，因为他们没有得到所需的资源和支持。因此，这些社区要做大量工作，为老师创造更好的条件，减轻他们的工作压力，为他们应对课堂上的不同挑战提供更多支持。所有这些都是孩子社交、情感和道德发展的关键。

访谈者：这种对老师的支持应该从哪里来（如政府、家庭等）？

韦斯伯德教授：支持来自各个地方：学校、州政府、联邦政府等。我认为父母可以做更多的事情来支持老师，有时社区组织和非营利机构也可以提供支持。

五、青少年恋爱关系中的尊重和关爱教育

访谈者：下一个问题是关于青少年的恋爱关系的。我们希望教育年轻人为成熟、健康的恋爱关系做好准备。由于文化传统的不同，这在中国尤其是个问题。在高中，青少年的恋爱基本上是被禁止的，目的是确保他们尽可能为高考做好准备。您对在中国推行青少年恋爱关系教育，有什么建议吗？

韦斯伯德教授：这个问题很好，但也很复杂。我所提倡的是，与青少年谈论性，这是很重要的，因为很多青少年有性行为。在美国，我们已经陷入了一场争论，那就是进行禁欲教育还是进行全面的性教育。我们就性教育展开了激烈的辩论，人们意见不一。但我认为，我们可以在这种男女关系上找到更多的一致性，把重点放在尊重和关爱上。在恋爱和性关系方面，每个高中生都应该受到关于尊重和关爱的指导。有时候，学校说那是父母的事情。

但是许多父母并不会去做这些。虽然也有些父母会去做，但他们中有很多对自己的能力没有信心，也不觉得自己有能力去做。所以我认为学校和家长参与这类对话非常重要。

全国不同地方都有很精彩的课程，不算很多，但也有一些。这些课程会让孩子们思考："爱情意味着什么？你如何开始和某人建立关系？你如何和某人保持一种关爱的关系？在一段关系中，你如何真正确保尊重对方的感受？当你和别人分手时，你是如何公正、尊重地对待他/她的？对于有些男生的性别歧视、厌女症、偏见，你是如何教育的？如何不重蹈父母的不如意关系？"谈论和思考这些事情，对于孩子们来说都很重要。对于人来说，像"尊重"这样的事情比"性"更容易谈论。所以，我在一定程度上主张，即使在人们真的不愿意谈论性的环境中，你也可以谈论男女关系中的这些相互尊重和关爱的问题。

访谈者：那么，把爱情看作恋爱关系，是开始性教育的第一步？

韦斯伯德教授：这可以是第一步。我觉得两者兼顾真的很重要。我只是对你的担心做出回应，其实两者很难兼顾。我认为如果你不能两者兼顾，在尊重和爱情方面进行教育还是很有帮助的。这一点至关重要。我的意思是说，这可能是我们对发展恋爱关系所做的最重要的事情。但是我们却什么也没有做，没有帮助孩子们做好发展健康恋爱关系的准备。这有点不好。

访谈者：根据我的个人经验，青少年（如高中生）如果在学校里谈恋爱，老师们对此实际上有一套监控体系，会千方百计进行反对。

韦斯伯德教授：老师们会反对？

访谈者：是的，他们会告诉学生的父母："嘿，你的孩子和一个男孩（或女孩）在谈恋爱，你必须进行干预，阻止这种关系。"孩子们会反抗老师，他们不会乖乖听从老师的话。我想知道美国是否也这样？

韦斯伯德教授：我认为不是这样。很少有老师阻止学生谈恋爱，他们知道孩子们会彼此产生好感，但这要看年龄。在初中，老师可能会劝阻，我确信有些老师会这样。但到了高中，我认为老师不会阻止孩子们出去约会。所以我认为阻止是很少见的。总的来说，这也是孩子们很好的练习机会。他们应该学会如何建立关系，以及如何建立恋爱关系。在高中，约会是一件健康的事。

访谈者：在很多中国父母的思维定式中，如果你这么早就谈恋爱，哪怕是在高中，对你的学业都是非常有害的。你可能在高考中失利，因为你谈了恋爱，需要花费大量的时间和精力。

韦斯伯德教授：美国的一些学生也这么说。我听哈佛大学的学生就这么说过。我听到他们说不想谈恋爱，因为这会分散他们的注意力。我不了解中国，但现实可能是，恋爱会分散一些孩子的注意力，但恋爱也能真正促进发展，不一定只会分散注意力。

访谈者：如果高中生有这种恋爱关系，老师们如何发挥作用帮助那些学生？

韦斯伯德教授：我认为就像我说的，教他们尊重和关爱。你可以做角色扮演，可以阅读文学作品，你可以做很多事情。

访谈者：我很赞同您这个评论。但到目前为止，这在中国还不太可能实现，因为对于高中生，甚至学龄前儿童来说，他们的最终目标都是在高考中取得好成绩。因此，于海琴教授和我对如何在中国建立一个健康、有效的道德教育体系，非常感兴趣。

韦斯伯德教授：嗯，我很高兴你们能选择这个项目，这是一个巨大的工程。我认为你们必须弄清楚想从哪里开始、可以在哪里产生影响。这些是战略性问题。我希望你们能够坚持下去，并就此写点东西。

六、通过建立“同情心”的文化来防止霸凌

访谈者：我注意到防止霸凌是您的五个重点研究领域之一，您的网站上也有关于防止霸凌的资源。您能简单介绍一下您在美国防止霸凌的经验吗？我们在中国应该采取什么样的策略？

韦斯伯德教授：我认为霸凌行为一直存在。但是在过去的 20 年左右，它在美国得到了更多的关注。你可以看看我们的网站，上面有许多种策略和计划，你可以利用这些来帮助防止霸凌。这些策略和计划也是我们所推荐的。现在也有关于霸凌的法律，值得关注一下。我们对霸凌强调的一点是，建立“同情心”（compassion）文化非常重要。我前面谈到建立一个同理心的圈子并将之扩大，这也可以帮助防止霸凌。如果你所处的文化真正赞美差异，而不是掩盖差异，那会有很大帮助。如果你身处的文化真正教育孩子如何去关心、如何去爱，那也会很有帮助。这样霸凌事件就会很少。

霸凌发生时，你还必须有解决霸凌的策略。例如，帮助孩子们根据情况制定一系列可以使用的策略，当霸凌发生时他们能够“挺身而出”。还要帮助孩子们了解遇到别人遭受霸凌时，该如何处理。有一些策略可以保护被霸凌

的对象，例如联系被霸凌者所信任和尊重的成年人，也可以让父母参与进来。所以，我认为你必须做的是基本的预防，然后还要有一整套处理霸凌并防止其升级的措施。很多被欺负的孩子最终也会欺负别人。这就是为什么当霸凌发生时，最好给予建设性的处理意见，因为这样可以防止更多的霸凌事件发生。如果成年人拥有堂堂正正的品质，这种榜样也会有所帮助。但有时候成年人之间也会互相欺负，甚至欺负小孩子。所以成年人在这方面的表现也很重要。

访谈者："让关爱成为日常：美国关爱现状研究"给了我们大量相关的建议，目的在于增强父母、看护者、学校和社区成员的能力，培养出有关爱能力、有道德的孩子。在中国，我们有一个特殊情况，那就是许多年轻人是独生子女。这本书中有什么建议有利于这种情况吗？

韦斯伯德教授：我的父母也都是独生子女，他们就完全不同。我觉得这要视情况而定。我认为一定要让孩子接触同龄人，帮助他们与同龄人建立亲密的关系。所以，如果你打算只要一个孩子，那就要帮助他有机会建立各种友谊和各种关系，这一点很重要。我对独生子女有些担心，担心父母对他们溺爱，一切围绕着孩子转，把孩子当作生活的中心，导致这个孩子太过于自我。我认为这些都是需要防范的。另外，独生也是一个机会，因为你也可以给这唯一的孩子更多真正有建设性的关注。

访谈者：那么，您的意思是说，我们可以帮助他们努力发展与同学以及社区中同龄人的关系，以弥补兄弟姐妹的缺失？

韦斯伯德教授：是的，没错。

访谈者：您能评论一下，在美国，什么是良好的家校合作关系吗？

韦斯伯德教授：这又是个大问题，但我想我会说一些。学校欢迎并邀请所有家长参与，这真的很重要。学校提供机会召开有意义的家长会，教师要为这些会议做准备。学校与家长保持沟通，找到挖掘家长优势的方法。学校会与家长定个协议，家长也要尊重老师，不诋毁老师。所以，我认为健康的家校互动，需要去做一些重要的事情。

访谈者：我也觉得是这样。非常感谢您的精彩评论！

韦斯伯德教授：也谢谢你！这些都是很好的问题。

更好的关系，更高的分数：教室里社会观点采择的重要性

——访亨特·格尔巴赫教授

于海琴　赵　静*　陶　正

受访者简介：亨特·格尔巴赫（Hunter Gehlbach）教授于2004年获得斯坦福大学教育心理学博士学位。他目前是约翰·霍普金斯大学教育研究生院的教授和副院长，也是全景教育（Panorama Education）的研究负责人。他以前在高中做过社会课教师，于2006—2015年在哈佛大学教育研究生院任教，2015—2019年在加州大学圣巴巴拉分校任教，之后来到约翰·霍普金斯大学。在哈佛大学教育研究生院任教期间，格尔巴赫专注研究社会观点采择（Social Perspective Taking），即如何辨别教室里其他人的想法、感受和动机。除了在这方面的极大兴趣，他还热衷于帮助社会科学家设计有效的问卷。他还是国家教育进步评估（NAEP）问卷委员会的成员。由于最近获得了斯宾塞基金会（Spencer Foundation）的职业生涯中期奖，他已经将目前的大部分注意力，转向研究社会心理学方法如何改善环境教育。他学的是教育心理学，但自我定位是社会心理学家。他的兴趣整合了三个领域：其一，初中和高中教室里社会情感学习中的"社会"因素——实施干预以加强师生的社会观点采择能力，改善师生关系和归属感；其二，调查问卷的设计；其三，环境教育——利用社会心理学理论解决可持续性、环境保护和气候变化问题，尤其是针对青少年。

亨特·格尔巴赫（Hunter Gehlbach）

赵静与亨特·格尔巴赫的合影

于海琴与亨特·格尔巴赫的合影

* 赵静为通讯作者，于凌涛完成由录音到文本的转录工作。

编者按：亨特·格尔巴赫教授通过开放科学实践（Open Science Practice），将社会科学问卷设计与完善教育研究结合起来。我们团队有位成员在2015年1月参加了他的课程S010B“问卷设计实用指南：从概念化到管理”（Questionnaire Design：A Practical Guide from Conceptualization to Administration）。在这门课上，我们对他的研究有了更多的了解，他是利用社会心理学原理来解决教育中的社交问题。得知我们要在中国贵州资助儿童教育这一目的后，他欣然接受了我们的访谈，尽管当时他正忙着准备离开哈佛大学教育研究生院。

作为一名前高中社会课教师，格尔巴赫教授意识到虽然课程内容很重要，但学生在课堂上学到的并不止于此。更可能伴随学生一生的，是通过与同学和老师互动所学习的社会课程。格尔巴赫教授解释了在课堂上努力提高学生的社交、动机和自我调节能力的重要性。在这方面，一个强大的工具是社会观点采择，尝试理解另一个人的想法和感受，从而带来更好的互动。认识到与他人的相似性也可以增进社会互动。格尔巴赫教授谈到了他的研究，即如何利用教师和学生之间的相似性和社会观点采择，提高学生的成绩。他讨论了跨文化（包括中国）课堂上社会观点采择干预的潜在应用，指出中国的教师对学生来说更具权威地位。最后，格尔巴赫教授介绍了他在全景教育方面的工作。全景教育是一家初创公司，根据对学生、教师和家长的调查数据向学校提供反馈。学校领导在了解各种利益相关者的观点后，可以努力为所有涉及者提供更好的体验。

关键词：社会观点采择；教育；动机；自我调节；成就；相似性；文化；调查

一、不仅仅是内容：社交、动机和自我调节能力

访谈者：我们希望将您的教育观点纳入《鱼游哈佛：学习改变世界》一书，中国人对这样的教育观点很感兴趣。

格尔巴赫教授：谢谢你们的看重！

访谈者：作为教育心理学家，您的研究是在教育环境中加强教师与学生的社会互动。我们感到好奇的是，您在职业生涯中为什么会选择这个特别的视角？您能告诉我们一些您的研究历史和故事吗？

格尔巴赫教授：当然可以。我认为，作为一名教育工作者，很容易忘记

的一点是，课程内容肯定很重要，但它远不是影响学生学习效果和学习深度的唯一因素。所以，如果我们看看社交、动机和自我调节能力等，我们会发现这些方面才是最有潜力提高学生成绩的，也是他们一生所需的生活技能。我们中的任何一个人，如果回忆高中时学过的真正重要的内容，往往记不起多少。但是，与他人互动的一些体验，或者竭尽全力完成一项重要任务的那些时刻，则会在记忆里一直伴随着我们，我认为这是强大的人生经验。

我曾经是一名社会课老师，我认为课程内容很好，可以帮助学生吸取一些好的教训，但最终，无论他们是否能记得查理曼帝国的诸多细节，他们的生活都将是一样的。但是我把他们分成小组，让他们一起解决问题。如果他们有实际问题需要解决，而我能帮助他们解决得更好，那么这门课程对他们今后一生都有宝贵价值，尤其在与他人互动方面。所以，这些都鼓舞着我进入教育心理学这一领域。

访谈者：到目前为止有收获吗？

格尔巴赫教授：我想是有的。我一直相信，我们可以关注学生的社交、动机和自我调节能力，在这些方面做更多的事情来提高学生的成绩，而不是给一门令他们激动的新课程或者围绕内容去做创新。所以，我真心觉得这是一个不错的选择。

二、用社会观点采择弥合对立观点之间的差距

访谈者：您写过一篇文章，题为《老师看到与学生有相似之处时，人际关系和成绩都会提升》（*When Teachers See Similarities with Students，Relationships and Grades Improve*），里面的第一句话，我们非常喜欢，也非常认同。您说："我们世界上许多最紧迫的挑战，都出现在对立观点之间的鸿沟太大，而无法弥合的群体之间。"您能不能谈谈您是如何培养社会观点采择（辨识教室或其他环境中其他人的想法和感受的能力），来弥合教室里对立观点之间的差距的呢？[①②]

---

① GEHLBACH H，BRINKWORTH M E. The social perspective taking process：strategies and sources of evidence in taking another's perspective［J］. Teachers College Record，2012，114（1）：226–254.

② GEHLBACH H，MARIETTA G，KING A M，et al. Many ways to walk a mile in another's moccasins：type of social perspective taking and its effect on negotiation outcomes［J］. Computers in Human Behavior，2015（52）：523–532.

格尔巴赫教授：当然。你提到的这个很有趣。这是我写的事关一项研究的小文章，发表在一家在线报纸上。这项研究的重点在于相似性：我们如何才能看到彼此的相似之处，从而培养更好的关系？这有点偏离了我的核心研究。我的核心研究是社会观点采择，即我们如何理解彼此的想法和感受。我们该如何利用社会观点采择来改善人际关系，尤其是人们持有对立观点的时候？我认为有三种方法可以提高这方面的能力。系统地说，第一，我们有很多偏见，这一点我们自己也知道，这些偏见在我们看待他人时是相对可预测的。通过让人们知晓这一点，并提出干预措施来克服它，我们就可以更好地让人们的自然能力发挥出来，对吧？这些偏见在某种程度上打断了人们原本会去做的事情。所以我们不需要改进其他任何东西，我们只要消除偏见，就能更好地读懂他人。第二，要切实提高他们的能力。从很多方面来看，这似乎是一项更艰巨的任务。我们如何做到这一点还不十分清楚，可能有一些方法可以实践一下。我认为有很多机会能够提供反馈，比如我们经常在社交场合进行互动，有时自己认为："啊哈，他们被我刚才的话吸引住了！"但是我们并没有任何真正的好方法，来判断我们的这个推论是否正确。我们是从对方的面部表情推断出来的，但对方可能只是一个非常有礼貌的人而已。

访谈者：对方真正会如何看待他们，这方面的明确反馈他们很少收到。

格尔巴赫教授：正是这样！所以，要消除偏见，让人们更公正。第三，我认为是让人们更有动力更频繁地这样做。比方说，上次你去商店，没有在机器上自助结账，而是排队等收银员结账，你有没有想过收银员今天过得怎么样？今天过得好还是不好？不，你当然没有去想！这个人你并不特别在意，也并不了解，花时间去想这些太费脑力了。你与收银员没有关系。

这只是诸多例子中的一个。我们可以建立一些制度，在这种情况下投入更多的精力和努力，特别是对与我们观点不同的人，以及与我们有重要关系的人。如果我们能够更积极地试着经常采纳他们的观点，即便我们的尝试不一定效果很好，但我认为这种行为在互动中也非常有帮助。它能让我们多保留一点判断力，比如："哦，我以为她是真的在生我的气，但也许不是我，也许她生气的是她生活中的其他事情。"所以，我会等，我会了解更多的信息，然后再和她互动，或者我会走过去问："你真的在生我的气吗？"等到获取更多信息后再下结论。

三、社会观点采择：社会互动的核心要素

访谈者：关于最后一步，即愿意主动或真正有动机去理解他人，也就是说，有时要站在他人的立场上。在教室里，谁负责采取主动，或者首先采取这种观点采择呢？是老师还是学生？总的来说，您认为当今学校的师生关系怎样呢？除了有更好的理解、更好的互动，我们要寻求的理想的师生关系还有什么？

格尔巴赫教授：我认为老师的责任可能比学生的责任稍微多一点，尤其是在低年级。你知道，学生可以运用社会观点采择，但在某些方面还处于相当原始的水平。随着学生年龄的增长，它变得更加复杂。当他们成为青少年后，他们能够处理抽象思维，例如："如果我在课堂上做这种淘气的事情，我都能想象出老师会有什么反应！"是不是这样？需要一定的复杂认知能力，才能产生这种想法。

观点采择在人际关系中如何发挥作用呢？我认为有几种方式。其中一种是，我们想象一下师生之间的一轮人际互动，老师和学生各有对彼此的感知。观点采择可以帮助解释这种互动。例如："老师瞪着我，我想这表明他真的不喜欢我。"或者，"你知道吗？有时候，他在认真思考的时候，面部表情就是那样"。这是我给的两种解释。这两种解释有着非常不同的影响，决定着是不是中断互动。它们可以帮助解释互动，也可以促成互动。这位老师平时如何与学生互动？老师讲课时学生如何回应？这些预先感知或偏见，会对互动产生很大的影响。

所以我认为，无论是后端的解释还是互动前的感知，社会观点采择在很多方面都是指导我们社会互动的核心要素。它就像是一种润滑油，我们使用了它，社会互动就顺畅无比。如果以后效果下降，那就像对待机器一样，再抹点润滑油就行了。

四、相似性、社会观点采择和学生成功

访谈者：是的，所以您也想在培养更好的师生关系的同时，切实提高学生成绩。您认为这是自然产生的结果吗？或者您认为有哪些相关的因素？

格尔巴赫教授：就这项研究来说，这实际上是一种操纵相似性的干预。我认为相似性、社会观点采择和师生关系之间，是存在联系的，是相关的。

但对于成绩结果的影响，还是有点独立的机制。在这项研究中[①]，我们告诉实验组的老师和学生，他们有着五个共同点，这似乎对老师们有极大的益处。他们觉得与这些学生有更积极的关系，这些学生，也相应地取得了更好的成绩。所以，仅仅有共同点就产生了这种效果。从学生的角度来看，我们真的不知道这些结果是更好还是更差。有人可能会猜测，我对于感觉相似的人的观点采择，与对于看起来和我差异较大的人，方式是不同的。

这一研究领域的另一位学者谈道，当我们假设某人与众不同时，我们往往会对他抱有成见。[②]当我们假设某人与我们相似时，我们往往以自己的经验为依据："在那种情况下，我也会这么做。"也许我们会做一些小的调整，但基本上我们会把"我会怎么做"或"我会有什么感觉"投射到别人身上。这位学者谈到了采择别人观点时的两条不同途径，这取决于这样一个问题："我们是否感到和这个人有相似之处？"所以，其中可能有联系，但是在我的研究中我实际上看不出来。这一点有道理吗？

访谈者：有的。您下一步如何推进您目前的研究？有什么计划吗？

格尔巴赫教授：计划有两部分。我认为社会观点采择和相似性，都是尝试改善课堂关系的好机会。课堂关系更好了，就会带来各种好的结果。对于相似性干预，我将尝试继续发展，使它更加强大，并且在不同的环境中进行实验，看看哪些相似性最重要，并尽我所能去改进。关于社会观点采择，我们所做的主要是与教师一起干预，我们让教师特别关注某个学生，并完成一系列步骤。我们认为这些步骤将有助于教师更积极、更准确地采择那位学生的观点。现在我们正在对这种干预进行评估。[③]

五、跨文化的社会观点采择

访谈者：我们的读者是中国的教育工作者、教师和家长。您认为在美国进行的这种干预，在跨文化中仍然有效吗？有可能有效吗？

---

① GEHLBACH H，BRINKWORTH M E，KING A M，et al. Creating birds of similar feathers：leveraging similarity to improve teacher-student relationships and academic achievement [J]. Journal of Educational Psychology，2016，108（3）：342–352.

② AMES D R. Inside the mind-reader's toolkit：projection and stereotyping in mental state inference [J]. Journal of Personality and Social Psychology，2004，87（3）：340–353.

③ 这项研究后续已经发表，详见 GEHLBACH H，MASCIO B，McINTYRE J. Social perspective taking：a professional development induction to improve teacher–student relationships and student learning [J]. Journal of Educational Psychology，2023（115）：330–348.

格尔巴赫教授：我想是有效的。人类作为一个物种，有一点很有趣，那就是我们是一个非常社会化的物种。我们知道，社会互动在大脑中有特定的关联区域。我认为，从经验法则来说，我们应该寻求并尝试让自己周围都是相似的人，对吧？这样就少些威胁，多些对我们价值观的肯定。所以我想，从我们自身走出去，寻找我们和其他人的共同之处，这对于大多数文化来说是有益的。当然，在种族、民族和文化背景特别一致的地方，如果大多数人认为自己和他人非常相似，那么影响就不会特别强烈。

访谈者：在这个信息丰富的世界里，有着互联网和新的信息形式，有着不同的信仰和相对的道德观，即使人们来自同一种族，或者有着相同的发色或肤色，他们也可能是不同的。

格尔巴赫教授：确实是！但是，举例来说，你在几个场合都提到了中国农村，我猜想，那里的许多村庄里，每个人都已经互相认识了，他们已经知道他们之间有什么共同点或在哪些方面没有共同点。与城市中相比，在乡村干预可能不会有很好的效果。在城市中，来自许多不同文化的孩子在一起互动、一起上学。因此，环境可能确实很重要。

在社会观点采择方面，我不知道怎么样。这是个开放性的问题。我看不出有什么原因使它不能在不同的文化中起作用。我认为很大一部分在于动机方面。在美国文化中，人们期望老师能主动与学生见面，并与他们建立社会联系。当然，在其他一些文化中——我不太清楚中国是否包含在内——老师受到尊敬和尊重。老师有点高高在上，人们不期望老师会采择学生的观点。那不是老师的责任。

访谈者：我认为您所做的事情的要点是：要改变一个群体的意识，让他们认识到是受到了尊重，还是与班级、学校抑或社区这个有机体隔离了，然后让他们真正停下来思考一下，他们可以做些什么来改善这种关系。

格尔巴赫教授：是的，是的！我想我考虑最多的是动机方面。能不能让老师积极尝试采择学生的观点？这是思维方式和存在方式的一个极大的转变。如果成功了，也许会得到惊人的结果，但是改变老师的固有习惯可能真的很难。

访谈者：是的。我们必须让老师们看到这样做的好处。

格尔巴赫教授：没错。美国显然也有这样的老师。我们在考虑人际关系之前，就可能要考虑如何把内容呈现出来。如果你想尽可能把老师的工作做好，就需要考虑学生可能会以哪种方式误解老师的讲解、可能遇到的绊脚石是什么，老师必须采择他们的观点，预测他们怎么没把学习搞好。然后老师需要改变教学方法，努力确保学生不会出现这些误解。你可以着手让老师们养成观点采择的习惯，然后开始向改进关系努力。

访谈者：是的，我认为这是最终为所有学生实现高质量教育的基石之一。

格尔巴赫教授：希望如此！

六、利用调查提升教师和学生的成果

访谈者：希望如此！我们的最后一个问题是，您曾在一家名为“全景教育”的初创公司担任研究部门负责人。您能给我们介绍一下这家公司吗？它是家什么样的公司？你们取得了什么成就？

格尔巴赫教授：当然可以。“全景教育”这家公司专注于获得可靠的数据，然后反馈给学校。我们通过调查帮助收集数据，主要包括教师调查、学生调查和家长调查。我们正在做的，就是根据这些数据，也许再结合一点学校记录的数据，从不同的利益相关者那里，获取对学校的各种不同看法。家长持一种观点，学生持一种观点，教师又持一种观点，然后我们可以将这些信息反馈给学校，强调哪些方面它们做得很好、有优势，而哪些方面它们需要多注意或多研究。对于它们想改进的方面，公司还可以给出一些建议。

要实现这一点，可以根据学生调查向个别教师提供反馈，比如说：“看起来你在师生关系方面做得很好。”或者说：“你可能想在这些关系上多下点功夫。”抑或说：“你在对学生严格要求方面做得非常好。”又或者说：“你可能想从某个老师那里学习一些策略，弄清楚如何才能培养出强大而严谨的班级。”这些示例表明了我们可以向学校提供什么样的反馈。

访谈者：通常是学校联系你们公司，还是公司主动联系学校并提供服务？

格尔巴赫教授：肯定两者都有。有时候我们去联系学校；有时候学校会通过各种渠道找到我们，比如在其他学校的推荐下，来联系我们。

访谈者：作为一名教师，我觉得获得调查结果反馈，一定非常有帮助，因为不仅有来自其他教师的观点，还有来自家长和学校的观点。

格尔巴赫教授：是的。我们的希望当然是：老师们在获得学生调查的反馈之后，能够开始更好地了解自己班里的学生，了解学生实际上会是什么样的。而作为一名老师，你会有这样的愿景：课堂氛围令人振奋、引人入胜，内容生动有趣。但作为学生，并不总是有这种感觉。

访谈者：是这样的。正如您所说，教育从根本上说是一项社会事业。因此，它需要多方共同努力、互相理解，一起争取更好的结果。

格尔巴赫教授：是的！的确是这样！

第三部分　媒介

教育中的数字生态系统

——访哈佛大学蒂莫西·沃思学习技术讲席教授克里斯托弗·戴德

Julie

受访者简介：克里斯托弗·戴德（Christopher Dede）自 2000 年以来一直是哈佛大学蒂莫西·沃思（Timothy E. Wirth）学习技术讲席教授。他的研究和实践涉及新兴学习技术、技术与大规模教育方案的整合、教育创新中的政策及领导力。他目前的研究着重于开发和评估创新式学习环境，比如虚拟世界（virtual worlds）、增强现实（augmented realities，AR）、转型的社会互动（transformed social interaction）、教师在线专业发展等。2001—2004 年，他担任哈佛大学教育研究生院教学主任，2007 年获选哈佛大学杰出教师，2011 年被提名为美国教育研究协会会员。他曾是美国国家科学院教育和心理评估基金委员会成员、美国教育部技术专家组成员、第二届国际教育技术研究指导委员会成员、2010 年美国国家教育技术工作组成员。他目前是经合组织 2030 科技委员会的成员，也是穆罕默德·本·拉希德全球倡议（MBRGI）赞助的数字化学习未来联盟的顾问。他与人合编的书籍有 *Scaling up Success*：*Lessons Learned from Technology-based Educational Improvement*、*Digital Teaching Platforms*：*Customizing Classroom Learning for Each Student*、*Teacher Learning in the Digital Age*：*Online Professional Development in STEM Education*、*Virtual*，*Augmented*，*and Mixed Realities in Education*、*Learning engineering for online education*：*Theoretical Contexts and Design-based Examples*、*The 60-Year Curriculum*：*New Models for Lifelong Learning in the Digital Economy*。目前，他开设的课程包括 Motivation and Learning：Technologies That Invite and Immerse、Effectively Implementing Learning Technologies to Address Global and

Local Challenges、Transforming Education Through Emerging Technologies。他的教学、研究和实践，迎合了21世纪教育体系的迫切需求，必将发挥重要作用。

克里斯托弗·戴德（Christopher Dede）

编者按：克里斯托弗·戴德教授的课程“动机与学习：引人入胜的技术”，是基于这样一种认识：游戏和沉浸式模拟等技术，虽然可能有助于激发学生的参与，但它们不会自动引导学生学习有价值的东西。理解了动机和学习之间的关系，就像掌握了一把钥匙，可以开发教育技术的潜力。我在2015年春天参加了这门课程，所以我趁此难得的机会，访谈了戴德教授。

本次访谈简洁而清晰地展示了教育技术的过去、现在和未来。戴德教授一直将技术视为创建学习体验的工具，这种体验比他本人在学生时代的时候更有活力、更有吸引力。自从戴德教授40多年前加入这个领域以来，这个领域已经有了大幅度发展，但他还是观察到，技术大多用于“把常规的事情做得更好”（do conventional things better），而没有足够关注“做更好的事情”（do better things）。他讨论了这种区别对于发达国家和发展中国家的影响，认为如果缺乏去做常规的事情的必要基础设施，那么加大关注“做更好的事情”这一创新点就会特别有益处。他对于技术在教育中的作用，提出了自己的思考：技术是变革性的还是补充性的？同样，有别的认证体系会取代或补充现有的传统体系吗？最后，戴德教授解释了对教育技术的“炒作”（the hype）和对教育技术的“希望”（the hope）之间的区别：把使用技术这件事本身看作创新，通常就是炒作而已；但是，我们如果弄清楚如何把这种技术作为丰富学习体验的一种手段，那么技术在教育中的未来就有希望了。

关键词：教育；学习；数字技术；创新；资格认证；能力；鸿沟；资源

缺乏的人群

一、教育技术和主动学习

访谈者：首先我很好奇的是，您为什么对教育领域中的技术这么感兴趣？

戴德教授：我对技术感兴趣，是因为它提供了更为主动的学习方式。在我还是学生的时候，感到学习非常无趣，因为那时是老师讲，学生听。但是我看到了老师们存在的问题。后来我自己当了老师，我才明白要想改变有多难，因为教室里只有桌子和椅子。老师能做的有趣的事情不多，尤其是面对一大群学生的时候。

因此，对我来说，技术一直是种方式，教师可以利用技术给学生更主动的学习体验，可以用不同的体验来丰富课堂。而没有技术，这些是不可能做到的。随着技术变得越来越强大，利用技术进行主动学习的方式方法也在不断增加。利用技术激励学生的方法太多了，我这门课程一个学期也用不完。

访谈者：学生在课堂上感到枯燥，您认为是因为缺少技术，还是教学方法等有缺陷呢？

戴德教授：有一些老师就是想讲课，不管有没有技术。所以如果你给这些老师技术，他们只会用它来制作 PowerPoint。但我认为，有很多老师希望开展更主动的学习，如果他们没有可用的技术，就真的很难做到这一点。例如，如果你只有学生和椅子，以及椅子上用来写字的小垫子，那么你能有什么材料给学生带来主动学习的体验？我认为有时是老师的错，但更多的是传统课堂，以及学生人数过多导致的。

访谈者：在您的学生时代和职业生涯早期，技术在教育领域受到了很多关注吗？

戴德教授：我第一次接触技术，大约是 Apple Ⅰ 电脑问世的时候（1976）。那是大约 40 年前的事了。那时确实没有教育技术这种东西，也没有任何关于教育技术的课程或项目。中学和大学里也没有教育技术。随着时间的推移，人们开始对业余爱好者使用的这些小型机器感兴趣。所以，刚开始的时候，教育技术的圈子很小。现在一个会议，通常就有大约 15000 人，但这种会议在最开始的几年里，大约只有 150 人参加，我们相互认识，因为这个圈子很小。但这些年来，技术的功能不断拓展，价格变得更加经济实惠，适用的环境也越来越多，所以教育技术就有了巨大的发展。

二、利用技术“做更好的事情”

访谈者：您把教育视为一种自我创新，认为教育应该用更丰富的内容和更强大的教学方法来实现。您也认为，教育要么能把常规的事情做得更好，要么做更好的事情。我想知道的是，在全球公平这个方面，技术是如何扩大或缩小贫富差距（或性别差距，抑或我们关注的其他差距）的？

戴德教授：我认为技术在发展早期，可能会扩大差距，因为它很昂贵，并且功能强大。有钱的人有，没钱的人没有，这就扩大了差距。但移动设备的普及真正缩小了这种差距，因为即使没有多少钱的人也能够买得起移动设备。拥有这些移动设备虽然不一定是为了教育，可能只是出于其他原因而购买，但一旦拥有，就可变成用来学习的平台。

所以，我认为世界各地仍然存在差距，但在有手机等基础设备的情况下，这些差距比原来要小得多。我认为现在面临的挑战是，我们如何有效地使用这些手机，才能让那些没有太多教育资源的人仍然可以获得良好的教育。而那些富有的人，本身就有能力付钱让教育工作者为他们做一些事情。“学习的一线希望”（Silver Lining for Learning）这个系列，我是共同主办者，里面有许多可供资源少、边缘化人群使用的创新示例。

访谈者：我非常同意您的观点，因为我发现在很多发展中国家，许多人都有手机，但并没有真正鼓励或引导人们有效地使用这项技术。

戴德教授：是的。和往常一样，设备是有了，教育却落后了。七八年来，我一直活跃在移动学习领域，其中一个原因就是我们正在做的，还远达不到我们能够做的。有些方案正在推行，结果令人振奋，但还没有扩大规模。

访谈者：也许有些公司对推广教育技术感兴趣，因为这样可以让人们了解它们拥有什么技术。但学校、非营利组织或其他机构就没有动力这么做了。所以我觉得需要各方都更多地参与。

戴德教授：我认为这是其中一部分原因。还有一部分原因是你之前提到的“把常规的事情做得更好”和“做更好的事情”之间的矛盾。如果我们看着人们生活中的那些手机，可能会说：“嗯，这意味着可以用手机来上课，我们把课程放到手机上。”这是做常规的事情。而如果我们说：“我们采用增强现实技术，加上田野、村庄、森林，让人们在自己的环境中学习。”这就是在做更好的事情。我认为，发展中国家，还有发达国家，都是在做常规的事情，它们把重点搞错了。它们没有去做更好的事情，这是我们没有快速取得进展的一个原因。

访谈者：那么您认为在发展中国家，人们更注重把常规的事情做得更好吗？

戴德教授：我认为在发展中国家和发达国家都是如此。但在发达国家，做常规的事情是有基础设施的，这在发展中国家是没有的。所以更重要的是，发展中国家要成为创新者，就要跳出框框，不要说“要是我们有像英国那样的学校就好了”“要是我们有像美国那样的大学就好了”。最好的是创造一些与众不同的东西，超越工业时代迈入 21 世纪。

三、技术在改变传统教育和认证体系方面的潜力

访谈者：这些天来，许多学者和公司都在争论：技术在教育中的作用，是从根本上改变并取代传统教育，还是仅仅是对传统教育的补充？您对这个问题有什么看法？

戴德教授：我认为你如果上了大学，那么技术很可能是补充。因为你有大学可上，所以会想：已经有的东西还需要补充吗？但是我认为如果你没能上大学，那么它可以代替大学。我认为大规模建设这些学习环境，其目的之一就是为那些无法进入大学的人提供一条学习途径。这些人想现在就学习，而不是五年后或十年后。这也是一条可供选择的途径。你可以两种途径都走，如果不能，就单独走一条。

访谈者：技术不仅改变了我们的学习方式，也改变了我们对认证的看法。这是您在谷歌社区的一篇文章中说的，是关于未来的认证方式。技术能不能重新定义或挑战现有的认证体系呢？

戴德教授：我认为可以。比如，我是雇主，我习惯根据学位和成绩单来招聘人。但是，我招聘到在大学里学习成绩非常好的人后，我发现还得再进行大量的培训。而我从能力培养项目中招聘的人，实际上已经拥有了我想要的技能，所以我雇用他们后，不需要再培训，因为他们已经拥有了这些技能。我想，作为雇主，我可能会说：“我更希望应聘者接受过能力培训，而不是学术培训。”

如果你问一位教授，基于能力的培训是否会取代学术培训？那么他们会说：“不，不，当然不会。”但是如果你问雇主，就可能得到一个截然不同的回答。学生最终是想要一份工作的。因此，如果雇主认为需要的是能力，而

我作为一名学生，是的，我是想学习，但主要是想找份工作，那么不管教授们怎么说，我可能都会选择能力，因为我想让自己符合雇主的要求。所以，我认为不管大学愿不愿意，总有一种外部力量在迫使大学必须认真对待能力，因为学生最终面对的是雇主。

访谈者：您提到，能力对雇主来说很有吸引力。但是，即使我们承认它非常重要，市场上也有大量的公司在开发不同的认证程序，但迄今也没有一个非常标准的规则或方法用来定义一项能力。雇主筛选简历最为简单的方法，还是看 GPA（平均成绩点数）和所毕业的大学。在成千上万的应聘学生中，这些因素更容易辨别成为候选人的条件。雇主这样做会提高效率。此外，如果对能力有多种不同的定义，雇主将很难评价学生学过的课程项目。

戴德教授：也许两者都重要。假设我要给上过我课的学生颁发证书，不会通过哈佛大学，因为我没有权力这么做。它只是我颁发的一个证书。证书上可以这样写："这个学生非常了解在线社区，因为我们的课程中有一门有关在线社区。"而成绩单上对此会只字不提，成绩单上只会写 T561，成绩单上不会列出课程中所有的东西。但是现在，如果你提交求职申请，并附上我发的证书，或者乔·布莱特教授、大卫·罗斯教授抑或其他人发的证书，那就既有成绩单，也有一堆证书。证书和成绩单是不同的，这些证书上列有在课程中学到的特殊技能，而这些技能从成绩单上是看不出来的。证书上还可以加上："顺便说一句，该学生也掌握某方面的一些专业性知识。"我认为这样学生在找工作时会更有竞争力。所以这也许是"两者兼而有之"。是的，我们有课程，但是如果课程中有更多的东西，却没体现在成绩单上，就可以记载在某种证书上。

访谈者：我和麻省理工学院的洛里·布雷斯洛教授谈过慕课（MOOC，大规模开放在线课程）。我提出的一个问题是，从慕课获得的资格认证雇主是否会接受，她认为可能会。然而问题是，学生们并没有很大的动力去获得这些证书，因为他们的雇主可能并不在乎。但是，一旦更多的学校和公司开始接受慕课证书，对慕课课程的需求就会增长。如果我们能找到一些方法来提高慕课证书的含金量，那么就会为学生参加更多慕课增强外部动力。所以我认为您关于认证的文章是很必要的。您认为技术会如何改变我们对认证的看法？

戴德教授：哈佛大学商学院有这样的学习认证证书，数量不多，是在线的。但你必须去考试中心参加考试，要带着身份证，他们会监控你的在线答题过程，确保真的是你本人。这些证书很有分量，因为看到证书的人知道，取得这个证书的测试和认证过程是严谨认真的。所以要获得证书，需要进行大量的在线学习，这样人们才会觉得该证书真的有意义。

四、炒作和希望

访谈者：数十、上百亿美元投资到了教育技术行业。有人说这是“泡沫”，有人说这是教育技术兴起的正常反应。您在课堂上提到了关于这些技术的“炒作”和“希望”，您能详细阐述一下两者的区别吗？

戴德教授：当然可以。计算机和数字技术刚开始发展的时候，人们认为它们的能力非常有限。他们想，也许与计算机工作有关的人会需要这个，也许文字处理秘书要用这个。但现在，在生活的各个方面，技术已经变得越来越普遍。有些教育界的人说：“嗯，是的，它普及了生活的每个方面，但在教育行业它只是一种时尚。”他们是在反对潮流。但是既然技术无处不在，为什么最终不会渗透到教育中呢？学习和其他事情没什么不同。所以，我确实认为教育领域的技术可能比别的领域来得慢，但肯定会来的。

那么，如何区分“炒作”和“希望”呢？如果把技术本身当作创新，我觉得那就是炒作。如果你说“我们给孩子们平板电脑，他们就会学习”，或者“我们给孩子们手机，他们就会学习”，这就是炒作。这种设备并不神奇，这种设备不能创造学习。

有“希望”的意思就是，我们要给孩子们提供更深层次的内容，更活泼的学习形式，更符合实际的评价形式，与学校和生活联系得更紧密。这些都是我们知道的有效的东西。然后你会说：“顺便说一句，我们实现这一点是通过技术。”我们知道创新对于学习来说是很重要的，而技术是载体，这是希望。但如果说创新就是技术，这是炒作。

访谈者：除了核心技术本身的发展，您认为还需要哪些因素来改善教育体验？

戴德教授：我们知道教师的专业发展也非常重要。技术是教师使用的工具，而不能取代教师。你可能把工具利用得很好，也可能利用得很差。因此，职业发展是其中的一个关键部分，而拥有良好的技术支持是另一个关键部分，因为技术并不总是有效的。如果你在使用时遇到了问题，却得不到技术支持，你就不会使用它。

我认为除了教师这个因素，还涉及对 21 世纪教育的愿景。为什么我们在

21 世纪需要技术，在 20 世纪却并不需要，这就是另外一个问题了。

访谈者：您在接受美国教育媒体 EdSurge 访谈时，预测将会出现高质量的数字化材料，而不是把内容简单地堆砌起来。您是如何定义高质量数字化材料的呢？

戴德教授：同样的标准也适用于数字化内容和硬拷贝内容。你看看什么是优秀的教科书，数字教科书也应该有相同的标准。让事情变得更复杂的是，有些东西只有数字化的，找不到可类比的东西。比如虚拟世界。所以，对于新的体验，人们也仍然会为它制定标准。如果某种体验已经存在了一段时间，但现在转成数字化的了，那么理解什么是高质量就相对容易了。

访谈者：好的，我的问题问完了。

戴德教授：嗯，这些问题都是缜密思考过的，很值得赞扬。

特殊教育的本质与未来

——访哈佛大学西尔瓦娜和克里斯托弗·帕斯库奇学习差异实践讲席荣休教授托马斯·赫尔

张锶雯　于海琴*　张　婷

受访者简介：我们沉痛地获悉，托马斯·赫尔（Thomas Hehir）教授已经于2022年6月离我们而去。他深受爱戴，孜孜不倦地为世界各地残疾学生奔走。在大学期间，他开始接触和帮助残疾学生。他后来成为一名教师和学校领导。1993—1999年，他在克林顿政府中担任美国教育部特殊教育项目办公室主任。在哈佛大学教育研究生院任教的近19年时间里，他影响了无数的教育工作者和领导者，改变了学生对教育融合和领导力的看法。他在世界范围内分享他的知识，热情地撰写关于特殊教育的文章。他说："我很清楚，作为教育工作者，我们需要面对残障歧视，就像面对种族主义、性别歧视一样。我们需要拥抱残疾学生，并走向一个残疾人受到接纳和尊重的世界。"

托马斯·赫尔教授对特殊教育的奉献，对真正融合意义的理解，都是留给世人的珍贵遗产。

在职业生涯早期，托马斯·赫尔教授曾在马萨诸塞州的弗雷明翰州大学担任特殊教育教师。1978—1987年，在波士顿公立学校从事多种工作，尤其是特殊教育工作。1990年在哈佛大学教育研究生院获得教育学博士学位后，成为芝加哥公立学校的学监。他使芝加哥公立学校更加符合《残疾人教育法》（IDEA）。该法案最初于1975年颁布，1997年在赫尔的领导下重新获得授权，当时赫尔已经成为美国教育部特殊教育项目办公室主任。1999年，他离开这个职位回到哈佛大学教育研究生院任职，在这里继续倡导残疾儿童的教育权利。他出版了四本书：*Special Education at the Century's End*：*Evolution of Theory and Practice Since 1970*、*New Directions in Special Education*：*Eliminating Ableism in Policy and Practice*、*Effective Inclusive Schools*：*Designing Successful Schoolwide Programs*、*How Did You Get Here*：*Students with Disabilities and*

* 于海琴为通讯作者。

Their Journeys to Harvard。他在哈佛大学教育研究生院工作了 19 年，于 2019 年退休。

托马斯·赫尔（Thomas Hehir）

编者按：2015 年春天，赫尔教授的著作引起了教育界的广泛关注。我们从中受到启发，告诉他我们“支点团队”的计划，并请求访谈他，他欣然应允。在这本书中，他确定了四个主要因素，正是这些因素使得残疾学生尽管面临残疾带来的挑战，仍然能够进入哈佛大学。其中一个因素是最近的技术创新和学生自己的认识——如何使用这些技术工具和其他策略来推进学习。赫尔教授强调，虽然过去几十年在残疾学生的食宿和融合方面取得了很大进展，但对残疾人的态度欠佳仍然广泛存在。许多人往往从缺陷的角度，而不是优势的角度来看待残疾。赫尔教授认为“通用学习设计”（Universal Design for Learning）是有前途的，应该有助于加速这种态度上的转变。“通用学习设计”将残疾视为多样性的一种，拒绝一刀切的教育模式。它设计的学习环境适合所有不同类型的学习者。赫尔教授指出，研究表明，残疾儿童在不是隔离式教育的教室里，学习表现更好，他们的非残疾同学也不会因为这种融合而受到伤害，甚至还可能从中受益。最后，他讨论了他在国际上融合教育方面的研究成果。虽然仍有许多需要改进的地方，但我们很幸运有赫尔教授一生都在这一领域工作，这将是一盏指路明灯，指引我们走向适合所有学生需求的教育体系。

关键词：特殊教育；能力；残疾；残疾歧视；包容；隔离；技术；通用学习设计（UDL）

一、残疾学生如何成功进入哈佛大学

访谈者：我们想从您的新书[①]开始这次访谈。这本书不仅清楚地描述了年轻残疾学生面临的挑战和偏见，还描述了他们在学业和个人成功道路上发现和创造的机会。是什么促使您写这本书的呢？

赫尔教授：促使我写这本书的，是20世纪80年代中期在哈佛大学求学的经历。我在哈佛大学读博的时候，这里没有残疾学生。我1999年回来教学时，班里就有残疾学生了。我本来以为我只是去教授"关于"（about）残疾的知识，而不一定给"有"（with）残疾的学生上课。我的班里一般会有15%的学生有某种形式的残疾。大学里其他地方没有关于残疾的课程，所以整个大学的残疾学生都来到了我这里。我很高兴看到这一点，为残疾人提供教育机会，正是我一生的工作。

我对他们的故事很感兴趣。我的意思是，"你到一年级时都不会读书，你是怎么进入哈佛的"或者"你不能说话（或听不见、看不见），谈谈你的故事"。因为仔细考虑一下，那些残疾学生，尤其是残疾影响了学习成绩的学生，最终能进入像哈佛这样的地方，应该是有什么事情使他们走上了正轨。有些学生有阅读障碍，他们小时候就学不会阅读，我的书里提到了6个这样的学生。还有的学生从未听到过别人的话，从未学会如何高水平地写作。有些东西必须与他们的教育相适应，他们才能达到课堂上的写作水平。但在这里，写作才是"通行的货币"。

二、四个主题：父母、教师或服务提供者，对学习策略的自我理解、技术

访谈者：他们为什么能来这里，又是怎么来到这里的？您能给出个清晰的理由吗？

赫尔教授：不止一个理由。这本书是按照主题编排的。我们对学生的访谈相当广泛，有些访谈甚至长达4个小时。有些学生我是认识的，因为他们上过我的课。我还访谈了他们中一些人的父母。尽管他们有各种不同类型的残疾，但有一些非常强烈的共同主题，其中一个就是父母，尤其是母亲。那

---

① HEHIR T，SCHIFTER L A. How did you get here：students with disabilities and their journeys to Harvard［M］. Cambridge，MA：Harvard Education Press，2015.

时我问了他们一个简单的问题："你们是怎么来到哈佛的？"

你是做定性研究的，对吗？所以你知道样本规模要尽可能小。这不是调查，你必须保持较小的样本规模。每次面谈，我开头都很简单："你是怎么来到这里的？"然后我再试探着问几个问题，就是这样。然后他们再说。但是当我说到"你是怎么来到这里的"？几乎所有人都很快回答了这个问题："我妈妈。"换句话说，这是他们首先想到的。只有一个说是"爸爸"。还有一个说他的父母缺位，他在非常贫困的环境中长大，有很多的家庭错位等，他没有把成功归因于他的父母。父母是书中的一个主题。

我们在书中看到的另一个主题是教师或服务提供者（如语言治疗师、职业治疗师或顾问）。他们是这些学生大部分成长期的重要教育者。并不是所有的老师都很伟大，许多残疾学生与老师都有过冲突，比如有的老师不想让残疾学生出现在他们的课堂上等。但是所有这些学生，几乎每一个人，都有教师或其他的服务提供者，并且给他们的生活带来了巨大变化。所以这是一个非常强大的主题。

再一个主题是他们在很小的时候就了解自己，了解自己在学校取得成功需要采取的策略。事实上，他们中的大多数尽管身有残疾，但在很小的时候就成了知识分子。他们还是孩童的时候，就对一些想法感兴趣，了解了很多东西，爱钻研，等等。尽管在学习说话或阅读等方面有困难，他们仍然是年轻的知识分子。他们自己能开车。在他们到九岁、十岁时，便知道自己需要怎么做才能获得成功。他们知道自己的策略，了解自己的缺陷。

访谈中出现的另一件有趣的事是，他们多少都得到了技术的帮助。他们足够年轻，属于数字化的一代，他们中的许多人使用过音频书、数字文本、语音设备，还有的采用了耳蜗植入……几乎所有人都从技术中受益。阅读障碍就是其中一个例子。拼写检查、语音—文本转换技术，就起了巨大作用。这些都是真正强大的技术，他们几乎所有人都用过。如果身有残疾，不能很好地使用键盘，这些也是有帮助的。其中一名学生就使用语音—文本转换技术，因为他受身体限制无法使用键盘。盲人学生也可以使用一些专为他们设计的高级软件程序，其中有个叫 JWS，我记得是芬兰开发的，几个盲人学生真的在使用这个。该软件能帮助他们组织数字文件等，是专为盲人设计的。

访谈者：所以他们周围有一个健康的生态环境，包括父母、老师和技术等，然后他们使用这些工具和资源来帮助自己取得成功？

赫尔教授：是的。我认为总的来看，这并不是说他们在不同的环境中没有重大挑战，但是他们成功地应对了挑战。他们技艺高超，非常高超！如果你和书中提到的几个盲人学生交谈一下，就会发现他们对技术的运用是惊人的。例如，当他使用拐杖时，他可以通过与 GPS（全球定位系统）的对话，准确地知道他的位置："我现在在 Brattle 街和 Appian Way 街的拐角处，我需要在这里右转才能到达 Gutman 图书馆。"想想这些，在以前，盲人是不会有这些东西用的。这本书中有个盲人，他哪里都去，逛遍了全世界。他通过拐杖和连接的 GPS 设备，几乎随时都知道自己在哪里。

三、缺陷视角与优势视角：态度的挑战

访谈者：来这里之前，我对残疾学生的现状太无知了！

赫尔教授：你熟悉哈佛大学法学院那个关于残疾人的项目吗？你真的应该调查一下。他们在中国做了大量研究，其中一些项目组成员还是中国人。

访谈者：1992 年之后，美国发生了哪些重大变化？有哪些挑战？该领域有哪些新方向？

赫尔教授：我认为最大的变化之一，是人们开始学习如何将残疾孩子纳入正常的课堂。越来越多的教育者知道如何去做，并从理念上支持这一点。坦白地说，我认为另一个大的变化是在技术方面。这么多的技术，就像这本书里学生使用的那些，几乎就是对他们残疾的弥补。这两点都是巨大的变化。

挑战仍然是态度上的。即使在美国，人们仍然对残疾持相当消极的态度。虽然已经有了不少变化，但对于如何在主流环境中教育残疾孩子，了解这一点的教育工作者数量还不够。我们需要更多的师资储备和师资培训。在我这个年龄看来，最重要的还是态度问题：是从缺陷的角度看待他们，还是从优势的角度看待他们？我倾向于站在优势的角度，然后想办法让他们参与进来并接纳他们。很多人看到残疾就停下来了，他们看到的不是一个人，而是一个轮椅、一根拐杖。

我要说，虽然不像以前那样了，比以前好多了，但这仍然是个问题。我开始进入这个领域的时候，机构（institutions）里有几十万名智障人士。现在没有那么多了，这是件好事。你知道，他们都去学校了。我刚开始教书的时候，残疾孩子不能去上学。学校仍然可以因为孩子有残疾而将他们拒之门外，或者只是把他们送到机构去。美国现在在这方面已经变得越来越好了。

访谈者：您说的"机构"是指？

赫尔教授：州办的、民办的……比如医院。它们很糟糕。

四、通用学习设计：最激动人心的新方向

访谈者：考虑到已经发生的变化和您所提到的挑战[1]，这个领域有什么新的方向？

赫尔教授：我认为最大的新方向是"通用学习设计"，换句话说，就是学习环境是为所有孩子设计的，包括残疾儿童。[2]我认为在任何教育环境里，都有各种各样的学习者，包括残疾人。如果你认为残疾是多样性的一种，那么普通教师必须做到的就是提供有效的指导。假设你是小学五年级的老师，你班里的孩子一般应该是 10 岁。但有些 10 岁的孩子还在上二年级，或者三年级，而有些已经提前超过五年级了。这在课堂上是不可避免的现象，因为人们之间的差异很大。

因此，一刀切的教育模式可能对一般人有效，但对特殊人群无效。对于那些一点就通的孩子，以及那些学习吃力的孩子来说，它不起作用。因此，通用学习设计的概念，就是我们需要认识到事物的存在具有自然多样性（残疾是其中的一部分），然后根据这一点设计学习环境。我们的朋友珍娜·格莱在这方面已经做了很多工作，她让我们越来越明白如何设计教学环境，才能适应差异，同时不用在标准上做出牺牲。对我来说，这是令人振奋的工作。

访谈者：对于通用学习设计，教室的大小有限制吗？

赫尔教授：一般来说……很难一概而论。我确实认为小班更好，这是显而易见的。但是也不能太小，不然就没有足够的同伴互动。我知道在中国，班级规模要大得多。但这并不是说你们不能这样做，即使是一个大班，也能做些事情来容纳这些孩子，尤其是可以使用科技。这就是我真正感兴趣的地方。例如，利用一本数字化的书，你可以为不同的学习者提供各种支持。你可以有语音转文本、文本转语音设备，你可以加上理解提示。在数字文本中，学生可以标出一个词，并将其翻译成另一种语言。因此，学习英语的孩子——我应该说是学习其他语言的孩子，如果遇到他们从未见过的词，用这个方法就可以继续阅读下去。

---

① HEHIR T. New directions in special education：eliminating ableism in policy and practice [M]. Cambridge，MA：Harvard Education Press，2005.

② HEHIR T. Policy foundations of universal design for learning [M]// GORDON D T，GRAVEL J W，SCHIFTER L A. A policy reader in universal design for learning. Cambridge，MA：Harvard Education Press，2009：35–46.

你可以用数字文本做很多事，但用标准文本是做不到的。数字文本使得人们能够处理更高级的文本。比如在我的课堂上，我有几篇研究性文章，需要学生对统计学有着深度理解，但是我的大部分硕士生对统计学都理解不到那个深度。因此，我可以在这些文章中建立提示，比如“这就是保持恒定的意思……这就是残差”。还可以用清晰易懂的语言解释，比如“不是这个意思”“这个才是它的含义”“不从相关性中推断因果关系就会有这个意思”。所以，我对学生阅读的一些较难材料就这么做，因为里面涉及他们还不了解的背景知识。你对孩子们也可以这样做，珍娜在这方面已经做了很多。这有点像图书制作软件 Book Builder，该软件在 CAST（Center for Applied Special Technology）网站上可以找到。

我还有一篇文章，放到了我自己课上的 Book Builder。这是一篇非常理论化的文章。为了真正读懂它，你必须对批判理论、组织理论、特殊教育都很了解。我的大部分学生都不知道这三项。他们也可能知道其中一两项。这篇文章的水平很高，绝对是一篇精彩的理论文章！但是我在课堂上讲的时候，大多数学生都听不明白。他们还会生气地说：“你为什么要布置这个？这太晦涩了！我不知道这个理论家是谁！”等等。然后我会发一个 Book Builder 制作的版本，他们可以点击图标“汤姆解释”（Tom Explains）。我会用简单的语言解释里面的意思，或者放一张图片让他们知道什么是“机器官僚”（里面有这张图片，或者有个链接，如果想了解更多这方面的信息，可点开这个链接）。

访谈者：可以用这项技术做很多事情啊！我都想象不出来。

赫尔教授：非常多！我们也才开始理解这个。我至少有半打的阅读材料被改成了数字文本。

访谈者：我不知道中国是否有类似的东西。我觉得我们肯定有。

赫尔教授：你们也能做。你们也可以去 CAST 网站。

访谈者：我想知道它是否适用于中文。

赫尔教授：嗯，能。它可以改编。

五、融合教育优于隔离式教育

访谈者：在您的教学和写作中，您一直倡导“融合教育”（inclusive education，也被译为“全纳教育”），认为残疾学生在有能力的情况下，在常规课堂上往往会取得更好的成绩。[1] 您能为我们中国读者详细阐述一下这一点吗？

赫尔教授：我们从控制了许多变量的观察性研究中发现，在美国，大多数在常规教育课堂中学习的残疾儿童，考试成绩更好，毕业率更高，并且更有可能在毕业后找到工作。这些都是我们社会的重要成果。在中国，这些也会是重要的成果。被隔离在特殊环境中的残疾孩子，即使在其他方面都与正常孩子相当，表现也不尽如人意。我们在对美国的研究中不断发现的另一件事是，课堂里有残疾孩子，对那些非残疾孩子并没有负面影响。在一些研究中，反而显示出有积极的影响。这就是我们的主要发现。

访谈者：据您所知，在国际上有这方面的研究吗？

赫尔教授：我刚刚完成了一份对融合教育的国际研究综述。亚洲国家倾向于隔离很多孩子，比如日本、韩国、新加坡……这里面有些国家，残疾孩子甚至没有上学的权利。所以，我们的研究综述涉及了250项研究。我们发现在世界各地都有非常相似的结果。在融合教育这个问题上，欧洲有相当多的研究，非洲有一些，土耳其有，好像印度有一项，南美洲有一些……亚洲很少。我们有自己的标准来判断是否将这些研究纳入综述。我想亚洲几乎没有这方面的研究是因为残疾儿童不在常规课堂中，整个亚洲都是如此。固然我们有一项是印度研究，但这项研究是消极多于积极的，因为印度也有很多失学儿童。

---

① HEHIR T，KATZMAN L I. Effective inclusive schools：designing successful school wide programs [M]. Indianapolis：Jossey-Bass，An Imprint of Wiley，2012.

媒介浸润环境下的教与学之路*

——访哈佛大学约瑟夫·布莱特教授

朱颂宇　于海琴

受访者简介：约瑟夫·布莱特（Joseph Blatt）教授专注媒体科技对人类发展、学习模式和公民行为的影响研究。无论在课堂内外还是正式抑或非正式场合，他都是一名教育家。他在哈佛大学教育研究生院领导着“教师教学热点”项目，并策划了“寓教于乐”系列问答论坛。他还参与创建并指导维护“Usable Knowledge”（可用性知识）网站，教育从业者可从该网站获取教育研究生院教师们的研究。他是“晨星奖”的获得者，这个奖项是教育研究生院的最高教学荣誉。作为儿童媒体专家，布莱特曾担任多个影视制作公司的顾问，包括 Sesame Workshop、WGBH、Walden Media、PBS Kids、Pokemon 等。他制作了许多教育电视节目和其他多媒体节目，包括 NOVA 科学系列、PBS 杂志《美国科学前沿》系列、《突破》电视系列片等。《突破》电视系列片介绍了当代非洲裔、拉丁美洲裔、印第安人科学家和工程师。布莱特与美国科学促进会合作，创建了一个与《突破》系列相关的网络指导计划。他还为 Annenberg Foundation 基金会和 Corporation for Public Broadcasting 广播公司制作了近 100 期节目，包括《排除万难》《实用目的》《意想不到》等。他创作的另一部电视系列片《感受自由》，是为了促进残障学生进入公立学校。他目前担任 RiverRun Media 的总裁兼执行董事。

---

* 本文已经以中文发表，于海琴是中英文两个版本的通讯作者。中文版发表信息如下：朱颂宇，于海琴，海伦·海斯特．媒介浸润环境下的教与学之路——访哈佛大学教育研究生院教授约瑟夫·布莱特教授［J］. 世界教育信息，2020，33（8）：8-12。

约瑟夫·布莱特
（Joseph Blatt）
摄影：Tom Kates

课堂场景

朱颂宇、于海琴和约瑟夫·布莱特的合影

编者按：2014年秋我们开始在哈佛大学教育研究生院学习的时候，“教育研究生院运动”启动了。一年前，哈佛全校范围内的运动开启时，哈佛大学校长德鲁·吉尔平·福斯特说：“我们在高等教育面临重塑自身的挑战时发起了‘哈佛运动’，我们要抓住这个机会，不仅仅是要扩大或加强长期优势和声望，还要做到更多。‘哈佛运动’呼吁我们在一个被全球化和技术改变的世界中，在一个充满改善人类生活的希望的世界中，在一个人才不分国界的世界中，在一个创造力和好奇心将推动未来的世界中，阐明和肯定高等教育的基本价值观和宗旨。”作为整个哈佛大学运动的一部分，教育研究生院在自己的运动中寻求“在我们成功的基础上，利用我们在这里所做的事情，最大限度地扩大我们的影响”。在教育研究对社会产生最大影响这方面，约瑟夫·布莱特教授是很适合的访谈对象。他组织并主持的一场“哈佛运动”论坛，题为“技术与高等教育的灵魂”，给我们留下了深刻的印象。从上图可以看出，“灵魂”（SOUL）一词中的字母“O”被切去了一半，暗示着高等教育的现状中缺失了什么。我们给他发了一封请求访谈的邮件，他回复道：“不用客气，我愿意接受访谈。”

在本次访谈中，布莱特教授谈论了媒体技术创新与教学模式改进的关系。理解这种关系，对于培养师生关系，以及提高家长帮助孩子学习的能力（包括课外的非正式学习），都是有价值的。布莱特教授与之合作的“芝麻街工作室”（Sesame Workshop），负责“芝麻街”（Sesame Street）的制片工作，这个工作室就是个很好的例子，它展示了如何成功地让家长参与到孩子的日常学习中去。布莱特教授在密切参与的教育研究和教师培训中，所采取的一些最新举措，也是本次访谈的内容，如“学习设计、创新和技术”项目、“哈佛教学研究员”计划、“触及每一个读者”项目等。如果中国和其他地方的大学要建立教师发展中心，布莱特教授在这方面的工作和建议很有启发性。很明显，布莱特教授非常擅长将教育研究转化为实践。事实上，他特别为 Usable Knowledge 网站感到自豪，这是他参与倡议创建的，旨在让教育研究生院的研究更容易为教育实践者所用，并在未来几年里帮助网站扩展。

布莱特教授在 2023 年评论道：“令人惊讶但又欣慰的是，我发现 2015 年与于海琴和陶正分享过的核心思想，仍然影响着我的工作，比如非正式学习的力量、与家长互动的重要性、不断涌现的技术、教育研究生院全体同人将创新教育理念应用于全世界所获得的成果。我过去几年花了很多时间创建的一套识字前教育 App，比如 Animal Antics、Small Wonders、Photo Play 等，也都融合了这些理念。这些 App 在苹果商店和 Google Play 都能免费使用，家长和幼儿可以借此一起愉快地做活动。这些活动主要是教育研究生院的语言发展专家们开发的，能够为幼儿的阅读能力打下牢固基础。

关键词：媒介；科技；发展；学习；教育；创新；非正式；父母；应用程序

一、非正式学习的核心因素

访谈者：布莱特教授，您在研究和教学中，持续关注媒介内容和技术革新给个体发展、学习模式、公民行为等带来的影响。是什么驱使您创立工作室和学习班［如芝麻街和河流媒体（RiverRun Media）］的？对于非正式学习（informal learning），您是如何理解的？

布莱特教授：非正式学习是一种新的教育理念和学习方式。它由三个核心因素构成。

第一个核心因素是非正式学习有助于拉近儿童与学校之间的距离。儿童在学校里被要求做很多与日常生活没有太多联系的事情，以至于他们常常对于“到底为什么要上学”这个问题感到疑惑。我认为非正式学习为儿童提供了一种前所未有的机会：让儿童在他们日常生活中经常光顾的地方（如操场、博物馆、购物中心、度假场所等），都能够自然而然地拥有学习的机会。也就是说，非正式学习将日常场所转变为更富有意义的儿童接受教育的“天然教室”。

第二个核心因素是非正式学习得益于科学技术，这一点让人兴奋不已。举个例子，当你在智能手机上看到对你有启发作用的、令你非常感兴趣的一件事物时，你都会持续地专注于探索与此相关的知识。在此过程中，作为媒介的这部智能手机就成为非正式学习的一部分。通过这种方式，学生可以养成在校内外学习的习惯，而这能够帮助消除传统教育与学生之间固化、严肃的隔阂，使得学习更加贴近真实生活。

第三个核心因素是非正式学习的开展得益于成年人本身具有的专业知识。学生学习的时候，除了课堂内容，还会参加其他一些富有教育意义的活动。如果我们能够将现有的传统教育课程进行调整，使其能够借助学生家长所拥有的专业知识发挥教育潜力，那么这种学习将会持续不断。一个典型的例子是，一位哈佛大学教育研究生院毕业生的父亲在联合国灾难救援处工作，这位学生也对难民救援工作非常感兴趣，并参加了很多帮助难民的项目。但是，她一直没有从她父亲那里学习和请教有关灾难救援工作的任何内容。在我的建议下，这位学生能够开诚布公地与父亲分享自己的理想，并最终明确了自己进一步的工作目标，即以一名实习生的身份，跟随父亲去他的工作场所学习国际救援。

访谈者：我们通常不会把父母看作老师，尤其是当我们上学以后，我们通常是在学校里而非在家里学习新知识。除非是在我们小的时候，父母充当老师的角色来教我们认字或其他内容。

布莱特教授：正是如此！但在非正式学习中，我认为父母是最重要的老师，而且所有的成年人都可以成为我们的老师。你可以想象一下，自己可以从警察、邮递员及每天所遇见的其他人身上学到东西。以上就是我认为非正式学习非常重要，以及我对非正式学习非常感兴趣的三个核心因素。

二、教学的关键任务及有意义师生关系的构建

访谈者：一方面，媒体产品很少是专门针对儿童教育或青少年教育而设计的；但大多数儿童和青少年在媒体上所花费的时间是在学校的两倍以上。这意味着，在当今时代，非正式学习的地位变得越来越重要。另一方面，我们也注意到詹莫斯·科默（James Comer）说过：“在没有建立有意义的关系的情况下，将不存在有意义的学习。”在我们看来，所谓有意义的关系（a significant relationship）即在整个学习过程中建立起来的亲密的师生关系。在非正式教育中，我们应该如何理解、重新设计或创新这种关系，从而让教

师能够更好地指导学生取得更大的进步？

布莱特教授：你们是否看了今天的《波士顿环球报》（*The Boston Globe*）[①]？巧的是，该报纸今天的头版正是关于技术和课堂教育方面的内容。我的观点是，优异的技术使用需要教师的大力支持，但这并不意味着技术可以取代教师。有以下几个原因。

第一，培养学生辨别和验证信息的能力。众所周知，科学技术是了解和使用互联网的一扇窗口，是联通大千世界的窗口。学生必须学会辨别收集到的信息的准确性和真实性，判断信息是否存在偏见、是否有事实证据支持及是否有研究证据支持。对于信息的辨别和验证需要有人传授，并且学起来也极为不易。很多学生到大学毕业时也没有学到这些能力，他们只会去维基百科查看并引用其中的观点。向学生传授辨别和验证信息的能力是教师的一项非常重要的职责。在学校教育中，教师必须开展不同程度的区分式教学。这项工作非常有意思，也非常具有挑战性。因为大学生与中小学生的判断能力不一样，教师必须根据学生的年龄和能力来设计不同层次的教学方法及内容。

第二，培养学生与他人合作的能力。学生需要学习如何通过与他人合作来完成重要的项目。学生必须学会沟通，也必须尊重他人的观点，并且要学会如何分配任务，如何将各人所完成的部分最终整合为一个整体。而这些都是教师教学的职责所在。

第三，培养学生学会学习的能力。我认为学习的真正目的是学会如何学习，并养成终身学习的习惯。我不知道你们是否这样，但我非常认同这一点：我们喜欢学习，潜心于学习，并且能够自学。但是，当我们的孩子把学习看作一项任务时，就难以真正体会到学习的乐趣。他们只是希望自己能够取得及格以上的成绩，在获得毕业证书后，就将学习抛诸脑后。

访谈者：虽然很多媒体产品声称是为了促进儿童或青少年的教育而专门设计的，但同时儿童或青少年在媒体上确实花费了太多时间，我们必须深入研究、找出对策。具体而言，在非正式学习中，我们该如何理解、重新设计

---

① 《波士顿环球报》于2015年6月25日刊登了题为《手机进课堂：利与弊的平衡》的文章。布莱特教授应记者邀请，就手机进课堂对学生学习模式的影响进行了点评："毋庸置疑的是，许多现任的教师拥有丰富的课堂讲授经验，我并不是说这些传统的讲课型教师就会立即被淘汰，但是随着时代的发展，下一代教师更需要被培养成'陪伴指导型'教育工作者。"布莱特教授进一步指出："有许多切实的证据表明，学生通过手机等媒体工具能够自主开展强有力的学习活动，前提是教师能通过最佳途径发挥这些媒介的最优效用，从而促进学生恰当、主动地学习。"

或创新师生关系？

布莱特教授：我认为教师需要树立榜样、亲身示范学习是如何给人生带来无限乐趣的。这项工作的表现方式，更多在于教师如何在课堂上呈现自我，展现给学生一个热爱学习的范例。这不在常规课程之内，而是一种行为的展示。总而言之，我认为技术是联通互联网和其他信息的窗口。我们需要教导学生如何判断所找到的信息是否准确和真实，同时需要一位真正具有辨识力的人进行引导。在某些方面，这是一种以证据为导向的研究能力，因此需要教会学生，并让其熟记于心。有些大学生仍处在学习这些知识的过程中，尚未具备对信息加以辨别和验证的能力，症结在于他们通常只是浏览信息，而不会对其进行过滤。

三、家长的互动融入及缩小的城乡差距

访谈者：作为一个发展中国家，中国正面临诸多挑战。请您谈谈，在数字时代教育会受到哪些影响或发生哪些变化？

布莱特教授：虽然我不是十分清楚中国教育的现状，但我相信父母都希望为孩子提供最好的条件和支持，他们希望自己的孩子能够到更好的平台接受教育。因此，我认为，如果遵循正确的方法，学生家长就能够成为非常强大、非常有能量的老师，为自己的孩子提供诸多帮助。如果他们明白这一点，就会由衷地乐意这样做。在引导家长时必须掌握正确的方法，但是一些教师采取了错误的方法，因为他们在与家长沟通时，容易表现出对家长的不屑和批评。我认为教师应该通过孩子来接触家长，这是我在“芝麻街”教学项目中使用的方法，而且这个方法很受家长的欢迎，因为他们知道这个方法对自己的孩子有益。我们的教学团队定期与家长交谈，期望家长通过使用“芝麻街”传授的知识或他们掌握的其他知识，在家里帮助孩子学习更多的知识。这样，学生家长就不会感到不受尊重，因为他们通过与孩子一起参加教学活动学到了知识。在这个过程中，家长与孩子一起学习，会使他们感受到与孩子之间的联结感。在策划这些教学活动的时候，我由衷地希望家长成为儿童媒体教学中不可分割的组成部分与互动成员。

我认为，城乡差距在今日的美国社会同样存在，这不仅仅是中国或其他国家的问题。在我看来，美国大城市以外的学生的经历与城市学生差异很大，他们通常面临着资源匮乏、人口多样性与文化多元化不足的问题。因此，他们在面对不同的人、不同的文化及其他情景时往往准备不足，他们的择校类

型也不多。科学技术也许可以帮助美国消弭城市和农村之间的差距，中国也是如此。例如，农村孩子通常较少接触来自不同文化背景的人群，他们生活的环境比较局限，但通过各种类型的社交网络、在线平台，就能够与来自不同背景的人互动。

四、21 世纪学习环境下的教师核心素养

访谈者：您是 HGSE“技术、创新与教育”项目的主任。您认为在该领域，教师应该具备什么样的核心素养？中小学教师培养与高等教育教师培养有哪些差异？

布莱特教授：有关教师素养的问题，我们已经进行了一些讨论，我认为教师应该具备判断能力、从网络中搜索资源的能力、教学合作能力，以及能够在终身学习教学中树立榜样。这 4 项核心素养在每一教学阶段都会在不同的方面起作用。无论是基础教育教师培养还是高等教育教师培养，这 4 项技能都值得关注。

在 21 世纪学习环境中，目前的情况是大多数教师都没有成长起来，他们还需要继续学习。教师面临的一个极大挑战是大多数教师在工作之后才开始学习教学，他们虽然在上学时就进行了教学准备，但是，在走上教师岗位后才切切实实开始学习如何教学。在教师岗位上，新任教师主要跟随资深教师学习，资深教师需要帮助新任教师解决许多问题，但资深教师往往并不知道一些新的教学理念，从而无法帮助新任教师充分解决所遇到的问题。事实上，我们处在一个历史上的特殊时刻，教师难以全方位地做好成为一名优秀教师的充足准备，以及在我所提及的 4 项核心素养方面做好准备。因此，准教师需要在接受自身的从业训练时就加倍努力。我认为，要使教师具备我所提出的核心素养，很重要的一点是建立针对新任教师的互动关系网，这样他们就可以和他人就学校工作中面临的教育问题进行联络沟通。当他们在实际工作中面临超出经验范围的困难和挑战时，可以同时获得资深教师和同辈的支持。

基于以上现实，哈佛大学于 2016 年开设了“哈佛助教项目”（The Harvard Teaching Fellows Program）①，面向哈佛大学的本科毕业生。该项目以线上的教学模式进行。毕业生在课程结业之后离开学校开始教学，他们彼此之间保持

① “哈佛助教项目”是哈佛大学教育研究生院的一个联合奖学金和硕士课程项目，为哈佛学院大四学生和校友提供一个全额资助的教师许可证 / 认证途径，及一个为期一年的教学实习机会；同时，助教有机会在教学实习期间从教育研究生院获得硕士学位，在整个项目过程中获得持续的辅导和支持。

联系，当积累了一定的教学经验后，可再次回到哈佛大学接受更多的培训。

访谈者：为该项目进行筹资的最大困难是什么？

布莱特教授：这个项目花费巨大且筹资困难，因为我们需要向捐赠者证明在未来的5~10年里这种方法会见效，会改变当前的局面。要证明未来的成果很难，但我们会全力以赴。

五、“可用性知识：将研究与实践联系起来”如何改变世界

访谈者：HGSE旨在促进“学习改变世界”。您作为创始人之一，启动了“可用性知识：将研究与实践联系起来”（Usable Knowledge：Connecting Research into Practice）项目①。该项目使HGSE的研究成果得以向相关从业者开放。您对该项目未来的进一步发展有什么计划？您是否考虑寻求哈佛大学与其他海外院校的全球合作？

布莱特教授：“可用性知识：将研究与实践联系起来”项目是我引以为荣的项目之一，我们很高兴能够将该项目持续开展下去。我们在这个项目上投入了大量的时间和精力，并使它产生了切实的效果。大约5年前我创立了该项目，到今天，人们发现这个项目依然非常有效。你们提到这个项目，我深感欣慰。关于该项目的未来发展方向，可以分为以下3步。

第一步，让哈佛大学教员从其他地方引入“可用性知识：将研究与实践联系起来”研究。例如，将其他顶尖院校值得分享的教学著作汇集到我们的平台与数据库中。第二步，引入在工作中正在使用这些教育理念和原则的从业人员的反馈。例如，让校长或州政府相关领导者告诉我们使用“可用性知识：将研究与实践联系起来”后的效果如何。这是理论与应用的反馈循环。第三步，与世界上其他顶尖院校建立交流合作关系，包括中国的大学。与哈佛大学建立这种关系的大学应设立“可用性知识：将研究与实践联系起来”项目，并接收哈佛大学派去的工作人员，而哈佛大学也会接收合作院校派出的工作人员。上述3个步骤会在2~3年内执行。

---

① “可用性知识：将研究与实践联系起来”项目致力于洞察在教育中起作用的各要素，将新的研究转化成易于使用的故事和策略，提供给教师、家长、K-12领导者、高等教育专业人员和决策者。布莱特教授是该项目的共同创建者和网站的初始项目主任。

六、大学教师发展中心建设的理念与核心

访谈者：正如哈佛大学时任校长德鲁·吉尔平·福斯特所说："我们共同面临的焦躁不安的未来，正号召我们重新反思教学和学习的方法。"建立大学教师发展中心，已成为中国高校正在实践和热烈讨论的话题。我们想请您谈一谈对大学教师发展中心建设的观点与看法。

布莱特教授：我希望用下面两个例子，来回答你所提出的问题。

第一个例子是，我们近几年开展了"教师专注于教学"项目（Faculty Focus on Teaching Project）[①]，主要面向高等教育。我们选择了某一个学期的某一个班级，用于为教师成员开展该项目。我们通过视频记录整个课程过程，起初视频时长 3 小时，很少有人愿意观看这么长的视频，后来我们选取了一个 10 分钟的小片段，且不对其进行剪辑，展现任课教师如何尽力授课，尝试让所有学生都认真上课。我们让项目参与者聚在一起观看该视频，并对此进行讨论，思考如何利用视频中教师在课堂上使用的方法。这并不是一项简单的任务，我们必须思考如何将碎片信息构思成完整的主题，并且应用到不同主题、不同类型的课程中，这样我们才能更加科学地对教学视频进行探讨。

第二个例子是，"技术、创新与教育"项目关注学习本质。我明确支持"技术、创新与教育"项目持有的观点，即研究生项目是关于学习及如何以科技促进学习发展的。我们讨论的不是应用于学习中的技术，而是学习本身，并想要看看科学技术如何促进教学资源的发展。借助技术，我们能够观察其他领域的人的状态、想法及适应能力。

教学发展中心责任重大。为了更好地回答这一问题，我认为有两个核心点。第一个是选择一个发展的角度，所有事情不能一蹴而就，需要以知识和经验为基础。必须认真观察，进行尝试及从失败中吸取教训。第二个是从开始阶段就建立人才关系网。建立教学发展中心后，可以看看最想把什么人才吸引过来，让人才在最初的阶段就成为教学发展中心的一分子。

① "教师专注于教学"项目倡议 HGSE 全体教师共同努力，分享关于教学的见解、愿景和技术。

社会学术跨媒体课程：通过书籍和电影提高读写能力和社交技能

——访哈佛大学教育研究生院博士候选人特蕾西·伊丽莎白

于海琴　林　怡*

受访者简介：本次访谈时，特蕾西·伊丽莎白（Tracy Elizabeth）是哈佛大学教育研究生院人类发展与教育专业的博士候选人。她之前在教育研究生院获得了预防科学教育硕士学位，在南卡罗来纳大学获得了基础教育硕士学位和实验心理学学士学位。在博士学习期间，她担任了两年半的儿童媒体项目研究主管。她在2023年写道：“自2015年以来，我的职业生涯从正式环境中的教育转向了娱乐媒体行业中非正式一些的教育。基于我在哈佛的研究，2016年，我在网飞（Netflix）任职，主管着‘儿童、青少年和家庭内容’团队。在这个职位上，我把对于电影、电视如何丰富儿童和青少年社会发展的理解，应用到了工作中。继网飞之后，2020年，我接受了TikTok的一个职位，领导着该公司‘青少年安全与福利’团队。在这个职位上，我运用社会发展和预防科学的最佳实践，塑造数字空间尊重青少年的亲社会发展。我在娱乐媒体任职期间，还利用教学中的最佳实践来管理和培养心理安全、和谐高效的团队。”

特蕾西·伊丽莎白（Tracy Elizabeth）

林怡和特蕾西·伊丽莎白的合影

特蕾西·伊丽莎白和于海琴的合影

编者按：特蕾西·伊丽莎白在主持“沃森一家去伯明翰”（The Watsons

* 林怡为通讯作者。

Go to Birmingham）讲座时，引起了我们的注意。该讲座展示了成人和教师如何帮助年轻人缩小书籍和电影之间的差距。在得知我们的目的是探索青少年教育和资助中国贵州的儿童后，她欣然接受了我们的访谈，与我们分享了她的精彩故事。她来哈佛大学之前是一名小学阅读专家，来哈佛大学时感到很紧张，因为她很清楚这里的人都非常聪明、认真、有竞争力。然而，在安顿下来之后，她意识到事实上哈佛大学的氛围，尤其是教育研究生院的氛围，是非常安全、友好和乐于合作的。和蔼的人、庞大的期刊文章数据库和充足的资金，让特蕾西创建了她独特的"社会学术跨媒体"课程。"社会学术"（socioacademic）指的是社交和读写技能的结合，"跨媒体"（crossmedia）指的是书籍和电影的整合。其中一门课程基于《沃森一家去伯明翰》[①]一书，另一门基于《记忆传授人》[②]。特蕾西将这两门课程放到网上，免费提供给任何感兴趣的老师。"记忆传授人"课程在三个州的七所不同学校推行，成为她论文研究的基础。这些课程侧重于课堂讨论，她认为课堂讨论对于提高儿童的社交和读写能力有着巨大潜力。特蕾西还讨论了她的未来计划，为那些考虑攻读博士学位的人提供了一些建议，并对当今父母和教育工作者面临的所谓"屏幕少年"（screenagers）问题进行了评论。毫无疑问，她是一位前景灿烂的年轻学者，她独特的课程设计在未来几十年里将提升孩子们的课堂体验。

关键词：社会学术；跨媒体；课程；读写能力；社会技能；书籍；电影；屏幕少年；压力

一、理解课堂讨论的影响力

访谈者：是什么让您来到哈佛的？您来这之前是做什么的？

特蕾西：我过去是小学阅读专家。在那段时间里，我用儿童图画书教孩子们识字。我面对的是分成小组的孩子。我的主要教学方法是让他们参与讨论，所以，我们会读些故事，然后就这个故事进行复杂的对话。通过这些对话，我可以了解他们的读写能力及社交动态。

后来我申请了哈佛大学的硕士项目。我在 2009 年和 2010 年来到哈佛大学参加风险和预防项目，我学会了如何与面临学业失败风险的孩子打交

---

① CURTIS C P. The Watsons go to Birmingham—1963［M］. New York：Delacorte Press，1995.

② LOWRY L. The giver［M］. New York：Houghton Mifflin Books for Children，1993.

道。我在这里读了硕士课程，在此期间，我遇到了罗伯特·塞尔曼博士，我以研究人员的身份和他一起工作。我们去了新罕布什尔州的一所小学，在那里，我们评估了教师实施读写课程的情况，该课程也是为了教授社交技能而设计的。看看我指着的这些书——这些紫色的书——它们被称为“语音读写课程”，这就是我硕士期间，观察教师们实施的课程。在此期间，我学到了很多，主要关于教师如何实施课堂讨论及如何使用讨论和对话来教授学生。塞尔曼博士和我最后就此写了一篇论文，结果相当成功。然后我从哈佛大学教育研究生院毕业离开了。我先休了一年假，然后在南卡罗来纳州给小学老师做教学指导。在那里我会和老师们一起工作，我指导他们，或者只是和他们合作，探讨在数学、英语和科学课上，什么策略最适合他们的学生。

我在 2011 年又回到了哈佛大学，攻读博士学位。我之所以回来，是想花更多的时间与塞尔曼博士一起工作，了解课堂讨论的影响力。在我攻读硕士学位和回到哈佛大学之前的这段时间里，我仍然与塞尔曼博士和凯瑟琳·斯诺（Catherine Snow）博士一起，承担着一个大型研究项目，该项目名为“以讨论和辩论促进理解”（Catalyzing Comprehension through Discussion and Debate，CCDD）。在那个项目中，我的工作是开发一种工具或创建一种方法，用于评估中小学课堂讨论的质量。在我回到哈佛大学读博后，我还继续着这项工作，成为我们所称的“讨论和辩论小组”的负责人。我们创建了一种评估讨论的方法。这个项目实际上现在刚刚结题，它历时五年，获得了教育科学研究院（Institute of Education Sciences，IES）500 万美元的资助。

二、利用书籍和电影创建社会学术课程

访谈者：我在您的网站上看过一些文章，看到您对使用媒体和数字工具教孩子提高读写能力很感兴趣。是什么让您对使用数字工具感兴趣的呢？

特蕾西：这是个很好的问题。因为我喜欢使用儿童书籍在教室里与孩子们交谈。有一项统计表明，孩子们看屏幕的时间比以往任何时候都多。他们看电视、看电影、浏览电脑上的内容，而阅读越来越少。所以，考虑到他们读的书越来越少，但看的电影却越来越多，我就想知道：“电影和书之间有什么关系吗？”于是我再次与塞尔曼博士合作，创建了一门课程——实际上是个理论框架。现在已经有两门不同的课程了。第一门是“沃森一家去伯明翰”——之后我再也没找到一本这样有趣的书。我们还开了一门叫“记忆传授人”的课程。这两门课的来源图书在中小学都很受欢迎，也都拍成了电影。

我们所做的，就是开发了这个理论框架。这个框架借鉴了对于如何在课堂上同时提高社交技能和学术技能的研究。我创造了这个词——“社会学术”（socioacademic），我希望它能存在下去。我想开发社会学术课程。它的基本意思是，在一门课程中能够同时教授社交技能和学术技能。因此，我们想看看，如何利用书籍和电影的关系，来提高学生的社交和学术技能水平。

访谈者：我真的很喜欢《沃森一家去伯明翰》这本书。它也很有历史依据。

特蕾西：是的。里面充满了有趣的历史事实。我们发现《沃森一家去伯明翰》的真正精彩之处在于，这本书虽然是关于民权运动，以及这个家庭在该运动期间的生活经历的，但实际上并没有给出很多历史细节。我们知道，这本书在探索公民参与、社会发展，以及各种欺凌、残疾和家庭关系等主题方面，都做得很好，但它并没有真正教给孩子们历史。然而，同名电影在教孩子们历史方面却做得非常好。电影制作人把故事所在时期的真实原始文件，比如报纸、电视新闻片段等融入电影。这样做的好处是，当书、电影一起使用时，孩子们能够对那段时间的生活有更多的了解。这部电影帮助孩子们了解了很多历史细节，而这些细节在书中并没有真正讲清楚或讲明白。所以电影是一个很好的补充。

访谈者：您打算把这个发布吗？

特蕾西：“沃森一家去伯明翰”和“记忆传授人”这两门课程在网上对老师都是免费的。在我的网站和 Hallmark Channel 网站上都有。我们正努力把这些材料免费提供给任何想使用的老师，所以你可以在几个不同的地方找到这些材料。

三、学生时代的美好经历：合作的人们、庞大的期刊文章数据库、大笔的研究经费

访谈者：您在哈佛已经待了 4 年多了，对吧？您觉得在这里当学生的经历怎么样？

特蕾西：我喜欢这里，非常喜欢这个教育研究生院！

访谈者：您对这里的什么最感兴趣呢？

特蕾西：我想应该是我见过的所有优秀的人。我与他们建立了良好的关系，他们兴趣广泛，背景多样。他们都很好，真的很好。

我来哈佛之前，非常紧张，因为我的感觉是，教育研究生院里的人都非

常聪明、认真、有竞争力，这让我感到胆怯。但是当我来到这里后，我很快意识到不是这样的。我在哈佛大学，尤其是教育研究生院，发现的不是竞争，而是合作。人们一起工作，互相帮助，我真的很喜欢这样。这让我感觉很舒服。分享我的想法、向同龄人学习，也都让我感觉很舒服。所以，这是一个非常安全的地方。这一点是不是很棒？

访谈者：这里的资源怎么样？获取资源方便吗？

特蕾西：是的，非常方便。特别是期刊文章数据库，太庞大了！我想要的任何期刊文章或书籍，几乎都能够免费获得，真的太棒了！我只须上谷歌，任何我想要的文章都可以马上得到 PDF 格式，也能打印出来，确实很棒！

我也遇到过一些困难，但非常幸运，因为我从不同的渠道获得了资金。我知道在某些情况下，如果没有额外的资金来源，很难开展研究。作为一名学生，我不只是得到了一大笔钱来做研究，我们还一直在申请助学金、奖学金等。我很幸运，比如能够创建这些课程。塞尔曼博士和我得到了一大笔研究经费，这使我能够采访老师、指导学生、找学校实践，以及做许多其他事情。如果没有这笔经费，我都不知道能不能做。教育研究生院是不一定提供经费的，所以，如果不能从学院获得足够的资金支持，学生尝试做研究有时会很难。

四、论文项目：实施社会学术跨媒体课程

访谈者：您的论文题目是什么？在您最终获得博士学位之前，对未来几年有什么计划？

特蕾西：问得很好。这是个好时机，因为我的论文研究计划刚刚通过。我提交论文研究计划时，必须写上“这是我想做的……这是我打算做的”。我刚刚完成这个阶段。就在下周，我要和论文委员会进行第一次见面，讨论我要做的事情。我已经为这篇论文收集了所有的数据。我给你讲一点背后的故事。我做了一个大型调查研究，访问了马萨诸塞州、科罗拉多州和北卡罗来纳州的七所学校，找了七位不同的任课老师，推行“记忆传授人”这一课程。他们和学生一起读书、参加课程活动、观看电影。在这个过程中，我也采访了那些老师、学生，收集了所有学生在该课程中的写作样本，并且用录音设备录制了所有的课堂讨论和辩论。现在我正在分析这些数据。

至于我的论文，我将着眼于我们所说的一门“社会学术跨媒体课程”。“社会学术”是社交和学术技能；“跨媒体”是从书到电影。所以，我们有了这门

“社会学术跨媒体课程”。我的论文题目很有探索性，主要探讨的是：“老师在实施这种课程时是什么样子的？”从我对老师的采访及他们对课程的反思中，我希望能够确定如何改进这样的课程，以便创建其他课程，让老师们在课堂上使用这些课程时，把书和电影联系在一起。想想就非常有趣！

访谈者：您的项目也对公立学校开放吗？我担心有些公立学校可能缺乏必要的资金和资源来实施这样一个项目。

特蕾西：当然开放。在我们的研究中，除了一所学校，其他的都是公立学校。我们有 1 所私立学校和 6 所公立学校。我认为这些公立学校都是“第一法案”（Title Ⅰ）学校，这是指它们得到了额外的资助，因为它们的大多数学生都有免费或低价午餐。因此，它们的学生中有很大一部分生活在一定的收入门槛之下。也就是说，他们不是很有优势的学生，他们属于弱势群体。我们在设计课程和研究内容时，尽量考虑到了这一点。老师们在使用我们制作的这些材料时，不需要用课程教材之外的东西。

唯一的问题是老师还需要播放电影，所以老师需要一台电视或电脑。幸运的是，所有的学校都有一些地方能够播放电影（即使不是在教室里）。例如，在一所学校里，我们去了图书馆，图书馆里有一个大屏幕，孩子们可以在那里看电影。在私立学校——那是更有优势的学校，它们有自己的影院，我们就在影院看电影。还有一所学校得到了资助，它带所有的学生去电影院看电影。所以，课程和项目所需的唯一昂贵的设备，就是屏幕。幸运的是，所有的学校都能够以某种形式使用。即使是一台小电视，孩子们也能想办法看这部电影。

访谈者：我希望这个项目能惠及全州更多的学校。

特蕾西：是的，我们也希望如此，真的希望！我们想把这个消息传出去，让老师们知道这是免费的！他们可以使用课程做任何想做的事情。我们也尽量考虑老师的时间和不同类型的课堂。为了使课程适用于所有类型的课堂，我们采用的方式是，老师可以挑选想用的活动，舍弃不想用的活动。我们的课程设置并不严格，你不必教授里面所有的东西。老师可以说：“好吧，我的学生真的会喜欢这个，会从这里面学到东西，所以我们就学这个，不学其他的。”所以老师们可以挑选，也可以加入他们认为重要的其他课程，与这门课程同时实施。

我们也没有告诉老师在课程上要花多少时间。有些老师可能决定在一项活动上花一个半小时，而有的老师可能会说：“只有 30 分钟了，我们会快速完成。”我们尽力达成这种灵活性。学生们的读写能力和阅读能力不同，一些人会比其他人读得快，我们对此也尽量灵活处理。我们告诉老师：“你可以花1周时间来教这本书，也可以花6周，视你的需要而定。”因此，老师们可以在整个课程中调整自己的节奏。

五、未来计划：一只脚在学术界，另一只脚在媒体公司

访谈者：我知道要您现在回答这个问题可能为时尚早。您毕业后想做什么呢？

特蕾西：是有点早。我想做的太多了。我不介意在大学工作，教一门课，然后也为一家媒体公司或某个课程公司工作。这些公司要使用多种媒体来教授社交和学术技能。

访谈者：这是个很好的策略，因为你可以利用两边的优势，让双方都受益。

特蕾西：我想是的。再者，我要不这样做，会担心的。如果我只是进入私营部门，我会担心，“哦，也许我喜欢成为一名教授呢”。我们还是边走边看吧。

访谈者：您有没有考虑过与一些非常有影响力的媒体公司合作，比如迪士尼？

特蕾西：是的，我会努力的。幸运的是，我已经和迪士尼谈了一点，因为这里有人认识那里的人。他们很友好地和我交谈，不一定关于职位，而是和我谈论我一直在做的工作，看看这些是否对他们有用，或者对他们公司有什么影响。我也和“芝麻街”的人谈过，与华登媒体（Walden Media）的人也有良好的关系，因为我们合作过。这些公司都制作过我们课程使用的电影，所以，我有机会和儿童媒体行业的人谈论我正在做的研究，但不一定是工作职位。我在等。我已经建立了联系，我希望能在5月毕业。所以，我想一旦临近毕业，我就要开始和他们谈更多关于工作职位的事情。

六、给未来博士生的建议：激情、合作和应对压力

访谈者：您能给那些想来哈佛大学教育研究生院攻读博士学位的学生，提一些建议吗？

特蕾西：我有很多建议。我认为博士学位几乎和结婚一样重要。我觉得你只需要确定一下，如果这是你的激情所在，尽管来哈佛大学教育研究生院。

但不要因为是“哈佛大学”所以来哈佛，来哈佛是因为你有真正想做的研究，你知道这是一所能帮助你完成研究的学校。真心热爱你所学的东西是非常重要的。否则，你会发疯的，因为读博非常困难。如果你热爱你做的事情，那么困难的东西看起来也是可以实现的。但是，如果你来的原因是错误的，我都可以预见你开始泄气或疑虑重重。

我还想说，你应该带着开放的心态来，并准备好交朋友。因为这里的人，就像我之前说的，非常优秀。这不是一个争强好胜的地方，这是一个合作、互相学习和互相指导的地方。带着这种态度，我认为你会走得更远。我确实认为这是真的。开放的心态能带来更多的益处。

访谈者：您在哈佛大学是如何应对压力的？

特蕾西：我经常锻炼。有时我吃很多冰激凌。我很幸运，因为我有一个非常善解人意的丈夫，当我有压力的时候——我确实有压力，我非常有压力——我能和丈夫谈谈。我的学术顾问鲍勃·塞尔曼真的很了不起，所以在我感到不知所措或有任何担忧时，我会很乐意去找他倾诉。压力很大的时候，其实通常有办法减轻压力。我所知道的有与人交谈，比如与鲍勃·塞尔曼交谈、与我的丈夫交谈，这都有助于弄清楚“这真的那么重要吗”？事实上有时候重要，有时候不重要！除此之外，我还会去跑步，试着给自己留出时间。我努力记住：虽然博士项目对我来说非常重要，但它不是我生活的全部，所以我必须腾出时间做我喜欢的事情。事实上做到这一点可能很难，因为有的博士生做了一些有趣的事情，过后往往会感到非常内疚。所以，我试着提醒自己，有时候开心一下也没什么。

七、课堂讨论对英语学习者的益处

访谈者：我想知道，对于在美国的英语学习者，您是否也有热情实施读写项目？

特蕾西：当然有。我们做的有些研究，就是关于课堂讨论，以及课堂讨论如何影响英语学习者的课堂体验的。尽管这项研究项目目前还没有完全展开，但有很多发现表明，你参与对话，甚至你只是待在同龄人进行对话的房间里，都有助于你发展语言技能。所以，我使用的很多课程活动，都纳入了不少讨论。我采访过的老师们说，他们的第二语言学习者从中受益匪浅，因为他们能够听到词汇。他们听到同龄人在说话时，可能会插入进去，以感觉不到的方式参与……这不是测试，只是一次对话，对吧？他们没有多少压力去追求说得完全正确。

此外，已有证据表明，课堂讨论有助于学生（特别是英语学习者）组织思维。这样，当他们做写作活动时，他们就有机会提前思考想说什么、怎么说，因为他们已经听到过其他人的观点。所以这有助于提高他们的写作水平。这对所有学生来说都是事实，但对英语学习者来说尤其有帮助，因为他们能够充分考虑到不同的词汇，然后组织一下，表达自己的思想。

访谈者：父母如何利用数字媒体来培养孩子的社会学术和其他技能？

特蕾西：这是个非常好的问题。我有很多话要说！我认为基本层面上非常重要的一件事是，父母应该开始考虑电影和数字媒体——不仅是电影，还有网站甚至社交媒体——这些媒体给孩子们提供了机会，让孩子们参与可能影响其生活的重要话题。尽管我们设计的这些课程到目前为止主要用于课堂，但我们认为，只要是与年轻人打交道的人，就是“教育工作者”，这个人可能是母亲、父亲，也可能是教练、老师。我们不想只说“老师”，我们想说的是“教育工作者”，这个称号可以给任何人。

课程中有很多活动，再重申一下，你不必全部都用。一位母亲可以看着这些课程说：“一旦我们看完电影或读完这本书，我和孩子就会有一次不错的谈话。”她们可以在晚饭后坐下来，谈论这些事情。这门课程只是给父母一些想法或建议，让他们找到与孩子交谈的方法。

八、“屏幕少年”的挑战，以及跨媒体教育中有趣的性别差异

访谈者：教育工作者的一个担忧是，孩子们可能会过度使用数字媒体工具，甚至上瘾。有什么策略可以防止这种情况吗？

特蕾西：坦诚地说，我完全不知道。近年来，人们用“屏幕少年”这个词语来指代那些经常坐在屏幕前的年轻人。人们不再称他们为青少年，而是称他们为“屏幕少年”。不幸的是，我对此真的没有答案，我只是认为，如果成年人能够找到方法与这些青少年谈论他们能接触到的东西，那至少会有所帮助。我不知道你是否能减少他们接触媒体的时间，但你至少可以从媒体中筛选出有益的教育内容。

除此之外，我还听说过家长们使用的一些策略和规则，我是不好评论的。其中一个例子是，家长在每天晚上的某个时间关掉网络。只是关了，仅此而已。比如到了晚上八点，把网络电源拔掉。不幸的是，对于如何让孩子们减少看屏幕的时间，我真的不知道。这要看你的家庭和你的策略。我觉得这很

难，我知道这一点。

访谈者：目前在中国，喜欢读书的孩子越来越少。

特蕾西：我们在研究中发现的一件事是，我们在学生阅读这本书之前，和他们阅读完这本书并观看电影之后，分别向他们发送了一份调查问卷。我们问所有的孩子："如果你知道这本书将被改编成电影，是不是你更想读这本书？"小女孩不在乎。她们说："不，如果我想读这本书，就读。"小男孩说："是的。"如果他们知道这本书将会被拍成电影，他们会更有兴趣去读。而且，如果他们先看了电影，就会更喜欢去读这本书。

所以，我们认为，你必须去找凯瑟琳·斯诺或更了解读写能力的人谈谈。也许（这是我们的假设）电影能够在小男孩的脑海中形成一个心理形象，使他们更容易理解书中的故事。男孩通常更喜欢非虚构类作品，他们不太喜欢虚构。所以，我们有点好奇的是，也许让他们通过电影接触到故事后，会有助于他们展望书中内容，随书中情节推进。还有一种想法是，如果那些在理解上有困难的孩子已经看过这部电影，他们将能够更容易地把一块块"拼图"拼在一起，使阅读更加愉快。

访谈者：这种性别差异真是令人大开眼界！

特蕾西：是啊，是不是很有趣？

访谈者：我们希望从您身上学到更多，也希望您的研究能在某些方面帮助中国学生。

特蕾西：太好了。我也希望能在中国做类似的研究。

访谈者：非常感谢！

特蕾西：也谢谢你们！

说理文写作何以成为哈佛大学唯一的必修课 *

——访哈佛大学说理文写作前索斯兰德主席南希·萨默斯

于海琴　赫明珠　索尼亚·玛丽亚·佩雷拉·维迪加尔　林　怡　陶　正

受访者简介：南希·萨默斯（Nancy Sommers）是哈佛大学教育研究生院的教育学兼职教师。1978 年获得波士顿大学教育学博士学位，致力于研究大学生的写作发展。作为“哈佛本科生写作研究”（Harvard Study of Undergraduate Writing）的首席研究员，她跟踪了哈佛大学 2001 级 400 名学生的大学写作经历，以此来了解写作在本科教育中的复杂作用。20 年来，萨默斯博士作为说理文写作前索斯兰德主席和高级讲师，领导着“哈佛大学说理文写作项目”（Harvard’s Expository Writing Program）。她还建立并指导了“哈佛写作工程”（Harvard Writing Project），这是一个跨学科的写作项目，得到了哈佛大学两任校长的资助，对哈佛的本科写作文化开展了一系列研究。萨默斯博士是国际公认的写作研究领域的领导者，也是一位获奖作家。她的《学生写作者和有经验的成人写作者的修订策略》《学生写作反馈》《草稿之间》是该领域阅读量最大和被收录最多的 3 篇文章。她的电影《写作塑造》《跨越草稿》《红墨水之外》因颂扬学生写作而获得国际赞誉。萨默斯博士为《赫芬顿邮报》撰写博客，并撰写了 4 本大学写作手册：《写作参考》《写作规则》《写作指导手册》《贝德福德手册》。

---

* 本文已经以中文发表。中文版第一作者是南希·萨默斯，于海琴是通讯作者。英文版副标题已经更改，作者处增加了索尼亚·玛丽亚·佩雷拉·维迪加尔、林怡、陶正。全文略有删减。中文版发表信息如下：南希·萨默斯，赫明珠，于海琴 . 写作何以成为哈佛大学唯一一门必修课程——南希·萨默斯与赫明珠、于海琴的对话［J］. 华东师范大学学报（教育科学版），2022，40（1）：111-123。

南希·萨默斯（Nancy Sommers）

赫明珠、南希·萨默斯和于海琴的合影

编者按： 写作是有意义生活的基石。美国高校通常要求开设写作课程，旨在培养本科生的书面交流能力和批判性思维。哈佛大学写作项目创立于1872年，其说理文写作是当今每个大学生唯一必修的学术课程。近年来，萨默斯博士一直在她的“写作工作坊”将她关于学生应该写作的想法付诸实施。“写作工作坊”是教育研究生院的一门课程，让硕士生和博士生有机会深入研究个人论文的艺术和技巧。我们作为访问学者和学生，非常幸运在2015年1月选修到萨默斯博士的“写作工作坊”课程，也很幸运有机会访谈到她。她告诉我们，写作是一种从字面上和比喻上给世界打上标记的方式。它是一个过程，引导学生批判性地深入阅读，然后有效地、清晰地写作。它也是一种方法，帮助学生找出感兴趣的想法，并引导他们小心而有深度地写下这些想法。

访谈从萨默斯博士的大学写作手册和她对与中国合作的期望开始，主要围绕以下主题展开：她为什么致力于写作教育，她研究的重点——修订和反馈，哈佛写作项目，哈佛大学本科生写作研究，研究生写作工作坊。萨默斯博士将她的成就归因于热爱阅读和写作。她指出，学习写作可以帮助大学本科生更有效地了解所学的各种其他学科。她认为，写作有助于学生为自己设定人生道路。同时，她强调写作是本科教育的核心，写作的焦点是修订。萨默斯博士还阐述了学生写作中的修订策略、建设性的反馈、写作工作坊中的写作伙伴、1万小时定律、说与写的关系、个人内心的恐惧、避免抄袭等。

关键词： 写作教育；修订；反馈；说理文（写作）；工作坊；阅读；抄袭

一、乐做写作桥梁：希望对中国学生有帮助，期待与中国同行沟通合作

访谈者：非常感谢，您能给予我们这个宝贵的访谈机会。

萨默斯博士：我很抱歉，没有带书和DVD来。我编写了很多教科书，如《写作参考》《写作规则》《写作指导手册》《贝德福德手册》，这儿有成千上万的学生在使用。这些书对中国学生也会非常有用。在我看来，如果学生想学习写作，最重要的不是他们想写作的这种想法，而是要学会选择一本正确的写作手册来帮助自己。这些教科书有两位作者，第一作者是戴安娜·海科（Diana Hacker），第二作者是我。今年许多美国学生都在使用一本叫《写作参考》的书，我想你们肯定也看见过。

访谈者：是不是一本银色封皮的薄书？

萨默斯博士：对，曾经是银色的，最新版已经是第八版了，在亚马逊就能买到。还有一本叫《写作指导手册》，已经是第七版了。这些书都属于同一类，今天我可能只谈这两本。这就是我这些天主要在做的事情。也许我现在可以开始讲话了，你们有疑问的时候尽管打断我，让我解释清楚即可。你们在编辑这篇访谈时，可以把我最后面说的话放在开头。

另外，我很想知道中国大学生的写作教育情况。之前，北京的一所中学联系过我们，希望让一些老师在暑期的时候，来哈佛大学教育研究生院学习，可是最后因为某些原因作罢了。但是当时我由衷地期待他们的到来。你们知道，真正有趣的事情就是开设一门课程，就像你们这学期参加的、我开的这门课程一样，专门针对老师开设两三天；去给他们建立一个写作工作坊，在这儿要求他们必须写作。因为在美国，人们思考写作的一种方式是，通过写作来学习教授写作（learn to teach writing through writing）。如果你想要学习如何教授写作，那么你自己首先就得认识到“写作意味着什么”，然后你才可以实际地去教别人如何去写。如果你从来没有真正地写过某种类型的文章，却让你的学生去写，那么你就很难教好学生写作。

二、自小热爱写作：写作是标记世界的方式，写作关乎人生方向确定

访谈者：您是国际公认的写作研究领域的领导者和获奖作家。您能跟我们谈谈，是什么驱使您潜心于教写作吗？

萨默斯博士：我从小就热爱阅读，也热爱写作。在我还是个孩子、还是个高中生的时候，我就非常清楚地意识到：写作是一种用文字字面和隐喻（both literally and metaphorically）标记世界的方式——一种让人知道你所思考、你所相信的一种方式。写作并不只是寻求读者——那些可能因我所说而被说服的人，进而影响他们——对我而言，写作也是学习我所思考的方式。我一直尽力教给学生我早就明白的一件事情是：你不会真正知道你在想什么，直到你努力把它写出来。所以，很多时候我们对自己说，“这就是我的所思所想”，然后你把它写在纸上，但是你看了又会觉得它看起来很肤浅（very superficial）。所以说，写作是一个真正推动你自己思考，并发现你所思所想的过程。

我的第一次教学经历是在我作为一名研究生的时候。这在美国是很寻常的事——作为一名研究生，开始去讲授写作及学习如何授课。但对我们研究生来说，给本科生上课并不总是那么美妙，因为我们尚处于尝试和学习中。但我马上就发现，我热爱这份工作。我喜欢在教室里，我喜欢和学生们在一起，我喜欢帮助学生用写作来表达自己的整个过程。在那时，我觉得我有了乐观和年轻一点的感觉，觉得我可以改变世界。在某种意义上，你意识到也许你不会改变世界，但你可以教一个学生如何写出一个清晰的句子，这的确会改变世界。我一直不想用“使命”（mission）这个词，也不想让它听起来像宗教，“一种真正的激情”（a real passion）是一个用来表达的更好的词。我对写作教学有激情，是因为我认识到，在很多层面上，学习写作都是如此重要。

访谈者：您专注本科生写作教育20多年，是《赫芬顿邮报》的博客作者，更是4本大学生写作手册的作者。您为什么对大学生写作教育情有独钟？

萨默斯博士：在大学学习写作是重要的，因为学习写作是你学习科目的方式。所以，在我的研究中，也就是后面要谈的纵向研究（longitudinal study）中，有一位学生曾对我说，当她在课堂上不写作的时候，就像一名游客一样，仿佛只是坐在一辆旅游大巴上观察材料（just viewing the material from a tourist bus）。但是当你实际上在写一个主题时，你不仅会发现你关心的这个主题对你来说为什么是重要的，而且你也会明白你有什么要说的、你能对这个主题做出什么贡献。所以我认为，如果当学生们进入大学后，在课堂上从来都没有机会去写作，那么他们就要被动得多。他们只是参加考试，然后通过考试。然而，我在对哈佛大学本科生的写作状况研究中得知，只有当你就某些主题写作时，你才能开始感觉这些主题与你密切相关。我感觉，当学生运用“自己的”（own）这样的词时，就表明他们开始感觉到所学到的内容在某种意义上是属于他们自己的，他们整个的教育过程是属于他们自己的，他们也发现了自己为什么会关心这些内容或知识。我想至少在我们研究中的这些学生，让我确实感受到，写作是他们大学教育的中心。所以，我认为写作是重要的。

另外，如果你和美国政府公务人员交谈，他们会说，自己之所以能担任这样的职位，正是因为他们是一个清晰的写作者和清晰的思考者。如果不能成为一个好的写作者，你也许不能在政府谋到职位，因为这关乎用你的想法与人交流、影响他人的能力。所以我觉得，当你教这样一门在世界范围内有这么大影响力的科目时，是令人兴奋的。我的意思是，所有的科目都对世界有影响力，但是写作有能量去实际地帮助学生领会，对他们来说“什么要紧”“为什么要紧”，而且写作通常能帮助他们确定人生方向。

三、研究两个领域：修订是写作的核心，反馈是写作的过程

访谈者：您的一篇代表性文章《学生写作者和有经验的成人写作者的修订策略》，强调了修订（revision）的重要性。关于“什么是写作上的修订”，您提出了一个非常深刻的观点，您对“修订”的定义也让人印象深刻。特别是，您提到学生更倾向于词汇重复而不是概念重复。您如何在课堂上指导学生实施修订策略？

萨默斯博士：作为一名教师，我很早就开始关注学生写作的问题。我最早提出的问题之一是关于“学生们如何修订（revise）”的问题。我对这个问题很感兴趣，因为我们知道，更有经验的写作者会把写作的核心放在实实在在的修订上——在开始之前，你并不知道你想要说什么，这是好事。这的确是件好事，因为如果在你写之前就知道想写什么，那也就没有写作的缘由了。所以，你会在逐字逐句写的过程中发现，什么是你想说的。我们从对有经验的写作者或职业写作者的研究中得知，他们会说类似这样的事情，“嗯，我不是一个很好的写作者，但我是一个很棒的修订者”，或者说，“写作的核心是真正的修订”。我所注意到的是，我的学生不去修订，或者当我把草稿和评论一起返给他们时，他们交回的论文要么和初稿一样，要么甚至更糟，这是一件可怕的事情。

综上所述，我开展的第一个研究就是“学生写作者和有经验的成人写作者的修订策略”。我之所以做这一研究，是想弄明白学生怎样修订文章。我

做过的很多研究工作，都是试图从学生的视角来看写作。[①] 我对关于学生写作研究的评述进行了一些分析，主要是从一个理论概念的角度或从一个教师的角度来看待修订的。当你真正与学生交谈时，那是一个非常不同的视角。所以我一开始就没有使用“修订”这个词，而是试图理解学生们用的是什么词。当你听到学生说“我把它叫作‘画掉’（scratching out）”，以及“我把它叫作‘标出’（marking out）或者‘重做’（doing over）”时，这是很有启发意义的（instructive），因为学生使用的那些动词或单词对他们实际上做了什么，是非常具有代表性和反思性的。对我而言，《学生作文修订策略》（*Revision Strategies of Student Writers*）很有意思。我记得它是1980年出版的，它至今仍然是我们这个领域的经典著作。无论何时，无论是要出版关于学生写作的选集（anthology），还是研究生如何教写作方面的培训，这都是必读之作。我这么说，并不是为了自我推销（self-promotional）。我认为这很有趣，是因为我想它在教师中引起了共鸣（struck a chord），而且对他们来说也是有意义的。因此，这对我来说很值得关注。

在这项研究中，我认识到，当学生在修订时，他们只关注单词。所以，它更像是一场文字游戏（a game of words），比如用一个词替换另一个词，然后想着如果他们找到了一个更好的词，一个有更高“级别”（status）的词，或者是一个更长的词，他们的文章就会更好。但对大多数学生来说，真正的问题是一些更大的东西，比如他们的主题、论证或理念（idea），这才是他们真正需要关注之处。但是，在他们的头脑里没有这个概念。因此，这很有趣。

你们刚才问了这样一个问题：“我如何训练我的学生思考修订并改变他们的想法？”我认为，课程应该始于谈论“什么是修订”，继而询问学生“修订”的概念，而且让他们说自己如何理解；然后给他们现场展示一篇来自一位学生的初稿例文，以及仅仅变换单词后的修订稿（a revised draft），接着让他们去分析它。大多数学生看到这两个版本后，他们会说，“喔，这并不是真的更好了，因为大问题仍然存在”。接下来，我会展示给学生一个初稿和修订稿的例子，这是一篇写作者确实做了巨大的全面修订之后的修订稿，我们一起讨论真正意义上的修订。之后，我会给学生机会去一遍遍地练习。

在美国发生的事情之一——你们可以告诉我在中国是否亦是如此——近

---

① Sommers N. Between the drafts［J］. College Composition and Communication，1992，43（1）：23-31.

30年来，一直都很重视将教写作作为一个过程（there's been a real emphasis upon teaching writing as a process）。这意味着在写作课上，你不只是坐下来，写你所想，并且无抄袭嫌疑，而是它的确是一个过程，就像你做的任何形式的过程。这是一个计划（planning）、头脑风暴（brainstorming）、思考创意（thinking about ideas）、打草稿（writing a draft）的过程，然后——你们在我的课上，已经听我说过——让草稿来教会你想要表达的事情，能从草稿中找到一句话、一个段落，然后删除，重新开始；或者能真正学会在草稿中读到你想要说的东西，并以此为基础继续努力。我认为，教学生如何修订是教他们写作过程的一部分，教他们如何鉴赏修订是一个持续的过程。修改工作不是写到最后的时候为了润色文章才做的事，而是需要一以贯之。

访谈者：您的另一篇代表作《学生写作反馈》①，为教师指导学生写作提供了有价值的教学技巧。您能否告诉我们，您关注此领域的前因后果？

萨默斯博士：在做完关于修订的研究后，我又开始关于反馈学生写作的研究，因为我很早就注意到，学生只会对老师给出评语之处做出更改。只有老师首先提到，“这个单词对吗”或者“这儿是一个句号吗”，学生才会注意到这些地方。但是，如果老师没有评论，学生就不会改变任何东西。我研究此课题，而且我写的第一篇论文《学生写作反馈》也似乎算得上是经典论文，新手老师在学习如何给学生反馈时会随时用到。我认为，这是因为我能够切实去鉴别在教师评论方法上的一些矛盾。老师在给出评语时，只是指出词语、标点这些基本层面的问题，却接着说“但是要切实展开（develop）这整个段落”，要求学生对文章整体进行改进！如果老师认为学生需要对文章的整体架构进行改进，那么让他们在一个句子中增减一个标点又有什么意义呢？这很矛盾。因为如果你真的认为学生需要发展和切实改变整个段落，如果句子需要去掉，那么他们为什么要在句子中加逗号呢？所以我认为，老师并没有通过他们的评语，来帮助学生学习如何成为更好的写作者。确实如此，各种各样的评语并不能真正帮助学生成为更好的写作者，因为这些评语只是给学生下达指令，比如“做这个，做那个”，但是学生不明白为什么，或者不明白怎么做。写评语的目的是真正教学生学着去做一些不同于他们自己可以做的事情，评语必须提供学生做到这一点的方法。命令式的评语，并不能真正帮助

---

① SOMMERS N. Responding to student writing［J］. College Composition and Communication，1982，33（2）：148–156.

学生做到这一点。修订和反馈就是我关注的两个领域。

四、理念行动并行：创建哈佛本科生写作项目，追踪哈佛本科生写作发展进程

访谈者：自 1987 年以来，您领导了“哈佛大学说理文写作项目”，建立并指导了“哈佛写作工程”，还开展了“哈佛本科生写作研究”。如您曾经所说的：“大学一年级学生写作中的一个典型特点是概括化及非此即彼的思维模式。但是到了大学四年级，写作中从头到尾都会充满错综复杂的论述。学生首先是模拟所学的东西，然后超越模仿，跳出课程的内容，提出他们自己的问题。”您能和我们分享您教学和研究中的一些故事，包括建立和主持这些项目的来龙去脉吗？

萨默斯博士：1987 年，我成为哈佛写作项目副主管（the Associate Director of the Harvard Writing Program）；1993 年，升为主管。我被给予了一个所谓的“美国赋予的职位”（American endowed position），叫作“索斯兰德”——索斯兰德写作主席（the Sosland Director of Writing）。作为哈佛写作项目的一员，我做了许多工作。我的确帮助建立了“哈佛写作工程”；除此之外，我还设立了在美国被称为“跨学科写作”（writing across the disciplines）的项目。如果你想听听这些，我也可以讲一下，因为我认为在哈佛的写作教育（writing education）中，它是一个非常重要的概念。我所设立的“哈佛写作工程”，是跨学科的，它的理念是去帮助历史系、社会学系的学生和老师，去完成更多、更好的写作任务（more and better writing assignments）。

在做这些工作的过程中，我抱着非常大的兴趣，因为这种说理文写作项目只是针对大一的学生。我们总是可以看到他们在大一时期的水平，但是我们看不到后来他们的写作发生的变化。我们希望，他们的未来生机勃勃（prosper）；我们希望，我们教给他们的课程，对他们日后的写作有所帮助，但我们确实无从得知。还有很多重要的问题，我们也都无法知晓。比如，在哈佛教育中，学生要完成多少写作？完成什么类型的写作？写作在哈佛教育中扮演着什么角色？等等。还有，我们总是乐于说那些因为写作而成功了的学生，或已经成为作家的学生；但事实是，确实有一些学生在写作的道路上失败了。没有人喜欢探讨失败的案例，但这样的学生确实存在。所以，我们也想知道，为什么有些学生能够取得进步，有些学生却止步不前。因此，我创建了被称为“哈佛本科生写作研究”的项目，并担任首席研究员。

这个始于 1997 年止于 2001 年的研究项目非常棒。这是美国第一个追踪了这么多学生的纵向研究。我追踪了来自哈佛大学 2001 级的 400 名学生。我们的研究方法是这样构建的：要求 400 名学生每年填写两次调查问卷，然后其中一部分学生接受访谈，并且收集所有 400 名学生的写作作品。我想你们已经看过发表的一篇文章了。我写了许多篇文章，还制作了两部影片，这些资料我都可以给你们。影片真的很棒。在对该研究做了两部影片和收集了许多写作作品后，我们能清楚地看到，有些学生写作水平突飞猛进，有些则没什么改观。

五、哈佛写作文化：写作是哈佛本科生唯一必修课，高密集写作贯穿大学四年课程

访谈者：在您看来，写作是大学学习的基石。从 1987 年担任哈佛大学说理文写作项目的副主任，到哈佛大学本科生写作研究的首席研究员，您如何描述哈佛大学本科生的写作文化？

萨默斯博士：哈佛大学的本科生写作文化确实浓厚。一个很好的例子就是，学生不能回避写作（avoid writing）。我们调查问卷中的一个问题是："写作如何影响你对课程的选择？你会选择那些你知道需要大量写作的课程吗？你会避开这些课程吗？"我们的发现是，"每年选课时避开写作课程"的学生占比大约是 15%，但他们与"每年选课时不刻意避开写作课程"的学生相比，其实写了同样数量的论文。学生不可能避开写作，即使他们说，他们要尽力避免选择那些需要大量写作的课程。

我们所发现的是，首先，写作在本科课程中有着非常突出的作用。学生几乎在每节课上都要写作，而且他们要写多种类的论文。以前，学生通常在课程结束的时候才写一篇论文，而且可能是一篇研究论文或研讨会论文（a research paper or seminar paper）。但如今，教育体系更加完善，因此学生更频繁地写更短的论文。这确实有益于学生，因为如果你等到学期末才写一篇文章，那么你就没有机会练习写作。每次练习写作的时候，如果你幸运的话，会得到好的反馈，而且这些反馈将会帮助你。例如，"是的，你问的这种问题是历史学家会问的"，或者"是的，这正是政治学者看待证据的方式"。因此，它给你反馈，帮助你看到类似这样的问题："你构建这个论点或发展这个论点的方式，与我们在社会科学中所做的方式不同；你将人文视角引入了社会科学。"所以，一路走来，你会得到反馈，但是如果你只是在学期末写一篇论

文，你就得不到反馈。

学生总是说，如果你没有一位读者，如果在你写作过程的另一端没有人，那么写作的整个过程就是空的。真正的想法是，你是在为一位读者写作，而且这个人会回应，这就使得整个过程更有意义。学生写了很多。我们发现，学生如果愿意且能真正成为新手（novices）的话——意味着他们能够对自己说，他们并不是知道所有的事情，因此他们不仅有需要学习的东西，而且他们乐于学习不同学科的写作方式——他们会进步（develop）得更多。相比那些有一个实际的习惯或态度说，“我已经知道如何做到这个，对我而言这儿没有要学习的东西，这只是我顺利毕业所需要跨越的一个台阶”，随着时间的推移，后者真的没有进步多少。

访谈者：对写作基础不同的学生而言，收获会有差异吗？

萨默斯博士：我们还发现一件很有趣的事，那些一开始就拿 A 的学生，也就是成绩最好的学生，他们得不到很多关于如何做得更好的反馈或评语，因此从来没有机会去学习。拿了更多 B+ 的学生，会得到关于如何做得更好一点的评语，然后这将推动他们前进。另一件事情是，哈佛的学生非常幸运，他们从大一开始，就有规定的写作强化课（the intensive writing class），这与高中时全然不同，那时他们还不懂什么是学术论证。但是，第一年的写作课的确教了他们什么是学术论证、怎样使用论据、怎样去证明一个立场。但是之后，他们会进入他们的专业，进入他们所学的领域。对于大多数学生而言，还能幸运地选到专业写作课，如历史学写作、经济学写作、心理学写作等，这是一种让他们专注于所学学科的方式，我认为这是哈佛非常独特的地方。我知道这一点，因为我在哈佛花了很多时间。

访谈者：这有点像沙漏吗？

萨默斯博士：是的，我认为这像一个沙漏，是一个慢慢变化的过程，但这也让你更加专业。这就像是在告诉你，你是一个历史学专业的学生，现在要成为一名历史学家；你是一个政治学专业的学生，现在要成为一名政治学家。除非你知道如何像一个学者那样写作和思考，否则你不能成为一个学者。这门课程实际上是对这个学科的思考模式和写作模式的一个介绍，然而对于大多数美国大学的大多数学生来说，他们只是被“扔进”（thrown into）这些课程中，并被期待懂得政治科学家是如何思考一个论点或进入一场辩论的。然而，他们并不知道这些，因为没有人真正地为他们概述好一个方法。

因此，我们也在这项研究中学到一件事，即那些作为写作者进步最多的学生，是那些对一个主题具有了专业知识的学生。他们不止一次地研究一个领域，不止一次地阅读同一位哲学家的著作，直到他们对这个领域的理解程度，能够使他们以一种更复杂的方式来写作。他们也有一个方法，例如哲学家写哲学就是这样的，他们兼而有之——既掌握了专业上的内容，又掌握了专业上的方法。如果你只有其一没有其二，那么你实际上无从发展。例如，在我们的研究中，有这样一类学生，我们称他们为“环球旅行者”（globe trotters），他们研究历史，但是打算选择一门美国历史课程，一门世界历史课程，一门中世纪历史课程。他们从来没有真正地聚焦或集中他们的思考在一个领域足够长的时间，以此来发展他们的技能。那些只专注于一个领域的学生才是真正成长的学生。但是，我想让你们看看我制作的那些 DVD，因为 DVD 展示了学生们的谈话内容，这些学生都是研究项目中的，我忘了具体学生数了，可能有 9 个谈论了关于写作对他们的教育所产生的影响。这是十分有帮助的。

六、引领自我发现：写作让学生深入思考，说与写的过程非常不同

访谈者：您能谈一下写作如何带学生进入思考的状态吗？

萨默斯博士：在美国，在哈佛大学，许多学生一进大学就会说，“我想当一名医生”“我想成为一名律师”“我想当老师”。但我还是希望他们不是那么确定，他们可能会在大学里发现一些新的事情，可能会发现自己事实上有其他的兴趣。我认为大学阶段还是一个学习如何思考的时期，因此在大学阶段还无法确定一个人的职业。你不能只是想象（think），但你可以思考（think about）事情。你要考虑你有热情和关心的某件事情，真正进入一场辩论和有话要说的事情。你只有对某件事有深入的思考之后，才对此有话可说。

学生谈起写作时，经常使用的一个词语或短语是，它能让自己“深入地”（in depth）工作。这正是写作和说话的区别，写作迫使你往深处挖掘。我的女儿，曾在这里（哈佛大学）从事东亚学研究——我看到这一切都发生在她身上。她热爱中国，热爱中国文化和中国艺术。她热爱中国当代艺术。她通过掌握自己感兴趣的主题，学会了写作和思考。她曾经在北京还是上海工作，我记不太清具体是哪个城市了。她有这样的经历，她对此也充满热情。因此，这是一个很好的例子，即当你知道某件事、关心某件事并对它充满热情时，你就知道如何写作，你写作时也就更有精力和活力，更会关心你所写的内容。

我认为，这些就是拥有最好写作教育的学生。他们深入地学习某件事情，他们意识到自己为什么关心它，就会对它充满热情。除此之外，他们还被给予了一种写它的方法和方式。然后，他们从老师那里得到关于他们想法的反馈。

在我看来，一个理想的教育场所就是学生变得兴奋和好学之处。在这儿，他们学习去思考和书写所关心的事情，然后，从事一种职业（go off into a profession），也许从事一种截然不同的职业，但是他们已经受过这样的训练，有了这种训练，才能开始从事下一个领域，我想是这样的。这与英国非常专业化的教育体系截然不同。我在新加坡工作时就知道这一点——在新加坡，当你进入大学时，你会说，“我要学习建筑学”或“我要学习工程学”，而这就是你学习的全部内容。哈佛体现了博雅教育的理念（the idea of liberal arts），旨在让学生跨学科思考。你在文学中思考，你在哲学中思考，也在一些科学和数学中思考，而且你在学习这些学科中学到了不同的思考方式，进而影响你自己的思考。因此，你有更丰富的理解理念的方式。你理解这些理念的方法之一，就是把它们写下来。

访谈者：您如何看待说与写的关系？

萨默斯博士：在哈佛，对有些学生来说，英语不是他们的母语。学习用英文写作与学习用英文说话，对于他们来说是一个非常不同的过程。就像汉语一样，你们知道，在书面表达和口语表达中有很多不同的惯例。但二者彼此影响、彼此强化。如果你要做的不仅仅是用对话的方式说话，而是要做一个演讲，那么你必须把它写出来。这正是它——写作。所以说，在说话和写作方面的很多技能是相似的。一个好的例子是读者。一个好的写作者，总是考虑他或她的读者。就像我刚才问你们的那样：“谁是你们这篇访谈的读者？”写作的一部分就是针对你们特定的读者，去调整你们的信息或理念。这在说话中也是一样的，你们要为你们的听众量身定做要讲的内容。所有其他关于简洁、清晰、强调的概念，这些无论在写作中还是在口语中，都是非常重要的概念。所以，如今在写作课上经常发生的一件事是，学生被要求写演讲稿，并把它们作为写作练习或写作作业交给老师。

七、开设写作工作坊：教会学生寻求和聆听反馈，打造全心投入的写作社区

访谈者：在您的写作工作坊中，学生们被组对为“写作伙伴”。您认为这样做的效果如何？如果两个学生的写作水平不同，会发生什么？这个活动在

修订的过程中作用如何？

萨默斯博士：正如你们所知，我在哈佛教育研究生院教一门叫作“写作工作坊”的课程，这是一门面对全校研究生的课程。这是哈佛大学为研究生开设的唯一的写作课程。作为一名写作课的教授拥有着如此多的乐趣，我想对于学生来说也是如此。因为在我们的工作坊里，学生来自哈佛大学的各个学院——教育研究生院、医学院、法学院、设计学院、政治学院、公共健康学院、神学院等，所以我们对观点有着不同的见解。这门课程的目的是让学生学会写文章，并且能够用他们专业的方式练习写作，即使他们将来既不从事现在所学的专业，也不写文章，他们也会学到很多重要的写作技能。

最重要的技能之一就是，作为一名写作者能够寻求、接收和使用、反馈。要做到这些并不容易，因为大多数人在收到反馈后，会觉得自己受到了批评而看不到其中的价值。我认为，这门课的目标之一就是让学生真正学会聆听，去寻求反馈而不是被动应付。比如说：“您知道，我在前言部分遇到了麻烦。您认为这行得通吗？”或者说：“我在展开这个场景的写作时，真是遇到了麻烦。”所以，要能够思考想法并寻求反馈。但是，学生也总是说，学习如何给别人反馈，也教会了自己如何成为一名更好的写作者。这是非常互惠的：你在给我反馈，我也在给你反馈，但我们都在学习如何做得更好。当它在我的课上切实奏效时，学生们很喜欢的一个环节是，每个星期他们都会收到一位课程老师的反馈，还会与两名同学见面——我们称他们为“写作伙伴”——在课外，来阅读和回应他们的作品。它要求课堂上的每个人都全身心投入，在大多数情况下，每个人都会这么做。

这样的班级让人感觉是一个写作社区（a writing community）。这是一个大班，在里面有 50 名学生；坐满整个教室，座无虚席。作为一名老师，我有一个目标——无论我教什么，都要让这个大班的学生感觉是一个群体。我想让学生来到我的课堂时，感到此刻没有比这个教室更重要的地方了。你必须有这种感觉，你必须关掉你的手机，你必须关掉你所有的电子邮件，你必须关掉所有的干扰，并且真正地对自己说：“这是最重要的地方，我有东西去贡献，我有事情去学习，我想在这里。”所以作为老师，我必须让这一切发生。我必须让这个班级感觉像一个社区，我需要他们去互相了解。当班上有 50 个人的时候，这是很难做到的。我希望他们以写作者的身份互相认识。所以，在这学期的课程中，他们已经互相了解、互相阅读彼此的作品。另外一个卓有成效的事情是，我把这个大班分成更小的研讨班（smaller seminars），这样由 12 个人构成的小组可以紧密合作，在这儿他们阅读彼此的作品。

八、1 万小时定律：写作须“入迷”+ 多练习，像作者一样去阅读

访谈者：您对写作练习的频率和习惯有什么建议吗？例如，是每周花大量时间练习 1 次，还是每天只花一小段时间去练习？您对阅读有何建议？

萨默斯博士：关于写作和学习如何去写作，有些事情是众所周知的。比如，你刚才提到过的两件事，一个是练习，另一个是阅读。你们知道麦尔坎·葛拉威尔（Malcolm Gladwell）这个人吧？在他的一本著作里，他写到要花费多少小时才能精通或擅长某件事，而且莫名其妙地（somehow），“1 万”这个数字在我脑海挥之不去。你们看看那些擅长踢足球、弹钢琴的人……它就是练习。正如你们中文所说的“台上一分钟，台下十年功”（one minute onstage，ten years of work backstage）——在后台练习很重要。对于写作来说也是一样的。但是不知何故，有时人们似乎没有意识到这一点，大概因为我们都不会演戏或唱歌，但每个人都能拿起笔。我的意思是，大多数受过教育的人都能提笔撰文，以至于我们认为没必要去练习写作。看起来确实如此，但写作需要大量的练习。写作的诸多要素都需要练习。因为你必须变得舒心，倾听自己的声音，写下自己构思的句子。这需要时间来适应，相信你可以花一整天的时间来写一页纸，而且只有一个好句子，但你知道这没关系，因为在第二天这一句话会带你到某个地方。你知道，相信你可以画掉一个又一个的段落，那没关系！因为你将要写出一些新的段落。再一次，这就是练习。向你做得好和你做得不好的地方学习，就是练习。这儿有如此多的实践要素。

在我现在所教的哈佛课堂上，学生会发言和称赞的一件事就是，这门课给了他们写作的规范和练习。他们必须写作，他们必须每天写作，且每天都有写作作业。我认为最初他们是被迫这样做的，随后他们意识到他们喜欢这样做。很多人花在害怕写作上的时间，比花在真正写作上的时间还多。人们总是会说：“嗯，突然间，当我想我应该开始一个写作项目的时候，我开始做饭了，或者我开始打扫房间了，或者给我的朋友打电话了。”一切都比写作容易。当我坐在书桌前写作时，我必须阻隔每一件事情。我必须不发邮件、不接电话；我只聚焦和发现……这就产生了一种境界，我称之为“入迷”（trance）——一种文思泉涌（ideas start to flow）的境界。而且，至少要花一小时才能达此境界。它不会在一开始就发生，再说一遍，这需要日复一日地练习。而且，如果你一个星期或一个月才写一次，等你再回过头来看你写的

东西时，已经过了趁热打铁的时候，你甚至会觉得那些文字好像不是出自你手。所以，重要的是，要每天来来回回地写。

我认为练习是非常重要的，而且如果我在高中教书，或者如果我可以负责中国的儿童教育，我会说："练习！"我想说的是，只要每天坚持写作，它就会成为你想做的事情，它就会变得有趣、舒心。在高中课堂上，写作真正是课堂的中心，学生应该试着什么都写一写。你们知道，学生在讨论某件事的时候，老师会说，"让我们写下来吧。站在你的立场或与你相反的立场"。一旦你这样做了，你就是把写作变成了一种生活方式（a way of life）。

访谈者：阅读又对我们的写作有何影响呢？

萨默斯博士：还要强调的一点就是阅读。要成为一个优秀的读者，这是别的东西不能替代的。成为一个好的读者，意味着你不是肤浅地阅读，你是真正地为了理解而阅读。在我的课堂上，我称之为"像作者一样阅读"（reading like a writer）。当你像一个作者一样阅读时，你会实实在在地试图去理解，一个作者是如何阐述观点的，一个作者是如何构思一个句子的，一个作者是如何使你在读一个句子时惊呼道："哇！这太美了。"如果一句话让你屏息凝神（draws your breath away），你就必须回过头来，仔细看看这句话是怎么构造的，是什么打造了一个如此优美的句子。或者当你读到一篇文章时，你意识到作者的确影响了你的思维方式（way of thinking），你要回过头去问："这篇文章的结构、证据、论点、语气、愿望是什么？"我所说的，作为一个写作者去真正地阅读，意思是真正地向同伴写作者学习。正如你们所知，我教学中的一大重点，就是真正让学生深入研究某件事，而不只是简单地总结它，然后说"这篇文章是关于什么什么的"，而是说"这篇文章是如何和为什么是这样的"。所以，我认为这是写作的两个重要部分。

九、直面心中恐惧：找出自己的脆弱所在，勇敢地写出更好的文章

访谈者：您使用了"个人内心的恐惧"（personal dragons），来形容作者面临最困难的"冲突、紧张和进退两难"的时刻，这就揭开了优秀作品来源的神秘面纱。那我们应该如何克服它？

萨默斯博士：我所说的在写作中的"个人内心的恐惧"是指——对学术写作（academic writing）来说是这样的，对个人写作（personal writing）来说也是这样的——当某个人写一件对他来说重要的事情时，他选择这个主题是有原因的。他已经选择它，是因为它与他有某些个人联系。我认为，大多数

人总是与所写的事情有着利害关系，而且这是一件好事——能促使作者真正深入所写的主题。当你写一个与个人经历有关的主题时，不管它是什么，你选择它肯定是有原因的。如果没有，你就不应该写它。

所以，在我们的课上，我使用了“内心的恐惧”这个词。当你写你的个人经历时，特别是在写初稿时，总是倾向于避开冲突，要么会说“那些根本不重要”，要么说“写这些根本没有人会愿意看”。但这往往是一个信号，告诉你这正是你的脆弱所在，你只有直面“内心的恐惧”，才能写出一篇更好的文章。就算文章没那么好，至少你明白了你不愿意面对的是什么。一个很好的例子是两年前的一个中国学生，我好像在课上提到过。这个学生交了男朋友，她写了一篇文章，关于她父母在谈恋爱这件事情上给她的建议。大家很好奇，在她父母的婚姻关系中什么因素对她有着重大的影响。后来我们明白了，在这个女孩和她的男朋友开始谈婚论嫁时，男方提出婚后自己的母亲要与他们同住。但女孩不想和婆婆一起住，原因是女孩的母亲就经历过婆媳之间的冲突，所以父母在这方面给女孩的建议是从他们的自身经历出发的。女孩真正聚焦的是她所关心的问题，聚焦在她和她所爱的人之间的矛盾上，这使得这篇文章非常精彩。她“内心的恐惧”是担心写这样的文章会不会显得她不孝顺，但因为她直面了“内心的恐惧”，才成就了这篇文章。而且其实当你有所隐瞒的时候，读者总是会发现的，并且会专门问你这方面的问题。

十、关于学术规范：写作应具创造性和探索性，须杜绝“剽窃”“抄袭”

访谈者：我们想知道，在指导学生写作时，您如何告诉学生学术规范方面的内容？

萨默斯博士：好，我给你们举一个很好的例子——我不知道这在中国是否正确，不过去了解这些很有趣——我们称之为“学术写作”（academic writing），这是学生要在大学里学习的，也是他们被告知要去学习的，即当你写一篇研究论文的时候，你要使用原始资料（sources）。你要从其他作者那里学习你研究的这个主题，你必须引述（quote），你必须作总结（summarize），你必须转述（paraphrase），然后你必须引用（cite）原始资料。但我不知道，在有些文化中，是否已经出现了类似的事情，因为它们没有美国所拥有的同样规范。我不知道这在中国文化中是不是真的，不管学生是否被教导，未加引用就把别人的话写进自己的文章里是不可接受的。在美国，我们称之为

“剽窃”或“抄袭”。对于把其他作者的文字放到你的作品中，不同的文化都有不同的观点。

访谈者：现在我们中国越来越多的人也在讨论这个问题。有些留学生在完成课外作业时，有被判定为“抄袭”的现象，可能也有文化差异的原因。也许是因为美国的学术历史距离现在都比较近，而中国有着几千年的历史文化，很多言论追溯到很久以前可能已经找不到具体是谁说的了。

萨默斯博士：我不知道。我认为有些文化的理念与这个截然不同。但在美国学术界，我们认为你的作品是你的个人劳动成果；如果是一个团队的成果，就必须表明这个团队中都有谁。总之，这是一个不同之处。

我了解的是，在一些亚洲国家，比如日本和新加坡，写作很少被看作一种个人的劳动，也很少被看作创造性的和探索性的劳动，而是更多地被认为是对一件事进行总结。老师可能会给你一些材料让你读，然后要求你进行总结，其中没有个人输出（no individual input）。我非常想知道，在中国是不是也是如此。我很想知道：在中国哪些人关心写作？他们认为最有趣、最有创意的作品是在哪里完成的？我是认真的，我真的希望你们能告诉我，我很想知道答案。一定有某所大学，在教授写作课程方面受到了这种美国思维方式的影响。如果能找到答案，那将会非常有趣。我很想知道这些。因为在我们的全国性会议上，总是有来自中国的人来了解美国对写作是怎么想的。很好，我想你们访谈提纲上的问题，我全都讲到了。

访谈者：非常感谢您！我们会留意中国的写作教育，找到受美国写作思维方式影响的大学，届时联系您。

第四部分　学生生活与制度

每一位孩子，每一间教室，每一个日子*

——访美国希望山特许学校校长、马萨诸塞州特许公立学校协会董事会前主席杰德·利帕德

于海琴　陶　正　葛兰英　李倡云

受访者简介：杰德·利帕德（Jed Lippard），1995 年毕业于布朗大学，获学士学位，同年，特许学校运动在马萨诸塞州展开。他没有浪费丝毫时间，在那年 6 月就成为帕克特许学校（Francis W. Parker Charter Essential School）的发起教师。在帕克工作了 6 年后，去哈佛大学教育研究生院攻读管理、规划和社会政策硕士学位。在接下来的 14 年里，他担任了希望山特许学校（Prospect Hill Academy Charter School，PHACH）校长，这是一所 K–12 特许学校，在剑桥和萨默维尔设有校区。在该校的任期快结束时，他利用公休假，在哈佛大学教育研究生院完成博士论文，获得“学习与教学”博士学位。这些年来，利帕德还担任了几届马萨诸塞州特许公立学校协会董事会主席，该协会倡导在整个马萨诸塞州设立特许学校。此外，他还通过哈佛大学教育研究生院的“学校领导力项目”和东北大学的“校长常驻网络”，向未来的特许学校领导者提供指导。在希望山特许学校结束了 14 年的任期后，在接下来的 4 年里，他担任纽约市银行街教育研究生院的儿童项目主任和校长。2020 年，他回到剑桥，在白金汗布朗 & 尼可斯学校（Buckingham Browne & Nichols

---

* 本文由葛兰英和李倡云翻译，已经分成两部分以中文发表。发表信息如下：于海琴，陶正，葛兰英，李倡云 . 每一位孩子，每一间教室，每一个日子——访美国希望山特许学校校长、马萨诸塞州特许公立学校协会董事会前主席杰德·利帕德 [J]. 世界教育信息，2016，29（5）：3–6；于海琴，陶正，葛兰英，李倡云 . 美国特许学校的特殊使命和办学宗旨——访美国希望山特许学校校长、马萨诸塞州特许公立学校协会董事会前主席杰德·利帕德 [J]. 世界教育信息，2016，29（6）：3–5。

School）担任首席学习官，并在布兰迪斯大学担任“教师领导力项目”的讲师。他是《发现教师领导力：来自一线的论文和声音》①的共同作者。他的职业生涯中还有多方面的兴趣和热爱，他将其确定为“教学和学习、学校领导力、成人发展以及多样性、公平性和融合”。

杰德·利帕德
（Jed Lippard）

于海琴和杰德·利帕德的合影

李倡云和葛兰英的合影

编者按：自 1992 年美国第一所特许学校在明尼苏达州建立以来，关于特许学校的争论就从未停止过。虽然截至 2015 年 4 月，美国有 6000 多所特许学校，总共招收了约 260 万名学生，但这些学校出现在任何城镇或城市，仍会引起争议。美国特许学校也像其他公立学校一样，接受公共资助，但与公立学校有三个重要不同点：它们有特定的使命，有不同的管理结构，在项目、人员配置和资源分配方面有更多的自主权。杰德·利帕德博士和其他特许学校的倡导者认为，如果经营良好，对于未能从传统学校得到高质量教育的许多学生，从特许学校就能够得到。我们对特许学校的各种成功故事，有着强烈的好奇心，于是在 2015 年春季课程试听期间，我们团队有成员试听了利帕德博士在哈佛大学教育研究生院开设的课程——“特许学校：美国公共教育的实践和政策问题”。通过这门课，我们有幸与利帕德博士取得了联系，对他能够接受我们的访谈，我们表示由衷的感谢！

在接下来的内容中，利帕德博士讲述了特许学校运动的历史、该运动最近的发展、作为特许学校领导者的个人经历，以及从经历中得到的见解。读者将从希望山特许学校这个示例中获益良多。本次访谈时，利帕德博士是该

① LIPPARD J F. The paradox of teacher leadership［M］// ACKERMAN R H，MACKENZIE S V. Uncovering teacher leadership：essays and voices from the field. Newbury Park：Corwin Press，2007：361–366.

校的校长。他讨论了学校的成立，十多年来的发展，以及成功的关键因素。作为一名进步的教育家，他认为真正的教育不仅要向学生“灌输”信息，而且要使信息影响学生整个人的转变。确保这种教育的最佳方式是让每个孩子在任何时候都有高质量的教师，这是利帕德博士在他的“客户保证”中承诺的。总而言之，教育可以归结为“每一位孩子，每一间教室，每一个日子”。

关键词：特许学校；治理；自治；使命；愿景；价值观；公平；（教师）领导力；进步主义（教育）

一、特许学校肩负特殊使命

访谈者：美国中小学包括公立学校、私立学校、特许学校、家庭学校。请问特许学校招收的是哪些学生？

利帕德校长：在马萨诸塞州，约 8% 的公立学校学生进入特许学校，约 92% 的公立学校学生进入传统社区学校。特许学校是治理结构不同于传统学校的特殊公立学校。只有很小比例的学生进入私立学校。此外，约有不到 1% 的学生在家接受教育。

访谈者：马萨诸塞州针对特许学校采取什么样的政策？

利帕德校长：1993 年，马萨诸塞州立法机关通过了《教育改革法》（*The Education Reform Act*），以提高马萨诸塞州联邦社区学校的成就，尤其是提升学业成绩不够理想学生的学习成就。为此，马萨诸塞州建立了州立标准和州问责制，严格监控所有学生的学业成就。该举措也促进了马萨诸塞州综合评估系统（标准化测试）的产生。在此期间，传统的社区学校出现了官僚主义、效率低下等问题，急须建立一种新型公立学校，该学校将承担更多的责任，拥有更多的自主权。

特许学校在 1993 年的教育改革运动中应运而生。1995 年，马萨诸塞州第一批特许学校建立，我就是其中一所学校的发起教师之一。州授权特许学校履行三个承诺：一是确保学术项目的成功，二是确保其自身是一个可运行的组织，三是遵守特许学校条款。每隔 5 年，特许学校要向州证明其在上述三个方面取得了进步。

访谈者：在您看来，特许学校的“特”表现在哪些方面？

利帕德校长：第一，特殊使命。特许学校并不是面向所有人教授所有科目。在特许学校运动的最初几年，有许多不同类型的特许学校，如有的以中文浸入式教学为基础，有的建立在音乐与数学课程整合的基础上，有的基于“基础学校联盟”组织原则。通俗地讲，特许学校肩负不同使命、采用不同方式攻克公共教育难题。

第二，治理结构。一般而言，一个地区会选举一个学校委员会和一位监督者，他们主要负责为当地学校谋求福祉。每所特许学校都会有其任命的董事会或理事会，履行与学校委员会相同的职责。但是，它们拥有更多的地区控制权和自主权。

第三，自治权。特许学校拥有三种自治权：一是项目，特许学校可以结合自身使命选择学术项目；二是员工，在员工聘任、解雇方面拥有更大的灵活性；三是资源配置，特许学校可以将资金分配到其优先发展事项。特许学校与社区学校的融资机制不同，州立法机关规定为不同地区社区学校的学生提供相应数额的资助，特许学校则采取其他方式。以希望山特许学校为例，我校有 1150 名学生，来自 30 多个不同的城市和城镇。其中，按照州立法机关的规定，不同地区学生可获得的资助分别是 12000 美元、16000 美元、9500 美元等。因此，我们根据每个城镇学生所获资助的平均值，提出经营预算的公式。另外，这些资金会直接分配到校，而不是城市或社区相关机构，我们对此拥有自由分配的裁量权。

二、各州特许学校的运行方式不同

访谈者：请您谈谈全美范围内特许学校的发展情况。

利帕德校长：特许学校在全美迅速扩张，目前，在 42 个州有超过 6000 所，涵盖 260 万名学生。特许学校在各州的发展的确有所不同，主要体现为授权方式不同。特许学校有三种授权方式。一是有一个授权者，即州立教育部门，如马萨诸塞州。任何想在马萨诸塞州开办特许学校者，都要向具有审核权的州相应部门提交申请，并提交一份完整的提议给中小学教育董事会。所以，这是一个非常严格的控制系统，也是马萨诸塞州特许学校数量相对少于其他州的原因。二是有多个授权者，如纽约州州立教育行政部门、高等教育系统、州立大学都可以授权特许学校。三是当地学校系统拥有创办特许学校的权力，其参与规则不同于传统社区学校，包括有自己的董事会、能区别地处理人事问题、有统一校服或着装要求等。

因此，不同州的特许学校有不同的经营规则。一般而言，拥有审批特许学校权力的机构越多，对特许学校的质量监控就会越难。一项研究结果显示，马萨诸塞州特许学校的整体效能居全美前列。

访谈者：您曾是马萨诸塞州特许公立学校协会的董事会主席，能否向我们分享一下担任这一职务的经历？

利帕德校长：马萨诸塞州特许公立学校协会是全州范围内特许学校的倡导机构，在多年的发展过程中取得了很大进步。在公共教育中，有很多强有力的利益集团，包括学校委员会、教师联合会等。在此背景下，特许学校就像大海里的小鱼，着实面临一些挑战。随着时间的推移，我们也在扩大影响力。目前，马萨诸塞州特许公立学校协会已经演变成向特许学校提供技术援助的组织，以便成员能够相互分享最佳范例，通过履行州授权特许学校的三个承诺相互支持。

三、美国特许学校的特色项目

访谈者：美国开展了许多特许学校项目，如“知识就是力量”（Knowledge Is Power Program，KIPP）、创想学校（Envision Schools）、菲尼克斯特许网校（Phoenix Charter Academy Network）等。请问，这些项目的教育本质是什么，有什么共同点？

利帕德校长：20 世纪 90 年代，在特许学校发展的最初几年，马萨诸塞州建立的都是独立的特许学校。随着时间的推移，成功的学校开始被复制，并打造网络形成共同的使命和价值。“知识就是力量”、创想学校、菲尼克斯特许网校探索了不同的教育模式。特许学校的办学模式不是“一刀切”，而是支持有激情的教育工作者创建体现其教育愿景的学校。于是，一些特许学校强调严格的学术标准，在提高学生学业水平方面做得非常好，如“知识就是力量”项目。创想学校认为学业成绩源于教学过程，为学生提供更多建构主义的、基于项目的、沉浸式的经验；特许学校不是用来为学生的标准化考试做准备的，而是滋养学生的心灵，这也有助于学生在标准化考试中表现优异。

菲尼克斯特许网校是一所有趣的学校，因为它有一项特殊使命，即为已经离开学校的 16~22 岁高中辍学学生服务。该校为在公立学校系统表现较差的学生创造了一种完全不同的全纳模式（wrap around model）。菲尼克斯特许网校的一些学生已经有了自己的孩子，其三个办学点都会为学生的孩子提供日托服务，以便让学生进入高中学习，获得高中学位，并升入高等学校。

四、特许学校办学宗旨之一是促进教育公平

访谈者：请您简单谈论一下特许学校是如何促进教育公平的。

利帕德校长：从政策角度来考虑，促进教育公平是非常重要的内容，特许学校设立的目标之一就是解决教育公平问题。1993 年颁布的《教育改革法》就是对学业成就差异的回应。历史上，在美国，出生于特权环境中的孩子所生活的社区通常有更好的学校、更多的资源、更高的税收。相应地，该地区能够吸引更好的教师。在市中心和农村地区，确实存在不好的学校。因此，特许学校的目的是提供同等水平的学习环境。在此之前，有的人通过搬家选择公立学校，有的人选择昂贵的私立学校。

现在，有了特许学校，所有的家庭都有选择的机会。无论贫穷还是富裕，你都可以申请特许学校。因为特许学校致力于满足所有孩子的需要，使更多的家庭较之前有更多的选择。同时，我们有一个迫在眉睫的问题需要解决，就是候选学生太多，而录取名额有限。只有约 8% 的公立学校学生进入特许学校，而约 92% 的公立学校学生进入传统社区学校。我认为，特许学校的名额理应更多，但是社区会竭尽全力抵抗，因为它们不想失去资源——学生从社区学校转到特许学校后，社区学校系统会失去相应的资金。

关于特许学校的发展，我认为是具有普遍性的，看法就是以问责制为前提，给予学校更多的自治权。在过去的20年里，美国有许多特许学校被关闭，从一定程度上讲这也是好事情，因为优胜劣汰。但是，那些打算去特许学校的孩子不得不回到传统的社区学校，某些传统学校的表现比被关闭的特许学校更为不佳。

五、PHACH 的使命与特色

访谈者：创建于 1996 年的 PHACH 的使命是为学生上大学做准备，塑造有责任感的公民，培养学生的终身学习能力。该校第一年只有 1 名毕业生，现在约有 1200 名在校生。历经近 20 年的发展，学校在其使命、愿景、价值观方面是否始终如一，有没有一些改变？

利帕德校长：我校由萨默维尔市的学生家长成立。萨默维尔市毗邻剑桥市和波士顿市，学术资源比较丰富。当时，超过 50% 的萨默维尔高中生无法在九年级顺利毕业和升入大学，当地学生迫切需要一所学校帮助他们做好读大学的准备，无论其肤色、语言、父母的受教育程度如何。上述理念一直贯

穿于我校整个发展历史之中。

变化之一是我校已经从只有一处校址的规模较小学校，发展为拥有多处校址的规模较大学校。我校在两个城市有 3 个校区，建有 4 栋大楼。随着社区人口结构的变化，学生群体结构也有所变化。早年，因为学校创始人大多来自工薪阶层的白人家庭，所以学生也大多来自该类家庭。随着时间的推移，学校成为移民家庭（萨默维尔市和剑桥市的海地人家庭）的一个选择。我校采用抽签录取的方式，任何学生的父母或监护人都可为其提交申请。在某些移民人口中，我校已经成为非常受欢迎的学校。我校拥有很高的大学录取率，因为我们做了许多非凡的工作，帮助学生进入顶尖大学。

经过多年的发展，我校不得不调整体系，以容纳更多学生。7 年前，我校有 11 名英语语言学生，现在有 183 名；残障学生人数也显著增加。学校通过设置不同的模块和增加额外的人员拓展学术项目，来适应更多学生的需求。从文化角度看，在日益扩大的学校规模下，学校更加努力地创造亲切感、社区概念和家庭概念。

访谈者：一方面，学校旨在培养学生的个性，尊重差异；另一方面，学校还培养学生的社区意识。请问，学校在这两方面是如何平衡的？

利帕德校长：这是我校面临的最大挑战。在建校之初的 5 年里，我担任初高中部的校长，最近 8 年里，我担任学校总校长。事实上，我们经常讨论这个问题，即什么时候我们是一个整体，什么时候是单一的个体。幼儿园至小学 3 年级的幼儿教育、4~6 年级（小学）的低年级基础教育和 7~12 年级（初高中）的高年级教育应在何种情况下被看作一个整体，在何种情况下被看作个体？以上教育阶段与相应年龄组学生的发展既要保持一致，也要保证学生在校区之间过渡时明白他们亦是单一的个体。对于 3 个校区的教师，是否采用相同的绩效标准进行评价？以上都面临很大的挑战。

访谈者：PHACH 曾被评为 2012 年全美高中金牌学校，多次被评为银牌学校。引导您年复一年为学校工作的理念、信仰和动力是什么？

利帕德校长：我称其为“关键成功因素法”。第一，我不能低估使命的重要性——我们是使命驱动的机构。学生来到我们学校，是因为他们相信我们。无论是传统学校还是特许学校，都由目标引领，而目标决定了学校教育的特点。所以，我校的教育目标吸引着应聘的教师和有意愿参与的家庭。

第二，特许学校拥有较大的灵活性，能够基于数据确定需求，然后迅速跟进并分配资源。这在更大的区域系统中很难做到。例如，2015 年我们在高中数学方面遇到了问题，学校雇用了两位有经验的数学教师支持我们教师的工作。采取这样的措施是比较高效的，因为我们不必经过层层审批。

第三，我校覆盖 K–12 教育阶段，这非常独特。我们可以根据毕业生的视野倒着制订他们的培养计划。根据高中毕业生需要知道什么（学习内容）、从事什么（技能）、成为什么（习惯），我们可以绘制出学生从 12 年级到幼儿园的各条路径，以便于我们有一个垂直的、连贯的项目，切实触及学生的学习内容、技能和习惯。

第四，教师的领导能力与自我激励。教师不只是一个轮子上的齿轮，更是领导者、孩子受教育过程中的必要合作伙伴。多年来，在制定发展规划、创建教师领导机构、为教师专业成长提供机会、保持教师学习与参与方式等方面，我们培育了教师的领导力。

第五，良好的职业发展途径。教师职业发展的传统模式是从校外聘请某位专家，让其传授大量知识，教师通过工作坊或研讨会学习。当然，人们常常会在这种形式下感受到“工作坊的兴奋”，因为他们确实被所学内容吸引，并且会在当下运用。然而，兴奋过去之后，教师就会回到原来的步调，因为这种方式没有连续性和问责制。我认为，教师职业发展的大多数知识应该存在于组织内部。因此，处于合作探究团队之中的教师比较有优势，他们可以系统地观察数据，掌握收到的指令：明白哪里存在缺陷，学生需要什么，哪里能够发挥作用。然后，一起工作、重新设计课程，并通过数据检查实施效果，继续改进，循环进行。因此，该机制迫使教师对整个团队负责，如果某个班级的学生表现不佳，则整个团队就是失败的，因为团队要对所有学生负责。但是，很多学校没有这样的机制来“三角化”教师所做的工作。

六、PHACH 的开拓型项目

访谈者：在 PHACH，您创立了许多开拓型项目，如高三旅行（Junior Journey）、未来学者（Prospect Fellows）、特别高中（Collegiate Institute）。您能简要谈一谈这些项目吗？

利帕德校长：因为特许学校拥有较大的自治权，所以我们有更多的可以创新之处。

第一，高三旅行。在美国，很多学生都有出国交流的机会。我校为幼儿园到 11 年级的学生教授西班牙语。为了保证我校不仅在学术上教授西班牙语，还可以让这门语言在校外有生命力，让学生拥有真实的、集中的沉浸式体验，我校设立了高三旅行项目，即高三学生到危地马拉旅行三个星期。首先，学生寄宿于当地人家里，这迫使他们用西班牙语沟通；其次，学生参与密集式西班牙语指导，和教授进行一天4小时的“一对一”训练；最后，接触有责任感的公民，参与服务学习项目，在当地一所学校教书或建造房屋。

这是能够体现我校使命的项目。同时，对于许多高中生来说，这是第一次长时间离开家。他们距离上大学还有一年的时间，在这之前，可以提早让其体验长时间离开家的滋味。

第二，未来学者。一方面，无论教师授课多么精彩，总有一部分学生的需求得不到满足；另一方面，我们想创建一个项目，使教师职业规划多样化，使其真正了解学生的成长背景。因此，我校创建了教师培训项目——未来学者。我们把已经读大学且取得成功并想服务社区的校友作为目标，他们在大学学习如何成为教师。在这里，他们是导师或助教，是我校多样化教师战略的一部分。

第三，特别高中。简单地说，这是针对11年级和12年级学生的重新设计，是高中和大学之间的桥梁。美国大多数高中生在读大学之前，仍然按照学校教学节奏生活：一天8节课，每节课47分钟，每天写家庭作业。然而，大学的学习和生活节奏是不一样的。在特别高中，学生须参加每周两次的课程；须在两周内完成需要上交的论文作业；须在规定时间内阅读完一本小说。如果我们认真帮助学生顺利地升入大学，就需要像大学那样对待他们，同时不忘提供高中阶段的教育支持。

七、教师应具备的核心素质

访谈者：您的简历上写道自己首先是一位教师，尽管您扮演着各种不同的角色。在您看来，哪些核心元素或特征是教师应该追求的？

利帕德校长：第一，树立每名孩子都能学习的基本信念。“聪明的孩子，迟钝的孩子”这样的语言文字对我不起作用。成长型思维模式相信，通过艰苦工作和有效努力，人们可以用意志力克服重重困难。这并不总是轻而易举，但我相信任何人都是有能力的。教师需要践行成长型思维模式，如果他们相信一些孩子善于学习，而另一些孩子不善长，他们就已经将自己和他们的学生推向失败。

第二，乐于成为学习者，把教与学看成相互交错的过程。不要强迫教师赞同每一个问题都只有一个答案。我们生活在学术课程范围之外的世界，不断变化的世界正在带来各种挑战。

第三，不要让学校教育干扰个人教育。很多教师迷恋于教学内容和专业知识，以致他们忘记了自己面对的是一个个实实在在的人，学生有自己的背景、文化、激情、信仰、兴趣等。于是，传达教学内容和重视学生特质之间存在很深的连接，这大大地提升了教学难度。教师要意识到学生成长在复杂的时代，他们有真实的感情，他们不是被用来装满的容器。

第四，与同事合作。在美国，多年来教学已经变成孤立的工作：教师关上门，在教室里做他们想做的事情。对学生来说，运气好会碰上一位好教师，可以拥有良好的学习经历；运气不好就可能会碰到差劲的教师。而且，对此造成的后果并没有问责制。所以，教师不仅必须合作，而且要乐意合作，将合作视为自身发展的基础。

第五，“文化素养”的特性。教师要认识到不同孩子的不同需求。但是，很多教师不在乎学生是谁，他们用完全相同的方式对待他们。所以，像知道海地“独立纪念日”这样的事情，对于来自海地的学生来说意义深远。此外，教师还要意识到，在教室里与学生建立共鸣需要走很长的路。

第六，要有倾听的兴趣和意愿，而不总是假设。在教育过程中，教师要将学生父母视为重要的合作伙伴。实际上，我不关心我学生父母的受教育水平，我关心的是他们是否深深寄希望于他们的孩子，我要从他们那儿学到很多东西。我校每年都会开展“聆听会议”，这是一个与父母缓和关系并获得授权的重要机会。“在你孩子方面，你是专家。请告诉我关于你孩子出生的故事。”“他喜欢做什么，擅长做什么，什么是驱使他的动力，什么时候他最幸福？”将问父母问题作为认识孩子的一种方式，是一种真正与父母建立合作关系的强大方式。

八、教与学之关键

访谈者：请为我们简要地介绍一下进步主义教育。

利帕德校长：我讨论过两类不同的学校，一类是迷恋将测试分数作为学业成就判断标尺的学校；另一类是对建构主义方法更有兴趣，学生可以确定自己人生意义的学校。进步主义教育之父约翰·杜威（John Dewey）是建构主义方法的支持者，认为学校和教育应该为学生创造条件，帮助他们发现自己的道路和意义。学习应该是可信的、经验的、生动的，学生应该追逐自身兴趣，而不总是从属于教学大纲。从 20 世纪 80 年代后期到 21 世纪，美国运动领袖西奥多·赛泽（Theodore Sizer）成立了基础学校联合体（The Coalition of Essential Schools），提出十项共同原则，明确规定建构主义学校在实践中的样子。他用“学生似工人，教师如教练”的比喻，来描述传统上“学生似接收器，教师如灌输者”的说法。

所以，存在两类学习方式：一类是信息性学习，即接收知识；另一类是迁移性学习，即如何体验世界、如何看待世界。进步主义教育者有更多的机会进入迁移性学习。在进步主义学校里，学生不会成排地坐在教室里面对一直在讲课的教师，而是在分离舱里创造、制作、展览，围成一个圈反思。

不幸的是，美国目前对此并不特别引以为豪。“如果你不测量你评价的，最终你将终结你所测量的。”现在，政策制定者念念不忘以标准化测验来衡量学校。希望“钟摆”能摆回来，因为滋养灵魂的艺术课程和一些项目已经被消除了。作为进步主义教育者，对此我感到非常悲伤。

访谈者：关于此次访谈，我们准备了两个题目：一个是“每一间教室，每一个孩子”，另一个是“每一个孩子都值得高质量的教育”。您喜欢哪一个？

利帕德校长：我认同“客户至上”的理念，意思是“每一天的每一分钟，每一个孩子都值得面对一位能有效教育的教师”。作为一年级孩子的家长，我知道，在孩子的生活中，最重要的单一可变因素是教师的素质，这比其他任何因素都重要。因此，我们才会看重对教师的领导能力、合作协同能力等素质的培养，所有这些素质对于孩子的影响都将是巨大的。因此，我想将“每一位孩子，每一间教室，每一个日子”（every child，every classroom，every day）作为访谈的题目。

哈佛故事

——访哈佛教育研究生院校友、哈佛大学行政职员塞缪尔·奥达马

索尼亚·玛丽亚·佩雷拉·维迪加尔　于海琴*　陶　正

受访者简介：塞缪尔·奥达马（Samuel Odamah）是哈佛大学的行政职员，负责研究生的课外项目和校园活动。塞缪尔在得克萨斯（Texas）大学阿灵顿分校获得建筑学学士学位和政治学辅修学位（2007），在威斯康星（Wisconsin）大学密尔沃基分校获得第一个硕士学位（建筑学）（2009），在哈佛大学教育研究生院获得第二个硕士学位（教育艺术）（2010）。在教育研究生院，塞缪尔将自己在领导力、交际和社会变革方面的兴趣整合在了一起。2011—2016 年，他在哈佛大学教育研究生院担任行政职员。2015 年 6 月，获得“哈佛英雄”（Harvard Hero）奖，表彰他为国际学生做出的杰出贡献。

塞缪尔是一个充满故事的人，也有着讲故事的天赋，当然包括讲哈佛大学的故事。他出生在尼日利亚的贝宁城，9 岁时随父母和 4 个兄弟姐妹移民到美国。高中毕业后，加入了美国海军陆战队，在预备役部队服役了 6 年。2013 年，在哈佛广场（Harvard Square）的新英格兰英语学校（the New England School of English）创办了“开放聊天俱乐部”（Open Talk Club）。该俱乐部会集了一群国际学生和专业人士，他们在这里分享个人故事，阅读历史演讲和辩论各种话题，以此来练习对话和交际策略。塞缪尔也喜欢在哈佛和麻省理工学院游览校园建筑。

塞缪尔·奥达马（Samuel Odamah）

塞缪尔·奥达马和索尼亚的合影

于海琴和塞缪尔·奥达马的合影

摄影：Evgenia Eliseeva

* 于海琴为通讯作者。

编者按：哈佛大学是美国在殖民地时期的第一所大学，创建于1636年。那一年，新英格兰总督大法院和马萨诸塞湾公司拨款400英镑建立了一所“学校或学院”，后来称为“哈佛”。（在撰写本文时，400英镑约合550美元。）近4个世纪里，哈佛大学一直在推动着知识的前沿，追求“真理”（veritas）。整整一个世纪以来，哈佛大学教育研究生院一直致力于“培养教育领导者和创新者，从而通过改善教育来改变世界”。

作为国际访问学者和访问学生，我们参加了塞缪尔组织的许多活动。一位同学这样描述塞缪尔：“他是我在哈佛大学教育研究生院遇到的最热情、最迷人的人之一。他在对公众演讲时，口才极好，风度翩翩，谦逊有礼，并毫不吝惜地将大量的时间和精力投入所做的事情中，这是一种难得的和宝贵的职业道德。例如，他主动带领朋友及其家人游览哈佛和麻省理工的校园，他这样做只是出于对建筑的热爱和欣赏，并愿意与任何感兴趣的人分享。我相信，他的个性和热情将使他在人生道路上走得更远。”

在本次访谈中，塞缪尔将告诉我们许多关于他自己及哈佛的故事，其中有他申请哈佛的难忘经历、在哈佛学习和工作的时光、哈佛最吸引人的建筑、传统、传说（包括约翰·哈佛雕像的“三个谎言”）。他还对如何成功成为哈佛的访问学者、本科生或研究生等，提出了合理化建议。塞缪尔的故事和建议，不仅有助于满足我们的好奇心、帮助我们的实际追求，还有更深层次的意义：启迪智慧。我们对自己未来的规划和设计总是最好的吗？我们是成为自己命运的唯一主宰，还是要与一个更强的力量合作？什么是美？我们在哪里可以找到美？如果我们没有被梦想中的学校录取，我们该如何继续？如果我们被录取了，却发现自己学得很吃力，我们该如何应对？塞缪尔将这些问题和其他一些问题的答案，轻松自然地融入他引人入胜的故事和回忆中，我们很高兴能够把这些与读者分享。

关键词：真理；多样性；美；建筑；传统；传说；国际生；访问学者；申请者；建议

一、来哈佛的原因

访谈者：您来哈佛有多久了？是什么吸引您来这里的？与您之前的期望相比，您在这里的生活怎么样？

塞缪尔：2009年，我来到波士顿，来到哈佛大学，2010年毕业。这是一个为期一年的课程项目。所以我必须做出决定：要么回家，要么在这里找份工作。我花费了 6 个月时间，最终在哈佛大学教育研究生院，在我毕业时走过的这条走廊找到了工作。我在这里多少年了？从 2009 年开始，已经 6 年了！时间过得真是飞快！

访谈者：您为什么决定申请哈佛大学？

塞缪尔：这个问题非常好，是一个典型的有关心理学的问题。当时我认为，我已经有了建筑学学士学位和硕士学位，我想再读一个硕士学位。但是，如果我去的不是哈佛、耶鲁、哥伦比亚、普林斯顿或斯坦福这样的学校，读不读就不重要了。在我想去的地方，我要能够看到整个世界，遇到有全球影响力的人，这就是答案。我想上一所能让我更上一层楼的大学。其他一些学校也都很了不起，比如密歇根大学（University of Michigan）、锡拉丘兹大学（Syracuse University）、弗吉尼亚大学（University of Virginia，UVA）……都是很棒的学校。但是我想去哈佛或哥伦比亚，那是我梦想中的学校，那里的建筑颜色也是我喜欢的。来哈佛这样的学校，有全球视野，接触面广。其他学校有地方性的，也有全国性的。但是哈佛的影响力遍及全球。正如你所说的，哈佛是一所全球性大学。我当时就是这么想的。

住在威斯康星州密尔沃基的时候，有一天我正在房间里写硕士论文，不知道为什么，我上网去找到哈佛大学网站，点击了进去。然后，我看到了 2008 年 8 月时，哈佛园（Harvard Yard）里的大一新生在往宿舍搬东西。也不知道为什么，我的心弦受到了触动，开始号啕大哭。哈佛大学校长德鲁·吉尔平·福斯特在帮学生搬家，镜头跟着她，她见到学生家长就打招呼："嘿！你好！"在那之前，我从未听说过福斯特校长——但是今天我去开会时，就看到福斯特校长坐在那里。当时我看着那个视频，只是在哭，我也不知道为什么。

几个月后，教授告诉我："你再过几个月就毕业了，为什么不再申请一个学位呢？"那时是 2008—2009 年，经济正在下滑，很难找到工作。"你喜欢教学生，为什么不再去攻读教育学学位？"（当时我教的是高中生）我想："什么？好的。"所以我就申请了，因为他告诉我要申请。要不是因为这，我绝不会申请，因为我以前试过，没有被录取。我尝试申请哈佛设计学院，一次、两次……都没有被录取。所以，也是当然，我和哈佛无缘了，我不会再申请了。但是教授跟我说："你为什么不申请教育研究生院呢？"他又摇了摇头说："每个人都想去那里。"我永远不会忘记这一幕，我说："好吧，我会申请，是你要我申请的，不是我想申请。”因为我知道，他以后肯定会问我：“你申请了吗？”我不想撒谎，所以我就申请了。但我真正的目标是成为一名建筑师。所以我同时也申请了哥伦比亚大学的设计学院，还申请了康奈尔大学。我提交了五六份建筑学院的申请，而教育研究生院的申请也许只有三四份，因为那不是我的兴趣所在。长话短说：在所有的申请中，接收我的，唯有哈佛教育研究生院。建筑方面的一个也没有。这就是我的故事，与每个人都不同。我想来这里，却不知道怎么才能来。但是，我相信上帝会给我机会来到这里的。

塞缪尔的朋友：我们知道哈佛大学肯尼迪学院有个女士相信上帝。有一天我们在公园街教堂遇到了她。她申请了 6 所学校，只有哈佛给了她一个 offer，其他 5 所学校都拒绝了她。

塞缪尔：所以我能来这里不是因为我自己，那位女士也是这样。我相信是冥冥中的一股力量让我们来到这里的。我不知道，但也许上帝也想把我带到这里来与你相识。最初，我的心想要我来，但上帝以他的方式，而不是我的方式，把我带到这里。我是想进入设计学院的，但上帝把我带到了教育研究生院。后来，我发现这个决定更好！这里有更多的自由！如果在设计学院，我不会交到任何朋友，我只会学习、学习、工作、工作，那是一个不同的环境。

二、哈佛大学教育研究生院：项目和学生群体的多样性

访谈者：您选的是教育研究生院的教育艺术项目，我认为这是最灵活的一个项目。您有了更多的时间，去别的学院听课、交朋友，或者尝试各种各样的体验。

塞缪尔：你说得对。是的，我在每个学院都有认识的人，每个学院都有不同的文化，所以我上了 8 门课。在一学年中，每个学生都要上 8 门或更多的课。我的第一门课是在法学院，然后有 3 门课是在教育研究生院。第二学期，我在肯尼迪学院上了 3 门课，在教育研究生院上了一门课。在不知不觉中，肯尼迪学院触动了我的心弦——政府、政策、人民，我喜欢那里的文化。所以我在肯尼迪学院修了 3 门课，在教育研究生院修了一门。你看，我的学位不是全属于教育研究生院，有一半来自别的学院！来到这里后，我相信上帝都知道这是一个更开放的课程项目，我有更多的自由来真正学习和成长。你来哈佛，如果只待在一个地方，就只会知道这个区域；相反，如果你像我

的朋友一样，去不同的地方，遇见不同的人，你的思维会得到拓展。这是不同的。

访谈者：我听一个学生说，哈佛教育研究生院没有这么大的灵活性，但是您说有。您是怎么做到的？

塞缪尔：教育研究生院有13个项目，每个都有自己的特点。我想你朋友选的是国际教育政策，那个项目有更多的必修课。我的项目是教育艺术，凯瑟琳·埃尔金教授是这个项目的老师。我的同学选修了她的课程，我没有选。我不了解。

访谈者：您从教育艺术这个项目中学到了什么，可以用来发展您未来的职业生涯？

塞缪尔：这个问题好。那一年非常紧张，但很精彩。我在设计学院学到了一些我不知道的建筑学知识：我了解到了艺术的力量。埃尔金教授可能对此有更深的思考。我们谈论艺术。为什么制作首饰很重要？为什么画画很重要？为什么唱歌或写诗很重要？我所有的同学，我们40个人，都是不同的。有位女同学是好莱坞演员，有位是歌手，有位是视觉艺术表演家，而我是建筑方向的，这可能是教育研究生院里最多样化的一群人。

三、哪里可以发现美

访谈者：哈佛大学的哪栋建筑最吸引人？

塞缪尔：给我印象最深的建筑是卡本特视觉艺术中心（Carpenter Center for Visual Arts）。你知道这个中心吗？没人知道。它是一位著名的建筑师设计的，它名字中的Carpenter不是“木匠”之意，而是人名。也许卡本特家族给哈佛捐过钱。这座建筑令人印象深刻的是，它是由世界上最著名的建筑师之一设计的。这位建筑师来自法国，名叫勒·柯布西耶（Le Corbusier）。他在美国只设计了一座建筑，就坐落在哈佛校园。拉丁美洲或是南美洲的某个地方还有一座。他在法国设计了很多建筑，还设计了印度的一座城市。他的理念对学习设计和建筑的学生很重要，我敢说，他的理念影响了现代中国的建筑，还有韩国，乃至全世界。每个人都运用了他的理念——房子、柱子、长窗等5个新视角。

所以你去那栋建筑，就可以看到这一点。但是，当你看到那栋建筑时……我带朋友参观哈佛时，去看了那栋建筑，我非常兴奋，但是他们看了看，说：“就这个样子？”为什么他们会有这样的反应？因为这座建筑是现代的，现代主义是这座建筑的风格。它是灰色的，混凝土的……不好看，人们不喜欢。人们想要的是色彩和花哨的配饰。但到了现代主义，就是简单、明了的线条。每个人都想来哈佛参观图书馆。图书馆很漂亮，特别是颜色和建筑风格受希腊、罗马的影响。但勒·柯布西耶和当时所有的建筑师都不这样，他觉得这些只是配件，太过了。他不想要装饰，只要一面普通的墙。简单就是美。他开始践行这个想法，只使用简洁的线条。芝加哥有一座摩天大楼，就是勒·柯布西耶这场运动的结果。这座高楼由钢铁建成，像保德信大厦和波士顿的汉考克大厦一样。我们不需要它花哨，简单即可。

在我完成教育艺术课程项目之前，我们每月有一次活动，主题为“展示你的才华”：唱歌、写诗、写作、乐器……我没有任何特别技能，就像我的朋友一样。我的技能是讲话！教授告诉我，我可以讲解一下那座建筑。于是我向同学们讲解了这座建筑，他们现在对这座建筑的看法有了改变。以前，它只是一座丑陋的建筑，没人在乎。现在它是个博物馆，也是本科生和研究生的艺术教室。我必须带你亲自去才能了解它。我的目标是帮助人们用不同的眼光看世界、建设世界、打造环境。

这里的每一座建筑，甚至现在这个空间，最初都是某个人的想法、某个人的理念，现在变成了现实，就像你出版了书或创建了你的企业、视频、网站等。甚至你选择做的电视节目，也把想法变成了现实。这座建筑也是如此。设计师会想到这个空间里的人，谁会坐在这里？会如何感受和思考？这就是为什么我认为建筑的设计很重要。在她（索尼亚）的国家，与勒·柯布西耶相似的伟大建筑师是奥斯卡·尼迈耶（Oscar Niemeyer）。他设计了巴西利亚城，这是巴西第一批完整规划的城市之一。所以他们有着同样的思维倾向，同样的现代主义思维倾向。这不是你所期待的。如果你是一个中国游客，你想谈的是哈佛园。但是哈佛在设计方面，还有很多其他美好的东西是我们没有注意到的。

访谈者：您对美（beauty）有什么看法，无论是对人类还是生活的其他方面？例如，在中国，我们有德、智、体方面的美。

塞缪尔：我认为人类的美存在于关系中。你可以鼓励某人（孩子或任何人）培养与他人的健康关系。你如何定义这种关系？不是最聪明、最优秀的人，而是为别人着想的人，考虑的是别人的利益，而不是自己的利益，这就是美。与他人的关系不是为了自己的利益，这就是美。

访谈者：从艺术或更抽象的现实角度来看，美是什么呢？

塞缪尔：美是强烈的情感。我的朋友加布里埃尔（Gabriel）热爱数学。数学对他来说是艺术，不是数字。他可以在空间里看到数学，在器皿里看到数学。所以美就是强烈的情感，就是发现关系。

四、传统和传奇

访谈者：哈佛有哪些传统和传奇？

塞缪尔：有很多传统和事情我也不知道，因为我没有去哈佛学院（Harvard College，哈佛大学成立之初的名字）。但我听说过一些。例如，我们都知道在期末考试期间压力很大，所以有一个传统——我不知道是从什么时候开始的，就是学生们会绕着哈佛园跑步。时间是在12月份，你到时应去那里看看。有一次我的朋友也在那里，她正在和我通电话，突然说："塞缪尔！我看到很多学生，他们在尖叫，怎么回事？哦，学生们竟然没穿衣服！"还好，他们穿了一些内衣，但不多，他们在跑步。"我想我现在应该离开了！"我这位朋友回到了拉蒙特图书馆（Lamont Library）。这种情形是一个传统的一部分，许多人都知道的。他们说，这是一种减压方式。男男女女围绕着约翰·哈佛雕像（John Harvard Statue）和哈佛园跑来跑去。这个传统已经延续了好几年。

但是除了穿着内衣到处跑，还有其他更复杂的传统。其中一个是一年级新生走进大门时的传统。每年8月，哈佛校长德鲁·吉尔平·福斯特和纪念教堂（Memorial Church）的牧师乔纳森·沃尔顿（Jonathan Walton）① 都会带着近2000名新生走入校门。福斯特是哈佛370多年历史上的第一位女校长。校长和牧师穿着新生的礼服或长袍，也许还拿着哈利·波特魔法棒（Harry Potter Sticks），走在新生后面。他们穿过大门、院子，路过约翰·哈佛雕像时向约翰致敬（虽然它不是约翰·哈佛），拍照、绕过大学礼堂，进入教堂。他们去教堂是为了去做他们的第一次晨祷（Morning Prayer），因为接下来的4年将会非常艰难。开个玩笑，不知道是不是真的！但他们的确会去那里做晨祷。

这让我想到了另一个传统——哈佛的晨祷。自375年前以来，这个传统一直延续至今。每天早上9点15分，你可以走进教堂做祷告。你可以诵一篇祷文或诗歌，大约30分钟。这一直是哈佛历史的一部分。教堂每天都向学生开放。在周末，教堂面向所有人开放。哈佛大学不对所有人开放，但教堂例

---

① 几年前，这两位领袖已从各自的岗位上卸任，换了新继任者。

外，甚至游客也可以坐在教堂后面，在教堂里拍照。所以晨祷是我所知道的传统之一，新生进校门也是传统之一。

另一件事是，这 2000 名新生一旦进入那扇大门（Main Gate），他们就不能再从那扇大门出来，直到 4 年后。如果你不小心或故意在 4 年期满前走出那扇门，你会倒霉的。也许你毕不了业，也许你男友（女友）会和你分手，总之，一些不好的事情可能会发生。这得看人们是否相信这个说法了。所以你会注意到，那扇大门在大部分时间是关着的。这是传统的一部分。不仅仅是哈佛，普林斯顿、布朗（Brown）也是这样，很多古老的东海岸常春藤盟校（East Coast Ivy League schools）有着非常相似的传统。

访谈者：您对约翰·哈佛雕像了解多少？

塞缪尔：约翰·哈佛雕像？三个谎言雕像（The Statue of Three Lies）！如果你在一个阳光明媚的日子里，走向这座雕像，你会看到它的青铜材料反射出的光芒中，有三个标记：约翰·哈佛，创始人，1638。所有这些都被认为是谎言。虽不是弥天大谎，但确实是谎言。事实不是这样，虽然很接近，但不是真正的事实。第一个谎言，你猜猜看，是什么谎言？

访谈者：但哈佛的校训是“真理”（Veritas，拉丁语）。

塞缪尔：是的，“真理”！我总是开玩笑说：“你知道哈佛的校训是‘真理’，所以，欢迎来到三个谎言雕像。”我只是做个对比，实际上它们之间没有联系——这是不一样的，校训与“三个谎言”无关。这座雕像可能只有 150 年左右的历史，算是座新雕像。哈佛有大约 379 年的历史了。关于 Veritas，我一会儿就告诉你们。这座雕像真的很有趣，只是好玩、只是偶然。他们不是故意撒谎的。这座雕像原本不在那里，它曾经坐落在纪念馆前面，后来移到了大学礼堂。人们触摸雕像的左脚以求好运。来自世界各地的游客也触摸这只脚以求好运。我还见过有母亲把婴儿的脸颊贴在雕像的脚上。去年夏天，我看到一个年轻人亲吻这只脚。我见过各种各样的事情。他们相信这是好运。我不知道这是从什么时候开始的，也不知道从谁开始，但人们相信这种行为能带来好运。很多东西只是传统和迷信。

关于那扇大门，有一些重要的事情我没有提到。你曾经仰望过大门吗？如果你看看大门，看看大门那打开和关闭的黑色部分，你会看到一个十字。这是非常重要的，因为这能告诉我们这所大学的一些重要事情。你知道常春藤联盟（Ivy League）吗？耶鲁、普林斯顿、康奈尔、布朗、达特茅斯（Dartmouth）、宾夕法尼亚（UPenn）、哥伦比亚，这些都称为常春藤盟校。所有这些学校，除了康奈尔大学，创建之初是为了培养牧师和神职人员。这一点很重要，它表明最初的哈佛学院是培养牧师的。所以我们在看到十字架时就记住了这一点。

第二个谎言：Veritas 的意思是什么？ Veritas 是拉丁文，意为“真理”。但是你看看哈佛的印章，哈佛最初的信仰是 Veritas Christo et Ecclesiae，意思是“基督和教会的真理”。但今天哈佛的校训只是“真理”。这些年它发生了变化，这对于那扇大门来说非常重要。在很多文献中都没有提到这一点。我和中国朋友一起参观哈佛校园时，从他们那里了解到了这一点。这是学校历史的一部分。

五、哈佛是一条路，但不是唯一的路

访谈者：您能谈谈在哈佛遇到的一些最有趣的人吗？

塞缪尔：约翰·斯蒂尔戈（John Stilgoe）。这是我在哈佛遇到的最有魅力的人了。哈佛是一所精英学校，这没什么不好。每个人都说我们应该谦逊。而他说：“不，哈佛是精英学校，这没什么不对的。”我喜欢他！他太诚实了！他说出了每个人都感觉得到但没有说出来的话。他的每一堂课我都去上，因为他给了我哈佛真实的部分，非常诚实。你们应该访谈他一下。他接受过全国广播公司的访谈，你们可以看看那个视频。他教给我们一些我们在生活中没有注意到的事情。约翰非常有趣，算不上大名鼎鼎，但也众所周知。他对生活非常着迷。他改变了我的想法。我在哈佛学习了一年，去了很多地方（肯尼迪学院以及其他学院），认识了很多人。但上了他的课后，我的思维得到了“拓展”（stretched），比如我观察事物、看待世界的方式，都得到了拓展。他迫使我们去思考。有学生问：“为什么？这有什么用？带着这种想法，我连工作都找不到。”他说：“这就是重点。你不是来找工作的，你是来思考的，是为了让你看事情更加深刻。”

至于哈佛历史上其他有魅力的人，还有很多。对我来说，有趣的人并不一定有名气。有位众所周知的教授叫克莱顿·克里斯滕森，是哈佛商学院的教授。我觉得他很好。我们碰面时，我都会和他一起走走。他太有人情味了，我想他很可能会同意见我们。我两天前看 TED 演讲，竟然看到了他！他谈的是生活。

他就是诚实。他是个老人，拄着拐杖，可能做过手术。我们认为哈佛商学院的教授似乎难以接近。但他说：“不！最重要的是关系。我的哈佛学位、我的哈佛事业，都会消失。我在一次班级聚会上看到我的同学，他们看起来都很开心，但实际上并不是。我是 1980 年毕业的。我认识到这其实是关心他人的需求。”听到这位出自哈佛商学院的人士不是谈论账本盈亏，令人耳目一新。

所以我在哈佛喜欢的那些人，都在了解了生活和成功之后，会想：“好吧，我以前追求的那些其实并不那么重要。”我喜欢的就是有这种想法的人。我希望我的中国朋友能看到这一点，因为他们给自己施加了太多的压力。有人说“我必须去肯尼迪学院”或者“我必须去哈佛，不然我的人生就没有意义了”。我希望他们相信，哈佛是实现他们梦想的一条路，但不是唯一的路。梦想是在心中的。因此，如果你相信你的梦想就在你的心中，你会把哈佛视为实现梦想的一个途径，但也会以同样的方式看待耶鲁或其他地方。你不能让哈佛成为最终目标。

六、给访学申请者的建议：找到好的匹配

访谈者：您是什么时候认识第一个中国朋友的？

塞缪尔：我有很多中国朋友，但有一个密友是在建筑设计学院认识的。巧的是，她今天从中国给我发了短信。我已经 4 年没见过她了。我今天早上醒来，看到她给我发了一条消息，说了她妈妈住院的事。不知怎的，今天早上她就想和我打个招呼。就是她领我进入了中国人的圈子。以前，我认识很多朋友。例如，我以前认识许多巴西人，但他们中只有一些允许你进入他们的生活，去了解他们的文化、他们的世界和他们自己。以前，我认识一些年长的中国人，但我们只会打招呼说：“你好！”我这个朋友的生日是上周。我想起了她，但当时我没有给她打电话，我已经很久没有和她说话了。她妈妈昨天已经出院了。因为她，我对中国有了更多的了解。哦，她跟你一个姓：YU！

访谈者：您的一部分工作与哈佛的访问学者项目有关。许多中国人想来这里做访问学者。您能给一些申请建议吗？

塞缪尔：我不知道！你是怎么来的？我的工作内容是处理教授下达的任务。成为哈佛大学的访问学者，并不是只有一种方式。例如，我曾读过一位女士的故事。她给 ×× 教授写道：“尊敬的教授，我丈夫 6 年前是一名访问学者，他跟我提起过您。请您接受我做访问学者好吗？”我对中国人做事的方式感到惊讶！他们建立了联系。

所以我告诉我的中东朋友、巴西朋友等，我说："你为什么不使用和中国朋友一样的策略？他们太棒了！他们知道如何建立联系。"通常，一个哈佛教授去中国看望朋友时，在那里如果遇见学生或教授，他们会说："哦，我想去哈佛！"我们哈佛的教授会说："好吧！给我写信。"如果有幸遇到一位不错的教授，如果他有时间的话，通常会答应。申请访问学者没有什么特别的诀窍，只需要有一个好的匹配：相似的研究兴趣、好的时机。我们只是问哈佛的教授："你能帮助这个人吗？"如果他们说"我很忙"，我们就不能签署。但如果他们说"好的，我会帮忙的，我会照顾 ×× 的"，或者"我会抽时间照顾曾 ×× 的"，那就行了！信由我们来写，我和主管坐在一起，看看简历，是访问学者还是访问学生？好的，签署！就这么简单！

我这部分工作很简单。难的部分在访问学者那边。他们需要建立联系。他们见面时要表现出兴趣："我对您的研究领域很感兴趣；我真的很有兴趣在您的指导下学习；您有时间吗？您能接受我半年还是一年？我真的很感兴趣……我有中国政府的资助。"如果你有赞助者，有自己的资金，那就容易多了。对教授的研究表现出兴趣，还要说"我的研究大概是……我的研究和您的不完全一样，但是我可以从您的研究中学到更多，把我的研究做得更好；我可以给您带来一个中国视角"。这些都是有益的，应该是互利的。如果你不认识任何人，也没有关系，那么你就得写一封电子邮件，在邮件中表达你的热情和兴趣，谈谈教授们的兴趣，谈谈你的兴趣，哪里能匹配，哪里不同。但是你必须通过解释你的具体兴趣来说服他们，比如"我正在做中国农村人的语言学分析"。如果教授说："对不起，我没有类似兴趣。"那么你可以问问他，是否愿意把你介绍给他有类似兴趣的同事。

因此，经验就是：你应该不断尝试，不断问。这在美国人的思维心态和文化中是可以的。你不需要关系，问就行。但如果他们说不，也没关系。在亚洲文化中，你可能会感到羞愧，但在美国文化中，你不应该感到羞愧。如果他们说不，就换一个人试试。我注意到的美国文化是：尽管尝试，尽管直接问。

访谈者：您的工作和硕士生有关系吗？

塞缪尔：没有很强的关系。硕士生有专门的办公室管理。我们办公室更多地与教师、访问学者、访问学生和博士生打交道。

访谈者：访问学生是硕士生吗？

塞缪尔：不，那是另一个办公室的事务。访问学生被认为是来访研究人员。他们的过程与访问学者相似，但也有一些不同。他们更接近学生身份。

例如，访问学生要完成非学位学习的申请。

访谈者：博士后呢？

塞缪尔：博士后不一样。博士后很少，因为对于博士后学校要出钱，所以很少接收。但是通常博士后已经是哈佛的博士生了。他们已经在哈佛获得了博士学位，对博士后申请流程有了更好的了解。他们在这里已经有了指导教授，那位教授可能会资助他们的研究。

这些博士后学生还不能成为教授，他们只有进行两三年的博士后研究后，才能成为教授。有些博士后学生，会由他们的教授发放薪酬。

访谈者：博士生毕业后，通常会继续做博士后研究吗？

塞缪尔：他们有两条路可走。要么成为教授，要么继续做博士后研究，然后成为教授。有的人觉得已经准备好可以马上成为教授，有的人觉得作为博士后能够获得额外的教学和研究经验。博士后阶段通常会长达 2 年以上。博士后人员有点像教职员工，属于研究人员。

访谈者：博士后一般每月工资多少？

塞缪尔：这个我不知道，因为这取决于资助额和他们的合作对象。我的工作与财务没有直接关系。

七、给国际申请者的建议：培养知识和经验，忠于你的内心

访谈者：中国学生如何在哈佛大学申请硕士学位？[①]

塞缪尔：最重要的是托福成绩。申请者托福成绩、GRE 成绩要高，个人陈述要好。中国申请者太多了。为什么哈佛录取的应该是你？你的个人陈述中有什么重要的事项？你的过去发生了什么？你想做什么？你会对中国教育产生影响吗？你是想致力于改善中国的幼儿教育，还是想研究中国文化传统或国家政策对教育的影响？你为什么要来这里？为什么选哈佛？如果你能把这些说出来，而且你的托福成绩、GRE 成绩也很好，通常成功率就很高。

还需要 3 封推荐信，比如来自中国教授或雇主的。他们可能会写这样的话："他 / 她是一名优秀学生，一个杰出员工，有改变公司、改变中国的伟大想法。"诸如此类。我们有一个招生委员会，他们要试图说服彼此选择谁或不选择谁。申请首先提交给招生人员，这是"第一道门槛"，然后交给招生委员

---

① 免责声明：被访谈者强调，以下回答是他自己对录取过程的理解，可能没有准确反映实际的筛选过程和录取程序。

会，即“第二道门槛”。招生委员会通常由教授组成。如果申请理由很不充分，第一个门槛就会说太差了，把这份申请搁置一边。如果申请通过，要提交给招生委员会，委员会进行全面的审查，阅读所有的材料，给每个分项打分，然后把所有的分数加起来得到一个总分。这真的很科学。但当分数都差不多时，他们就得具体讨论了。这是我对这个过程的理解。

访谈者：有多少名委员来评分和讨论呢？

塞缪尔：我不知道，但我觉得应该是三四名。因为每个申请者都应该有机会。如果只有一个委员，碰巧那天不开心怎么办？这项工作很繁重，要面对几百份、数千份申请。但是每一个人的申请都应该至少经过两个人评判，因为意见可能会不同。这样更容易找到平衡，找到中间点。我喜欢这个过程，因为它是公正的。委员们愿意录取的人是：来这里取得成功后，不是留在这里，而是回到自己的国家、自己的城市或自己的工作领域，去帮助其他人，或者改变一些事情，让社会变得更好的人。

访谈者：哈佛每年会收到多少份申请？

塞缪尔：他们没有公布。但是他们确实公布了录取率，哈佛教育研究生院的录取率大约是 15%。我们可以算一下，就是说他们有 3 万份申请，只有 2000 份被接受。商学院的录取率可能是 8%~10%。法学院可能是 11% 或 12%。每个学院的录取率都不一样。在有些专业性学院——法律、商业、医学、教育等，申请人具有工作经验是有帮助的。比如对于教育研究生院来说，要有一两年的教学经验。即使你是一个优秀的学生，成绩好，别的方面也好，但是你从来没有教学过，那你被录取的概率很低。对于商学院来说，要有两三年的经验。而肯尼迪学院，可能也需要有一两年的经验，至少也要有一些工作经验。我经常注意到的是，很多中国学生都很年轻，他们从一个学位到下一个学位非常快，没有时间去工作。因为在中国，也许一个学位是不够的，需要接受更多的教育。这些没有工作经验的中国学生，也有可能被录取，但只是少数。专业性的学院想录取有更多经验的学生。

当然，在学校也可以通过志愿活动获得经验，比如在当地学校帮忙、帮助其他老师、在研究实验室工作等，这些都算专业性经历。即使是在这里（哈佛）这样做，也仍然算专业性经历。如果你毕业了，即使只有一年，这也可能会很有帮助。

美国人通常很晚才开始攻读博士学位。像你一样，我也想获得博士学位，但是我也许会等到 40 岁的时候。许多中国人 25 岁就开始攻读博士学位。如果他们能做到这一点，那很好。但有些人可能会说，这些学生没有足够的知识和体验。所以，每个案例都是不同的。但如果你在社会上看到一些能让你思考的问题，再回到学校研究这个问题，去尝试改变它，这是有帮助的。如果你想学更多的东西，那就再回到学校去！任何一种经历都是有帮助的。

我有 5 位朋友今年申请了哈佛的不同学院，但没有人被录取。有一位是来自菲律宾的母亲，她在家乡拥有自己的学校，甚至有一个电视节目，但今年没有被录取。另一位来自非洲的朋友也没有被录取。我的中国朋友申请了，也没有被录取，她被列入了肯尼迪学院的候选名单，但是没有被教育研究生院录取。我认为其中一个原因是考试分数。这些朋友很多都很努力，都是国际学生。但现在我想向朋友推荐的是，他们应该申请一个大项目（录取率更高）而不是小项目（录取率更低），先被录取，来到哈佛再转到自己感兴趣的方向。这方面没有公开信息，我自己也是刚刚注意到这个趋势。但就像你说的，追寻梦想更重要。招生委员会希望你忠于自己的内心。

八、给国际学生的建议：敞开心扉，成为朋友，尽管交谈，寻求帮助

访谈者：对于来到这里却面临挑战的国际学生，您有什么建议？

塞缪尔：我的观点：第一，保持开放的心态。第二，试着成为朋友，交朋友。他们希望美国学生和他们交朋友，有时美国学生也很害羞！也许美国学生不确定，因为他们以前没有旅行过，不习惯这种文化。所以国际学生可以试试，如果想交一个朋友，就先做一个朋友。他们必须交朋友。第三，不要担心自己的英语。大胆说就行。因为如果你（海琴）担心你的英语，你今天就不会在这里了。你会待在住处，会失去金钱、时间，以及成长的机会。尽量不要担心你的英语。是的，你的英语不是很好，但这不妨碍你。

去年我认识一个中国女孩，她一点也不怕说英语，现在她在纽约一家著名的商业咨询公司工作。即使一个美国学生也很难得到那份工作！她思路开阔。太神奇了。她去年夏天从波士顿搬到了纽约，我开车去纽约帮她搬家，路上我们聊了聊。我说："你怎么能找得到那样的工作？"她说："我只是想试试，我遇到了这么多人，我和他们交谈，我尝试了各种不同的方式，我不发愁。"许多学生即将完成学业，发愁找不到工作，生怕他们唯一的机会是成为中文教师。我这位朋友尝试过在初创企业工作，她的父母非常支持她。成功的故事还有很多。我见过的成功的人都没有太焦急。他们确实有顾虑和问

题，但都试着不要焦急。他们试着交朋友，尤其是和外国人交朋友，这里的外国人指的是美国人和除他们自己国家以外的其他国家的人。有些人更喜欢依附自己国家的群体，而有些人既依附自己国家的群体，又结交其他国家的朋友。他们能做到这一点让我印象深刻。

我知道这很难，因为他们必须用英语阅读，而且要读三四遍才能理解。美国学生读一两遍，就懂了。但是你必须保持平衡，你不必阅读布置的所有内容（everything），只需关注自己的兴趣，读自己喜欢的、聊自己喜欢的。在课堂上，尽量开口讨论。如果你不好意思或羞于在课堂上说话，那么就和你的朋友交谈，问问他们是否理解讨论的内容。只要去尝试，慢慢你就会成长。

这里的很多人也胆怯，无论是美国学生还是国际学生，每个人都紧张。但是一些美国学生隐藏了这一点，而一些中国学生没有隐藏住。他们必须明白，他们并不孤独。连美国人都对哈佛感到紧张，心里想："哦，每个人都比我聪明。"但他们只是笑笑说："哦，是的，我很高兴来到这里！"中国学生认为这对美国学生来说太容易了。不！美国学生只是知道如何保持冷静。也许他们每晚回家都会哭，就像其他人一样，但第二天回来后会告诉自己："要坚强！坚强！"他们回家后关上门，可能也很焦急："天哪！我的班里，作业太多了，每个人都比我聪明，我不知道该怎么办！"我们永远不知道他们有这种情形。你不能认为只有你一个人在受苦。在这种情况下，美国学生和国际学生的区别在于，当美国学生遭受痛苦时，他们知道不把痛苦藏在心里，他们会和别人交谈，寻求帮助。而许多亚洲学生不寻求帮助，他们独自承受痛苦。这一点不好。在这个地方，你不必隐藏。

哈佛是一所了不起的大学，一个了不起的地方。它不希望你失败，因为如果你失败了，它也就失败了，所以它真的会提供帮助。美国学生——不是所有人，但有很多——如果真的需要帮助，就会寻求帮助。在支持服务办公室有位优秀的工作人员，她的全部工作，就是帮助那些在学业和个人方面有困难的学生。所以你有事必须告诉她，因为她不能读懂你的心。但是在亚洲文化中，寻求帮助可能会被视为软弱。有些学生不知道或不愿意求助，他们把压力放在了自己身上。我的研究对我来说很难，但是我在统计学上有问题就会向同学求助，因为统计课对我来说很有挑战性，我不理解像回归分析和统计显著性、均值这样的内容。我的研究生室友帮助了我，我很感动，因为当时我好害怕："哈佛！我该怎么办？"是室友帮助了我。然后每个星期五我都去见蒂夫南（Tivnan）教授，教授说："当然，我会帮你的，因为你在努力

（trying）！”我太感动了。

我的同学，一个在美国出生的中国人，她的写作水平较高，而我的文笔不怎么样。这位同学说：“来吧，我帮你。”她非常优秀，帮助了我整个课程。由于工作量太大，她开始收费了——人们让她帮忙要付钱。她帮助了许多人，包括美国学生。她写作水平确实高。我没有付钱，因为我是她帮助的第一个朋友。后来很多人找她，因为她太棒了。由于我没钱给她，就找了另外一个朋友帮助我写作，我不得不寻求帮助（I have to ask for help）。当然，我感到有点羞愧，有点无力，但这并不重要，因为我需要生存。我学会了写作，也结交了朋友，这就是我的经历。在这里并不容易，但当你完成后，是很美妙、很精彩的。你完成了一项挑战，会很自豪。

而且，我上了喜欢的课。许多人上课是为了找到一份工作或职业。他们认为：“如果我找不到工作，我就活不下去。”就像在水里游泳一样，会有人说：“哦，我想参加奥运会游泳比赛。”而我说：“不，我只是想健康成长！”我也在肯尼迪学院上课。在教育研究生院，我喜欢上课，但有时我的想法太多了。我的爱好是设计，我也喜欢政治和政府。所以我去肯尼迪学院只是为了听课和写备忘录。很简单的事！我们上一门课，可以选择成绩——A、B、C 或无成绩（满意或不满意）。我们有这个选择。但在得克萨斯，我没有选择。在威斯康星——我获得另一个学位的地方——我也没有选择。你必须有成绩 A、B、C、D 或者 F。而在这里，你可以选择。

所以，第一天，所有的新生见面就互相问：“你选哪门课？”我说：“我选无成绩的课。”一个中国朋友和一个韩国朋友都很惊讶：“不要成绩？”他们有点惊着我了：“我该不该考个成绩？”“对，你要考个成绩，你要读博！”我本来没有想到这一点——想读博就要有成绩，我只想顺利毕业。于是我也改变了主意，但我还是选了一门无成绩的课，这样我就可以享受学习，而不用担心分数，我想为了学习而学习。我已经有两个学位了，这次又是一个成长和结识他人的机会。无论你是哈佛的优等生，还是差等生，你仍然是哈佛人！这是一个在古特曼图书馆参观的老人说的。他说的是：“哦，顺便说一下，不管你在哈佛得了 A，还是 B，抑或 C，你仍然是哈佛的学生，这就够了！”我心想：“这一点真谢谢你！”所以我觉得很轻松。

学生生活：哈佛教育一个不可或缺的部分

——访哈佛学院前学生生活事务院长斯蒂芬·拉森德

于海琴　朱颂宇*　陶　正

受访者简介：斯蒂芬·拉森德（Stephen Lassonde），毕业于明尼苏达大学双城分校（University of Minnesota-Twin Cities），获得历史学学士学位，后在耶鲁大学获得“美国研究”博士学位。2013 年 3 月，他开始担任哈佛学院[①]学生生活事务院长，管理本科生的课外事务。这些事务有着住宿制的鲜明影响。此后他一直担任这一职务，直到 2016 年 2 月离开哈佛，到亨特学院（Hunter College）任职至今。在职业生涯的早期，拉森德在常春藤盟校中担任过多种职务。他在耶鲁大学做了 14 年的历史讲师和卡尔霍恩（现在的霍普）学院［Calhoun（now Hopper）College］院长，卡尔霍恩学院是耶鲁大学 14 所住宿学院之一。2007 年，他到布朗大学担任副院长，大幅提升了对布朗大学师生学术支持的质量。现在，拉森德是亨特学院鲁思和哈罗德·纽曼奖学金办公室（Ruth & Harold Newman Office of Prestigious Scholarships & Fellowships）主任。该办公室为学生寻求院外资助提供信息和指导，重点是为学生在毕业前或毕业后，从相关大学获得资助，在美国或到其他国家去做研究或学习提供帮助。

斯蒂芬·拉森德（Stephen Lassonde）

朱颂宇、斯蒂芬·拉森德和于海琴的合影

陶正、于海琴和朱颂宇的合影

* 朱颂宇为通讯作者，张小宇完成由录音到文本的转录工作。

① 哈佛学院（Harvard College）是哈佛大学唯一招收本科生的学院。

编者按：学习绝不仅限于课堂。课外活动能够帮助学生探索兴趣爱好、获得和磨炼技能、互相学习。对我们来说，哈佛学院是神秘的，藏着诸多秘密，尤其是住宿生活和学生组织。2015年6月，在学生生活事务院长的行政助理（也是我们团队中一个成员的朋友）的帮助下，我们非常幸运地访谈到了斯蒂芬·拉森德院长。他告诉我们，他的职责是全力建设一个友好、开放、面向所有学生的校园住宿和社交社区。

在本次访谈中，拉森德首先列出了学生生活办公室的主要职责：管理学生宿舍、学生社团和应急事务。他解释说，学生进入大学后，社交环境与高中时有很大差异，非常复杂，该办公室会提供帮助，指导学生适应新的社交环境。该办公室还认识到，除了学习责任，学生还有很多的社交机会。许多学生需要时间管理方面的帮助，也需要有人提醒他们学术诚信的重要性。拉森德详述了在学生社团和公共服务项目中学生的角色，他希望这些经历能帮助学生发展同理心、关注社会、认清自己的使命。其他主题包括：该办公室在应急反应中的作用（以波士顿马拉松爆炸案为例），宿舍餐厅在营造家庭般氛围中的重要性，以及"哈佛学院女性中心"所做的工作。访谈以拉森德的观察结尾：哈佛学生来到哈佛校园，不是为了获得哈佛学位，而是为了接受哈佛教育。学生生活无疑是哈佛教育不可或缺的一部分。

拉森德在2023年评论道："2016年我离开哈佛后，学生生活方面刚刚开始经历社会正义运动带来的震动、对性别分类的广泛重新思考、社交媒体的放大效应等，所以学生生活办公室对学生的个体差异和需求变得更加敏感。'我也是'（Me Too）运动强调了女性遭受性骚扰和性侵犯的惯常模式，对遭受一切形式性别暴力的学生加强了支持。最后，招生政策是促进社会多样性的，现在其面临的挑战，为精英大学反映美国社会人口学的能力带来了一个不确定的未来。"

关键词：学生生活；学生住宿课外；组织；社交；指导；应急；性别；多样性；学术诚信

一、学生生活办公室：管理学生宿舍、学生社团和应急事务

访谈者：从高等教育专业人士的角度来看，学生生活办公室是哈佛学院学生4年大学生活的一个重要处所。为了帮助中国读者更好地了解这个办公室，您能介绍一下它的主要功能吗？

拉森德院长：好的。办公室为学生公寓的所有功能提供支持。每座宿舍都有自己的预算，但是在所有的12座宿舍中，有很多事情单独做是没有效率的。因此，我们决定将所有的资源放在一个账户中，安排某个人来处理这些需求。这些需求是相似的，但仍有不同。这个人既要有整体观，又要能处理每座宿舍所有不同的需求。办公室对宿舍发生的所有事情提供支持。

宿舍生活对本科学院的运作至关重要。自20世纪30年代以来，它就一直是这样组织的。如你所知，它是基于牛津剑桥模式的。与牛津剑桥不同的是，这里的每座宿舍没有自己的教职员工，所以我们不用为不同学科的所有学生提供课程。我们只负责支持学生的课外事务，因为课程是属于整个学院的。

所以，这是我的一半责任。另一半是学生社团、活动、生活、校园事件。从20世纪与21世纪之交开始，学生在课堂学习之外所做的事情开始变得重要起来，比如体育、俱乐部、报纸等。《哈佛校报》（*The Harvard Crimson*）是学生办的报纸，历史悠久。有些学生社团比院长办公室成立得还早，比如快速布丁（Hasty Pudding Institute），你们了解吗？有些社团可以追溯到很久以前，对哈佛学院学生的身份来说很重要。随着时间的推移，社团的数量越来越多。在20世纪40年代，大约有50个。自那以后，每10年都会增加。到20世纪90年代，大约有200个。1990—2010年，变成了400个。耶鲁大学更多，有500个。

人们越来越关注谁来监管这些社团，确保它们不仅拥有所需的资源，还能根据不同社团中的学生人数平均分配资源。例如，我们有一个旅行政策来指导学生，让他们知道旅行时的期望是什么，必须做什么来保护自己的安全，安排事情不能与学术活动相冲突，等等。就像常春藤联盟体育组织一样，可以决定什么时候安排比赛，需要多少训练，等等。对学生社团来说，这是一种类似的功能。我的办公室不监管这里的体育运动——它是独立的，但监管课堂外其他的一切。

我负责的第三个领域，是管理任何紧急情况下的应急响应。我们后面再谈这个，但先举个例子，波士顿马拉松爆炸案使有些学生产生了焦虑，我们办公室就提供信息，让他们知道去哪里寻求帮助和指导。

二、学生职业生涯和人生道路指南：导师、教授、教学院长和生活院长

访谈者：第二个问题从您岗位的第一个职能开始，是关于学生宿舍的。

中国学者非常有兴趣了解宿舍制度的差异。例如，在中国的大学里，宿舍没有多少娱乐或社交活动，只是一个居住空间。哈佛的住宿制度一直在探索如何向学生提供更多互相学习的机会，这是哈佛学生生活中非常重要的一部分，可以在课堂之外互相激励。您对此有什么看法？此外，您认为当前制度面临哪些挑战？

拉森德院长：为了让学生接触不同的机会和思维方式等，每座宿舍都配有导师，通常有大约 20 名研究生。这些研究生已经经历了大学时代，他们中的许多人已经在哈佛生活过，知道哈佛的精神及学生可以获得的体验和机会。他们在不同的领域受过专门的训练。例如，有些是基于未来的职业，如法律、医学或工程。哈佛最大的研究方向或专业，在这些导师身上都有体现，比如有些导师就有经济学或 STEM 等背景。对于更偏向文化或私生活方面，我们也有处理这方面问题的导师。导师负责向住在自己附近的人——主要是住在同一楼层的学生——提供各种指导，比如要做出什么决定或选什么课。有的时候还要回答这样的问题："我所有的朋友都要出去喝酒，但我不喝，周五晚上和周六晚上我的朋友和室友都外出了，我能做些什么？"或者："我喝酒会感到压力很大，但我想和朋友出去玩，我该如何处理这些情况？"抑或，学生对自己专业的想法发生了改变，与父母的意见起了冲突，这时，导师就要帮助他谈话，帮助他演练与父母的交谈内容，表达自己的抱负。这样学生就可以学会如何与父母协商在大学里做什么。

访谈者：哇！太有吸引力了！

拉森德院长：嗯，对于那些有压力的学生，比如对进入职业有压力的学生，这已经成为一个现实的问题。我们发现，第一代大学生父母尤其如此。

访谈者：是啊。第一代大学生，就是指他 / 她的父母没有上过大学，而他 / 她是家庭中第一个上大学的人。

拉森德院长：作为工薪阶层的父母，用双手劳作，按小时赚钱。对于家庭中第一个上大学的孩子，父母都是希望他选个将来挣钱多的专业，并以某种方式帮助家庭，或者给家庭带来声望。他们常常不知道的是，哈佛教育可以适应众多职业。他们所知道的，只是法律或医学，或者工程之类的东西。这些可能是前三名，但是从哈佛毕业后可以做很多事情。学生们来到这里后，发现大学的课程范围比高中要宽泛得多。在高中受到极大的控制，范围很窄，学生都必须学同样的课程，数量有限。但在大学里，范围很宽。学生可以接触到不同种类的课程，他们会说："哦，我不知道学习天文学（或人类学，抑或历史学），有一天也可以得到报酬。”所以，他们通常会兴奋地和父母谈论这种研究方向，比如数学，但他们的父母会说：“嗯，即便你把数学学得很好，能找到什么样的工作？我是说，你能用它做什么？”父母想要确保自己的孩子会成功。

导师、教授、教学院长和生活院长，都要帮助学生首先弄清楚自己想做什么，然后学会如何与生活中重要的人谈论为什么选择这个、选择这个为什么是有意义的。当然，这不仅仅是让学生能够和父母谈论父母可能不希望他们做的事。我只是用这个例子来说明，学生可能会发现自己面临着一系列问题，需要和父母谈，但父母可能不太会理解。

访谈者：在学生的生活中，您认为导师比学业顾问更好或更有效吗？

拉森德院长：我不会说“更好”，我会说“互为补充”，因为学生从他们那里得到的信息可能有些不同。我们希望学生和老师有密切的联系。我们看到，学生与导师的关系，是在模仿与学业顾问那样的对话关系。这正是我们看重的高于一切的关系：发展与老师的指导关系，发展与老师的交谈方式，使这种关系在 4 年中持续下去。但是，导师指导的范围比教授更广。教授可以谈论自己的经历和领域（如工程学），但他们近期在大学里没有太多的体验，也没有年轻人在大学面对的那种社交场合，所以，我们希望导师能补充更多的实际生活经验。

然而，我们培训导师时，是要他们成为善于提问的人，也就是说，不是告诉学生要做什么，而是要提出问题。假设你想成为历史学家，导师可能会问：“你认为你能从中得到什么？为什么这对你很重要？你父母对此怎么看？”学生可能会回答：“嗯，我父母不喜欢我这个想法，他们想知道我从历史中能学到什么。”然后导师会对他说：“在这里获得历史学士学位，与将来在生活中做什么，是不同的两码事。”他们只是教给学生与教授、与父母谈论和思考事情的方法。

我们发现学生越来越依赖父母的建议。这因社会地位而有差异。举例来说，有些第一代大学生的父母，在装配线上工作，他们自己从未上过大学，可能不知道该给孩子什么建议，不知道或不了解社会状况，只知道希望自己的孩子获得成功，这就是为什么他们经常关注的是自己了解的专业。但他们不知道，自己的孩子每天不得不做出的决定，是多么复杂。因此，这类父母可能不会像上过大学的父母那样，给予孩子那么多建议。

如今，他们认为应该经常地与孩子交谈，告诉孩子该做什么，并把这看作他们责任的一部分。这就是问题所在。虽然有些父母了解学术领域、专业领域、社交网络及本科教育的境况，但孩子已经越来越不依赖他们了。有些父母还在继续指导自己的孩子，因为他们觉得在孩子身上投入了很多，希望孩子做得好。你明白我说的吗？总的来说，一个越来越普遍的现象是，父母把孩子送到常春藤联盟大学后，每天都与他们联系交流。

三、公共服务方案

访谈者：我们进入第三个话题“公共服务方案”。浏览一下哈佛学院的网站，我们惊喜地看到了 2017 届学生赛勒斯·蒙塔尼亚（Cyrus Motanya）的博客。她说：“我选择研究政府，聚焦于国际关系。我通过哈佛中国基金获得了这样的机会。该基金针对不会说中文的学生，全额资助其中国之旅。位于成都的四川大学也是我们的项目举办地，我们在那里有非常好的吃住条件。我去中国参观历史古迹，品尝文化美食，学习新语言。我走出了自己的舒适区，进一步开阔了我的视野。”即使没有具体数字，我们也想知道：大概有多少学生获得了这个项目的资助？

拉森德院长：我没有这个数字。你看过菲利普斯·布鲁克斯宿舍协会（Phillips Brooks House Association）的网站吗？我所知道的是，想获得资助的学生，远比能获得资助的学生多得多。我们希望这种情况会随着时间的推移有所改变，资助有所增加。

访谈者：您有没有特别鼓励学生出国留学？

拉森德院长：有两种公共服务。国外有这类项目，但一般来说，我们不一定会提供资助。其中有几个是我们资助的，因为它们和哈佛的课程有联系，但那只占少数。学生还可从其他渠道，比如从网上或职业服务办公室获取机会。他们得到的信息可能是“我可以暑假去非洲的一所学校教书”。这是一种很好的公共服务形式，但是我们没有组织过这个。学生可以向我们的奖学金办公室申请资助，去国外做公共服务。但在这种情况下，学生要自己负责找到这样的项目，然后向我们申请支持。

波士顿地区的公共服务，是由菲利普斯·布鲁克斯宿舍协会组织的。我想说的是，他们每年夏天会资助 100 多名学生，在波士顿地区为儿童、青少年或流浪人士收容所工作，或者获得一些社区服务机会。

四、新生过渡期：驾驭复杂的社交环境和管理时间

访谈者：我们注意到学院有一个新生主任办公室（Freshman Dean's

Office）。您通常在哈佛新生中看到有哪些挑战和问题？

拉森德院长：不管你是谁，都是从高中毕业进入大学的，对吧？从根本上来说，在第一个学期，你只是个搬到了另一个城市的高中生，这个地方与以前的差异很大，进来后竞争非常激烈。你会觉得周围都是了不起的人，他们肯定都比你聪明。初来这里的人都有这种感觉。所以对每个人来说，这都是个巨大的转变，即便是来自美国最著名的私立高中的人，也觉得他们来到这里是错误的。"我就是那个错误的人。"这虽然是老生常谈，但确实是真的。每个人都觉得受到周围人的挑战。一方面，你坐在教室里，上着化学课，教室里的某个人可能有一天会成为诺贝尔化学奖得主，只是你不知道是谁，是吧？所以有这种对失败的恐惧。但另一方面，这也只是每个学生经历的一部分。

但是，随着过去10年里，财政援助计划的发展，这里学生所涉及的社会经济、种族、民族、地理等方面，在范围上都有了显著的扩大。我们还增加了国际学生的数量。跟2005年相比，现在的学生更加多样化了——贫困的父母也有可能把孩子送到哈佛了。实际上我们已经招收了一些无家可归的学生。想象一下文化冲击：你来到的这个地方，很多人家庭非常富裕，你的室友也是如此，而你来自一个非常普通的家庭，你的父母可能在家乡的一所学校担任监护人。因此，与你的室友相比，你对什么是可能的、什么是家庭的成就等的看法，就显得非常渺小了。

我认为对所有人来说，把自己与他人比较是很自然的，但我认为青少年正处于人生中的一个特定阶段，他们在这方面做得更多。他们不断地衡量："与其他人相比，我做得怎么样？"他们在这里感受非常强烈，尤其是在第一年。我稍后要回答的一个问题与这个有关，我现在只是先提一下。不仅仅是中国留学生有这种感受，所有学生都是。在哈佛这样的学校里感到快乐的学生，当然在北京大学也是如此，都能欣赏周围的每个人及他们的天赋，也能欣赏自己的能力，明白自己为什么能来到哈佛大学。这些学生是最快乐的学生。需要我再解释一下吗？

访谈者：是的，您能再说一遍吗？都是金句啊！

拉森德院长：能够欣赏周围所有同学和他们的天赋，同时能欣赏自己对社区、对课堂、对个人发展做出的贡献，这样的学生是最快乐的学生。

这是大一新生要做的最大调整。哈佛大学是个非常复杂的社交环境，不像州立大学那样，一切都是有标记的。在州立大学里，令学生迷惑的是其面积太大。但是在哈佛大学这样一个地方，总是发生着很多事情，你可能意识不到，担心错过一切。你可能没有意识到可以拥有的所有机会。或者，由于社会经济背景的不同，有的学生谈论的一些事情，你却全然不知，连听都没听过。他们在生活中做过的一些事情，比如度假，你或你的父母需要到 50 岁才能实现。人们的生活方式、态度、对彼此的承诺、家庭关系的亲密与否、宗教信仰、政治参与等，都存在着实际差异。

如果你来自另一个城市，你所在的高中从未有人来到哈佛这样的地方，那么你的所有朋友对于要上的大学（如果他们能上的话），很大可能都有着同样的想法。我去的是明尼苏达州立大学，因为我就生长在明尼苏达。你知道明尼苏达在哪里吗？它在美国的北部，曾经是落后的农业区，但明尼阿波利斯城和圣保罗城就在那里。在美国的大部分地区，尤其是中西部，人们不会去本州以外的地方上大学。离家近的大学便宜多了。可以开车去学校，也可以乘坐公共汽车或其他什么工具。学校很大，但他们不住在那里。他们和一起去上学的人一样，经历基本相同。但在哈佛，你不太可能与你的同学有共同之处，尽管你们都同样关注在学校的成绩。哈佛的学生对学习非常看重，都非常重视学习，也很有能力，同时在取得好成绩方面也很有经验。所以这是一个很大的区别。

另外一件事就是大一新生的时间管理。大多数学生来到这里后，会意识到有这么多社会活动需要做，也许这是我们办公室的错，对不对？所以他们来到这里后，对一切东西都想尝试一下：想向报纸投稿、想唱歌、想表演戏剧等。但他们还是要去上课的。因此，他们常常一开始就把太多时间花在了社交活动上，而没有把足够的时间花在课程上，于是他们陷入了困境，尽管这些学生都非常有能力。但他们不知道如何管理自己的时间，不知道如何管理自己的付出。很多在学业上挣扎的学生，都是因为做了太多学习之外的事情。

访谈者：中国也是类似的情况。学生们来到大学的第一学期，都想尝试一切。

拉森德院长：是的。所以，这些就是主要的挑战。这个回答可能比你预期的要长。

五、应对学术诚信的挑战

访谈者：除了学术方面的挑战，在学生行为方面有什么挑战吗？

拉森德院长：有的，这些方面都是重叠出现的。经常有学生没有按时完成作业，陷入困境，就会走捷径，不恰当地借用其他学生的作业。例如，他们一起在俱乐部玩到午夜，筋疲力尽了，就会尽可能省事地完成作业，对吗？然后就作弊了。

访谈者： 您刚才提到他们筋疲力尽和尽可能完成作业的事，但您也曾提到，他们在刚进大学时，非常有能力，雄心勃勃。您觉得这里面有什么冲突吗？为什么在这个时刻，他们选择让学习靠后了？

拉森德院长： 因为他们的思想非常开放。这是一个对一切都非常开放的时代，你有许多方向可以选择。现在美国所有大学存在的问题是，在开始上课前的几天里，我们有很多项目，目的是帮助新生体验和适应新环境。直到上课后的第二周或第三周，他们才有真正要上交的作业。学习真正开始时，他们已经在这里待了快一个月了。所以，他们对大学的理解是一种错觉。他们认为上大学是为了娱乐、社交、结识他人、建立关系网等，不是为了学课程知识。

事实上，在这里，我相信全世界都是如此，越优秀的学生，越擅长假装没怎么认真学习，而实际上他们真的很努力。学生只有在遇到棘手的事后，才真正明白自己卷入了棘手的事，是不是？然后他们就沉陷了。这时他们就可能图省事，走捷径。

另一件事，在中国可能不是这样，但在美国，比方说从 20 世纪 70 年代开始，就有分数虚高的现象。越来越多的人得到更高的分数，所以如果你得不到高分，就像考得很差一样。具有讽刺意味的是，好成绩的竞争更加激烈，因为在优秀的学生中，成绩差别更小。所以，学生对于获得高分有一种真正的焦虑。他们在整个高中都是高分，没有想到在哈佛会得不到高分，所以他们为了取得好成绩感到压力很大。这种情况下，有时候他们就会作弊。他们会感受到取得好成绩的压力。他们会觉得："哦，我想去法学院或医学院。如果我这门课得了 B-，我就不能去法学院或医学院了。"这个想法当然很荒谬，但他们就是这么想的。所以他们可能只是为了得到高分而作弊。这也是学生作弊的一个例子。

学生们一方面感觉需要好成绩，另一方面感觉其他同学可能在作弊。他们很担心："如果我不用尽所有手段，包括从朋友那里获得帮助，我就得不到好成绩，甚至会更差，因为没有人能保证其他人不会作弊。"因此，一些学生觉得，或者说他们是为自己辩解，他们必须作弊才能有竞争力。这是又一个例子。

最后一类是，学生越来越被鼓励进行团队合作。我认为这是我们教师的问题。我们认为，这有利于他们在大学毕业后学会如何与他人共事。很多研究都是合作完成的，尤其是在社会科学和自然科学领域。学生有了合作机会，但是他们没有听从教授说什么时候不再适合合作，所以上交的是同样的答案。他们最终不会分开做作业，而是互相给对方答案，然后上交相同的答案。

美国这方面的经典案例，是计算机科学。教授们会说："你们可以合作，用抽象的术语谈论问题，但不能写下任何东西。在你们讨论完问题，有了自己的方法后，就必须分道扬镳，各干各的，自己解决问题并上交答案。"教师们对此的看法不同，这也不是所有计算机科学课程的标准。关于能在多大程度上获得帮助，每个班都有自己的规定。学生把在一门课程中所做的，搬到另一门课程，却没有考虑另一门课程的标准是不同的。即便教授告诉他们标准不一样时，他们也认为这并不意味着什么，或者他们在课堂上压根也没有谈论过这事。他们对合作经常有误解，比如他们认为："其他人都在合作，只有我不是。"这又导致了作弊，因为其他人都是如此。我认为这就是学术不端的原因。

那么，我们为什么要设计这个新项目呢？我们是想让学生重新审视学术诚信的基本原则。学生对自己的考试或论文负责，里面的内容都是基于自己的学习，这一点为什么很重要呢？我们希望他们考虑到这一点。因为当他们踏入外面的世界时，无论是进入学术界、成为学者还是进入某个行业，不管做什么事情，信誉和责任都是铁定标准。我的意思是，如果你盗用别人的知识成果，就像盗窃别人的财产一样，学生们现在必须明白这一点，因为他们就是在知识环境中工作的。

这个原因很重要，但还有一个重要的原因是，他们要了解自己是谁，欠别人什么，应该有什么样的性格。我们不太谈论性格，但我们希望学生们相互负责，这就是为什么我们现在有一个学生委员会参与这个过程，这个委员会叫操行协会（Honor Council）。学生们来到操行协会，对彼此的情况进行评判，因为我们希望学生们能参与到这个过程中来。我们不希望是我们说"你不能这样做"，并在他们这样做时惩罚他们，而是希望他们对彼此说："你不能这样做，这是不道德的、违反规则的。我们都要坚持这些规则。"

访谈者：非常感谢！这是至关重要的，这样他们就不会觉得自己是被学校逼着做什么。

拉森德院长：是的。这是我们对彼此的允诺。

六、四年的哈佛教育：学生社团、公共服务和教师共促学生成长

访谈者：学生在大二、大三、大四的时候，有没有与大一不同的具体目标或任务要努力去实现？你们办公室对高年级学生的支持策略是什么？

拉森德院长：激励他们是不成问题的。我们的工作方式是，大一的时候让他们试着加入社团，他们要自己申请加入一个社团。大二的时候，他们就有了职位。以《哈佛校报》为例，大一的时候，他们参加选拔，接受写作任务，由工作人员来评判写作质量是否符合校报标准。如果符合就录用。然后他们会被分配任务，比如主要撰稿人。如果没有足够时间，就担任特约撰稿人。到大二时，他们就成为特约撰稿人。所以，如果你负责学生生活办公室，你就会看到，每年他们都会带来两个新入大二的学生，来和我谈论当年的问题，我们会定期就这些问题见面讨论。这些大二学生到了大三，会成为校报的编辑。他们运营着这份报纸。这些职位是从大三的1月份到大四的12月份，然后在最后一个学期，他们与社团就不再有任何联系了。

这就是每个学生社团的基本模式。在大学一年级，他们要做很多工作，我们称之为“繁重的工作”。大二的时候，他们不管在哪个学生社团，都要做最有创造性和最有活力的工作。大三的时候，他们通常会担任领导职务，要么挂个头衔，要么起个示范作用，让别人知道如何做好工作。到了大四，他们的关注点就不怎么放在学生社团了，关注的是大学毕业后该怎么做。比如在申请的工作、期待得到实习机会等。所以，我们不必激励他们，他们会激励自己的。

访谈者：哈佛学院旨在为学生提供深刻变革的体验，包括知识、社交和个人方面，从而让他们为成为合格公民和领导做好准备。在这四年的时间里，您看到学生的态度大体上有变化吗？换句话说，他们真正关心的东西，无论是知识、社交还是个人方面，有变化吗？

拉森德院长：嗯，这是一个哲学问题。我们希望的是，他们能在意他们的这个经历。公共服务就是一个很好的例子。假设他们在一个贫困社区的公立学校工作，他们应该了解，那里的学生要获得良好教育，是存在各种不同问题的，例如家庭问题、老师技能欠缺、学校资源很少、周围有犯罪现象等。所有这些事情他们都要了解。通过这种经历，他们明白了为什么来自贫困社区的人难以在学校里取得成功。而在学校取得成功是在现代经济社会中取得成功的关键。因此，我们希望这种经历能让他们对资源少的人更具同情心，

能帮助他们理解世界的复杂性、了解世界有什么样的问题、将来他们又能做些什么来帮助解决这些问题。我们还希望他们能向周围的人发出道德呼吁，谈论这种经历，说明为什么我们需要关注它，又能做些什么来改善它。我们希望这种经历会促使他们思考："作为未来的领导者，我能为这个世界做些什么？我应该从事什么样的职业，才能对这个问题有所作为？"对这种经历还有另一种思考方式：这是一次变革的经历。这一切的完成，都是以我一开始列出的社团形象为背景的，但它也可以有不同的方面，这取决于学生的价值观、经历、背景、父母的希望等。

我刚才一直在谈论学生社团。学生在社团里往往要做很多社交上的事情，但这些学生中的一些人将来要成为学者，对吗？比如想成为历史老师。所以他们大二的时候在研究方向上要非常成功，然后大三开始申请大四的论文，在大三和大四之间的暑假获得资助去做研究，然后大四写毕业论文，最后凭借那篇论文的实力去读研。这是一个智力上的转变，因为他们有过探索时刻，比如他们认为："哦，这太有趣了！我愿意用我的一生去思考这个问题。"不管这是计算机科学，还是历史学、社会学、教育学等方面的问题。

七、处理紧急情况：清晰的沟通和对多样性的敏感

访谈者：在危机管理和应对中，您经常遇到的主要问题是什么？您前面特别提到了波士顿马拉松爆炸案。

拉森德院长：是的，这是一个很好的例子。真正遇到紧急情况时，警察和其他人，比如导师、同宿舍楼的人等，都会来处理。我们办公室所做的，主要是有事情发生时，与学生保持沟通。我们越来越多地发现，学生来哈佛时，已经适应其父母了，遇到问题，他们会向父母寻求指导。在过去 10 年左右的时间里，我们的文化已经发生了转变。这又回到了选择专业时，不断向父母寻求建议的问题上了，对吧？因此，当出现危机时，他们希望我们告诉他们该做什么。波士顿马拉松爆炸案发生时你在这儿吗？

访谈者：没有，我在洛杉矶，但是我什么都听说了。我看了新闻、报纸等一切。

拉森德院长：按照事件的顺序说一说。爆炸案是在周一发生的。到了周四，那两个歹徒驾车逃离，穿过剑桥，在纪念大道的加油站停下。之后发生了枪战，一个歹徒死了，另一个开车去了水城。警察知道他在水城。这一切发生的时候是在半夜，很多人都还在睡觉，对不对？但是学生们没有睡，他

们以往也是凌晨两点才睡。但与往常不同的是，他们在社交媒体上不断交流。社交媒体的问题在于很多信息都不可靠，所以他们在社交媒体上读到一些东西，开始恐慌。学生们对正在发生的事情产生了这种恐慌。他们想："哦，他开车经过剑桥，那一定是在追我，对吗？"

学生们互相发信息问："我们该怎么办，我们该怎么办？"这好像是在凌晨三点左右。他们希望有人告诉他们该做什么。所以我不得不打电话给本科理事会的负责人说："没什么可做的，你们回宿舍去睡觉吧。警察已经控制住了局面，歹徒已经不在我们这个地区了，已经从剑桥走了。所以你们回自己房间吧，我们会进一步与你们联系。"

学生们认为这还不够，仍然在焦虑不安。我们发现，当出现问题的时候，重要的是需要告诉他们：其一，我们已经意识到这个问题；其二，哪些人会受影响或可能受影响；其三，这里有一些资源可用于帮助解决这个问题；其四，记住这些人随后就会到达你身边，你可以与之交谈；其五，等待我们下一次和你谈话。需要告诉他们的就是这五件事。之后，我的上级会给学生们发送一条个性化的信息，告知学生他是多么关心这场危机，他正在考虑这件事，如果其有任何担心……我们可以说，这条信息更像是来自"长辈"的。

然后，我们会再联系学生，每次都告诉他们下一次要交流的时间。我们发现，如果我们不像前面那样告诉他们那五件事，他们可能会想："老师们都不知道发生了什么。"或者更糟："老师们知道发生了什么，但他们不在乎。"比如："是的，我知道俄亥俄州发生了地震，我知道这一点。"学生们甚至会想："老师们知道怎么回事，但他们在骗我们。"如果你不告诉他们，他们就会想到这三件事。

另一件我们必须敏感的事是，我们的学生是一个非常国际化的群体。所以，当尼泊尔发生地震时，我们联系尼泊尔的学生说："我们意识到你的家人可能受到了影响，如果你有什么需要，就找我们，这是我们的工作。"今年早些时候北卡罗来纳州发生了两名学生被枪杀的事件，被杀的两人是北卡罗来纳州的大学生。北卡罗来纳州在这里以南约 700 英里，很远。但我们怀疑，因为被杀的是大学生，他们可能与我们这里的学生有些联系，因此，我们与这里的学生交流了这件事，并说："我们知道发生的这件事，我们非常关注，明天晚上将在教堂举行守夜活动。"这就足够了，它告诉了你一系列的事情。我们现在已经开发了一个流程，可以评估危机的远近及应该如何应对。如果发生在哈佛校园，我们有专门的应对方法。如果是像埃博拉病毒这样的事情，我们要怎么应对呢？病毒还没有到达我们的海岸，但万一有意外导致病毒到来呢？诸如此类的事情。所以，很多危机管理都是关于沟通的。

关于多样性我们已经谈了不少。但我要说的是，这对于哈佛的体验至关重要：这些宿舍原本打算在校园内创建出更小的社区，让学生们彼此熟悉，从而可以认识来自不同背景的人，感受到亲切。但是随着学生越来越多样化，这不太可能了。过去可以实现的事现在不一定了。在过去，人们相像度更高，更为相似。50 年前，哈佛的大多数学生来自美国的五所高中，你知道吗？我是说，那时与现在真的不一样。今天，他们来自世界各地的数百所高中。我们不能假定他们了解彼此的基本情况，也不能假定他们用相同的方式思考问题。因此，我们必须做更多的工作，因为我们把越来越多不同背景的学生带到了这里。我们必须在一开始就做更多的工作，帮助他们理解要敏感对待这些差异。他们不得不想办法去了解彼此。我们在这个问题上花费的时间越来越多。

八、在宿舍区餐厅创造家庭体验

访谈者：刚才您说的从一开始就要做更多工作，是什么意思呢？

拉森德院长：在大一的时候，也要让学生意识到他们会得到什么资源，让他们与同类人接触，这样他们就有了一个亲和群体，可以表达他们的需求，找到他们关心的事情，并能向其他人解释自己。而我们发现，宿舍在这方面做得不够。学校提供的和学生的需求之间有一个缺口，我们必须填补这个缺口。因此，我们为学生提供越来越多的资源，帮助他们在宿舍区互相了解。

以前有个餐厅就足够了。一切事都发生在餐厅，这一点很关键。来这之前，我在布朗大学和耶鲁大学任职。我在耶鲁的时候，就像在哈佛一样，人们会过来说：“如果我要重建一个这样的体系，有什么必不可少的要素呢？”在这里工作过的人都会回答，每个宿舍区都要有餐厅。几乎没有大学有这些，只有像哈佛和耶鲁这样的大学有，普林斯顿大学有一些，宾夕法尼亚大学也有一些。在这一点上，哈佛大学和耶鲁大学确实是例外。在这两所学校中，最重要的是学生们每晚都在一起吃饭。餐厅就像是打造的一个社区。我不知道在中国是不是这样，但在美国，每晚的家庭聚餐对于保持亲密关系真的很重要。

访谈者：这在中国大学里并不常见，只有好朋友才会坐在一起。所以没有把食堂打造成社区的概念。

拉森德院长：嗯。这里的食堂试图创造出家庭体验，主要是因为食堂是建立信任的地方。学生在食堂有时间彼此待在一起，了解彼此的重要事情，这在课堂或学生社团里是做不到的，只能在非计划中的时间里发生。我们发现学生越来越忙，无暇顾及这些，他们没有同样的时间吃饭。他们来到这里之前，生活经常被父母过度安排，父母让他们从一个活动穿梭到另一个活动，以便他们有一天能进入哈佛。但当他们来到这里后，他们不能利用哈佛所提供的东西，因为他们思考的只是下一步需要做什么，而不是花时间和彼此在一起。

美国所有高质量的学校师资力量都很强。这些老师都发表过文章或出版过书，他们是伟大的老师。而我们这里能提供的，除了优秀的老师，还有一个优秀的同龄人群体。但是学生们在放松的时间里，不会与同龄人聚在一起。他们没有意识到周围的人才带来的益处，以及他们周围的多样性、洞察力和智慧等。

访谈者：您认为有什么方法，可以鼓励他们一起吃饭？

拉森德院长：我们今年做的一件事是，教学院长宣布周四晚上在餐厅举行社区之夜，所以那天晚上学生只能在各自所属的餐厅吃饭。我住在马瑟宿舍区，所以我可以在周四晚上进入所属餐厅，知道餐厅里的每个人都住在马瑟宿舍区。否则我会搞不清，因为平时其他宿舍区的学生也可能在那里，我不一定知道谁住在马瑟宿舍区、谁不住在那里。

我们还告诉学生，尽量减少参与的活动数量。我们也更担心他们的空闲时间，要为他们创造更多的空闲时间，以便他们有时间在餐厅吃饭。

朱颂宇：我去了南加利福尼亚州大学，他们确实有个"大师晚宴"，与这里很相似。但是他们会邀请演讲者。那么学生们很自然地就想来，不把这看作一个义务，因为那里会有一些伟大的演讲者。

拉森德院长：是的，但他们可能彼此不交谈而是聆听演讲，是吗？

朱颂宇：是的，前半个小时是吃东西。演讲半个小时之后开始，那时就可以边听演讲边与同龄人交谈。

拉森德院长：这听起来很不错。

九、哈佛学院妇女中心：全方位提升女性的体验

访谈者：在大学体系中，越来越多的女性接受了高等教育。哈佛学院妇女中心的使命是：提高对妇女和性别问题的认识，促进性别平等。您对妇女

中心的发展和未来女性的成功有什么计划？您是妇女中心的具体负责人吗？

拉森德院长：是的，妇女中心的管理人向我汇报。我确实对此感兴趣，我认为这是一个有趣的领域，它在许多方面与 BGLTQ 中心的工作重叠。女权、女性问题等已经被纳入整个性别问题。我们社会的组织方式是依据人的生物性别。在美国，对性别的解构越来越多，因为学生们正在审视和质疑自己的性意识。

一方面，妇女中心激发了人们对性象谱的兴趣；另一方面，我认为妇女中心的工作只与女性有关。妇女中心的工作是提升妇女的机会、目标和教育，并帮助妇女增加做各种事情的体验，包括在校园的安全感和最优秀的教育机会。这个范围内的任何事情都是他们的任务。其中一项活动是邀请女性领导者走进校园，讲述她们的经历，为我们的女学生树立榜样。每年都会评选出一位“年度最佳女性”，还会举办晚宴纪念某位全国知名人物、校园女性或学生领袖。这是利用一个个生动的例子，向校园年轻女性展示什么是高尚的生活、什么是模范的生活。但同时，也讨论了女性特有的问题、女性在领导职位上面临的挑战，以及在职业等级中的晋升等。例如，女性想达到事业、家庭兼顾所面临的挑战，以及这对她们意味着什么。如果这是她们想要的，那么她们怎么能够成功做到呢？所有这些都是女性特有的问题。

十、给学生匹配导师

访谈者：我们听说对哈佛学院的每个学生，都会指派一名住宿院长、一名学监、一名咨询同伴和一名学术顾问。如何选出这些人，才能真正与每个学生“匹配”？

拉森德院长：我认为每座宿舍都不一样。有些人认为，根据学生的学术或将要从事的领域，为他们配备一名学术顾问，是很好的。但要记住，学生们在大二入住宿舍时，还没有选择研究方向。我比较看好的是，与学生匹配的人应该情商高，有很好的社交能力，从而能够吸引学生，能够培养时间长一些的关系。在学术方面，这里为学生提供各种各样的帮助，特别是为他们的研究领域提供建议。这是针对本科生和教师的，每个系、每个阶段，学生都有指导老师。

所以，从这个角度说，他们并不能完全匹配。比如我在考虑医学预科，我知道我可以去职业服务中心咨询。这里也有人会给我写去医学院的推荐信，我可以同他探讨我应该考虑什么样的机会，比如我如何成为医学院的优秀申请人？所有导师都有专门的建议。然而，我们不会因为他将来可能会学医，就恰好分给他一位医学预科的导师。

朱颂宇：是的，多样性非常重要。我在大学学的是历史，但有个生物科学专业的同学就是我最好的朋友。

拉森德院长：对，完全正确！这对你有好处，会让你心胸更宽广。

朱颂宇：是啊，这也让我思路更开阔。下一个问题是关于哈佛学院的使命的。哈佛学院要把学生教育成合格的公民、社会的公民领袖，特别是在美国。

拉森德院长：我们希望学生了解自己是谁，与他人的关系如何，知道自己的特殊技能和优势是什么，可以为这个世界做出什么贡献——无论是成为美国总统，还是在社区学校工作。

访谈者：这是广泛适用的，不仅仅是为了美国，是吧？

拉森德院长：是的。

十一、不仅是一个学位，还是一种教育：学会以最好的方式为自己和他人服务

访谈者：您对哈佛学院的中国学生或中国研究生有什么印象？在中国家长的眼里，哈佛学院是个“秘密花园”。您能对那些热切想送孩子来哈佛的父母谈一下吗？从学生生活院长的角度来看——您已经回答了这个问题——最快乐的学生是那些具有同理心、自信、对他人思想开明的学生，对吗？

拉森德院长：说得好！不过我说过吗？

朱颂宇：我只是总结了您说的（笑声）。您对包括于海琴教授在内的那些热切的家长有什么建议？

于海琴：我希望能成为哈佛学生的妈妈（笑声）。

拉森德院长：我会为你祈福的。你们提到了一些重要的品质，我们也从学生来哈佛前做的事情中，寻找这些品质，比如对其他人展示出同情。求知欲非常重要，那些把思考和探索看作趣事的学生，是我们想招录的。了解自己、关心别人，这些有点模糊的范畴，是我们希望学生来这里之前就能展示出的品质。我们的工作是观察学生在申请大学之前所做的事情，并进行评估：他们在这些品质方面是否有前途？因为我们认为，这将为我们提供所需的原材料，将学生带到更高的层次，超越他们的经历，让他们思考如何将自己擅长的一切结合起来，以最好的方式为自己和他人服务。所有这些学生都非常

有才华。

访谈者：中国学生？

拉森德院长：不，我是说在哈佛，他们非常有才华。中国学生当然也很有才华。我是说，这些中国留学生，在中国的人口中只占很小很小的比例，是吧？我回想几个我认识的学生，他们都很有天赋。但是我认为特别成功的学生，除了具有我已经说过的品质，可能还有一种特别的东西，一种独特的东西，那就是他们花很长时间所培养的兴趣。所以他们有一种看待事物的视角，这种视角让他们对他人、对自己、对解决问题，或者对于表达，都有洞察力。你理解我说的吗？

朱颂宇：是的，一种特别的东西。我都听明白了。我是一名中国留学生，在美国有亲身经历，我非常同意您所说的。

拉森德院长：嗯。我认为遗憾的是，家长希望听到具体的事。他们想要一个可以核对的事项清单，这样他们就知道自己的儿子或女儿在申请前是否已经做到了（笑声）。你知道心理学里有“格式塔”这个术语吗？它的意思是事物的组合，就像叠加大于部分之和这样的概念。

访谈者：可能是协同作用（synergy）？

拉森德院长：协同作用？没错。这是一个概念，就是把事情加在一起，可能比你眼前看到的更大。令我惊讶的是，你遇到的任何一个哈佛学生——不仅仅是中国学生，而是这里的所有学生——如果你不能立即看出他为什么在这里、他有什么资质能被哈佛录取，那么只要你和他谈谈，无论时间长短，你就会发现，或者这个年轻人有着与其年龄不匹配的惊人经历，或者其有一种奇妙的幽默感，或者其有一种超越他年龄的智慧，或者其在小提琴方面有极高天赋，或者其是一个了不起的艺术家，等等。这些都是从表面上看不出来的，对吗？你发现他们都很令人惊奇，不由感叹一声：“哇！”这就是为什么来这里上学是如此不可抗拒，为什么这么多学生会被周围的优秀同学弄得焦虑。

朱颂宇：我完全听懂了，因为我来到这里，我想：“我为什么被录取了？”我的研究生课程项目中，仅有 4 名学生是从本科直升上来的，我就是其中之一。我觉得自己太荣幸了！这里人人都这么有才华！然后课程结束后，我看到同伴们更令人敬畏了。那么，您认为这里的学生被录取时协同作用的平衡是什么？是哈佛真正改变了他们，还是他们的同龄人改变了他们？

拉森德院长：嗯，我认为两者都有。同龄人的体验至关重要，这是真正的协同作用。这学期我刚教了一个班，有 12 名学生，他们都很出色。课堂是他们带来的知识和我掌握的知识在某种程度上的结合。我把我多年来的领悟教给他们，他们把这些领悟融进他们自己的经历，分析他们在做的事、在读的书和在做的研究，然后把心得见解带到课堂上来。所以，过程就是这样，这是一种结合，是辩证的，不是非此即彼，就是把这些东西结合起来的运作，并且不局限在一个领域，而是涉及他们生活的许多领域。

访谈者：我们真的很担心，竞争会破坏学生的分享意愿。并且如您所说，他们把自己的见解带回课堂。有没有这种可能：他们喋喋不休地参与谈论，只是为了获得更高的分数？

拉森德院长：一个好的老师不会让这种事情发生。好的老师会说："这真是一个绝妙的见解，但我们现在也想听听其他人的意见。弗兰克，你的看法是什么？"这真的要由老师来监控，并向学生发出信号："你说得很好，现在让别人说说吧。"

访谈者：非常感谢！我们的问题问完了。您还有什么想和中国读者分享的吗？比如中国的家长们？

拉森德院长：我们真正想要学生得到的，不是哈佛学位，而是哈佛教育。他们离开这里时，需要成为被改变的人。他们不可能只是擅长化学、戏剧或其他什么。他们需要改变自己，而对于他人和家人的义务方面、思考方式也需要改变。他们的目标应该是，有一天将他们个人关注的事与从事的职业结合起来，在两者之间达成一种快乐的平衡。尤其是在今天，每个人都面临着这种挑战。他们通常在个人生活或职业中，不得不做出某种牺牲，以适应伴侣。如果你有一个家庭，你和伴侣的志向必须和谐一致。不可能只顾一个人或另一个人。所以我认为，至少在美国，职业人士越来越需要考虑这个问题。女性的生育年龄有范围限制，所以她们承受的压力更大。但这意味着她们需要善于选择合适的伴侣，找伴侣不应仅是因为想要孩子，伴侣也应该能够支持她们的志向。

访谈者：再次感谢您！

第五部分　学以致用

欧林：打造工程教育的“实验室”*

——访欧林工学院校长理查德·米勒

于海琴　陶　正　王连江　俞国梁　伏天煜　周秋子

受访者简介：理查德·米勒（Richard K. Miller），1999 年被任命为欧林工学院的校长，同时也是第一位员工。在领导欧林工学院 20 多年后，于 2020 年 6 月 30 日卸任。虽然欧林工学院在 2002 年 8 月才正式招收第一批本科生，但在 2018 年 3 月麻省理工学院（MIT）发布的《全球前沿工程教育》（*The Global State of the Art in Engineering Education*）报告中，欧林工学院在本科工程教育方面排名世界第一。来欧林工学院工作之前，米勒曾担任爱荷华大学工程系主任、洛杉矶南加利福尼亚大学工程系副主任、加利福尼亚大学圣巴巴拉分校工程系助理教授。2011 年，他凭借创新性的杰出行政管理能力，获得美国工程教育协会颁发的马洛奖（Marlowe Award）。2013 年，他因工程和技术教育创新，与欧林工学院另外两名同事一起荣获美国国家工程学院颁发的 2013 年伯纳德·M. 戈登奖（Bernard M. Gordon Prize）。2017 年，他因对 21 世纪工程教育的重塑做出诸多贡献，获得布鲁克国际教育奖（Brock International Prize in Education）。被誉为“多元智能理论之父”的哈佛大学教授霍华德·加德纳（Howard Gardner），在为米勒提名 2017 年布鲁克奖的推荐信中写道：他是一位真正的教育远见家，一位不知疲倦的学习者，一位非凡的老师，一位模范领导者。米勒最近入选美国艺术与科学学院，同时也是美

---

*　本次访谈已分成两部分以中文发表，分别为：于海琴，陶正，王连江．欧林：打造工程教育的“实验室”（上）——访欧林工学院校长理查德·米勒［J］．高等工程教育研究，2018（3）：45–52；于海琴，陶正，王连江．欧林：打造工程教育的“实验室”（下）——访欧林工学院校长理查德·米勒［J］．高等工程教育研究，2018（4）：40–44，71。

国国家工程院和美国国家发明家科学院院士，以及美国国家科学院高等教育和劳动力委员会主席。目前，他是欧林工学院机械工程教授和名誉校长，最近还担任麻省理工学院航空航天系统杰尔姆·亨塞克（Jerome C. Hunsaker）客座教授（2020—2021 年）。

理查德·米勒（Richard K. Miller）

俞国梁

伏天煜

编者按：理查德·米勒校长获得 2017 年布鲁克国际教育奖，引发我们开始关注成立仅20年的欧林工学院。在《高等工程教育研究》编辑部的建议下，我们认真研读了米勒校长的主要演讲和著作，广泛收集了有关米勒校长和欧林工学院的网上资料，并据此设计了访谈提纲。当我们将题为“支点团队访谈请求”的电子邮件发送给米勒校长后，第二天就收到了他的回复：“我很荣幸参与你们的研究，非常乐意接受访谈。”在此，我们向米勒校长表示最深切的谢意。

中国有句谚语：“他山之石，可以攻玉。”它表达了这样一个真理：我们可以从他人的想法和经验中学习，改善我们自己的状况。我们相信，对米勒校长的这次访谈，将有助于引领本科生工程学习体验的转变，培养出以创新来改进世界的下一代。我们相信，这次访谈将对我国新工科建设具有较大的启发意义，进而促进我国工程教育的改革发展。

访谈集中在一系列话题上，从米勒校长荣获布鲁克教育奖开始，依次展开欧林工学院独特使命、“择邻而居”缘由、师生携手“欧林伙伴年”、课程设置的“有效期”、“小、新”影响大世界、全球 800 多所高校“问道”欧林等话题。米勒是欧林工学院的创始校长和首位招聘教师，有着 40 多年工程教育经验，他从结缘欧林谈起，道出了欧林基金会意在重新思考“工程”和“工程教育”的初心，分享了欧林选址“高等教育的硅谷”、只设置 3 个专业的原因，回忆了在“欧林伙伴年”师生携手重新定义“工程”“工程教育”的场景，讲述了欧林不设学术系部、吸引到卓越教师的故事，列出了欧林的前十年“制造火箭”、后十年“找到宇航员”的“登月计划”，解读了“思考大问题”“培养学生五大思维模式”的内涵。

访谈继而展开的话题，涉及欧林学生必备的品质、男女生对半的招生目标、“工程学是什么”、欧林教育追求的“三目标”、传播欧林观念的“暑期学院”、培养社会变革积极力量的教育改革、再建一所大学的“模式”构思等。米勒校长认为，耐心、毅力比智力或学业成绩，更能有效预测个人成功；让学生为人生做好准备，是欧林比培养工程师更重要的使命；工程师关注的是自我表达和创造新事物，欧林学生在毕业之前要完成25~35个项目；将学生作为人来关心，激发学生的学习力，培育学生的梦想；生活中重要的事情既不会轻易实现，也不具有确定性，要确保自己的一生都奉献给有价值的事情；高等院校中最重要的因素是人，要真正以学生为中心。

关键词：欧林；工程；教育；改革；登月计划；耐心；毅力；教师；思维模式

一、使命独特：创建工程教育改革的“实验室”

访谈者：首先，祝贺您荣获第27届布鲁克国际教育奖！该奖项旨在奖励能够促进人们思考和行为方式发生重要变革的重大思想。布鲁克国际教育奖委员会指出，“在米勒校长愿景的驱动下，欧林工学院已成为美国乃至全球工程学院和非工程学院以项目为基础、以设计为中心的教育典范”。您能简单谈谈，本次获奖对您本人、欧林工学院乃至整个工程教育领域的意义吗？

米勒校长：获得布鲁克国际教育奖非常有趣，因为它不是工程领域的奖项；从广义上讲，它是教育类奖项，而且并不局限于美国，是一个全球性的教育奖项。此次获奖意义非同寻常，说明我们在工程教育领域所做的工作得到了这一国际性大奖的认同，我们感到非常高兴。

访谈者：这是布鲁克国际教育奖首次授予工程教育领域的工作者吗？

米勒校长：应该是的。我不能保证自己做了穷尽性的调查，但是，我确实找不到此前还有哪位工程教育工作者获此殊荣。

访谈者：真是了不起的成就！我们还是来谈谈欧林工学院吧。您是1999年来欧林工学院的。您长期关注本科工程教育问题，来欧林之前曾在3个地方的4所院校任职，都与工程教育相关；您在2003年的就职演讲中说：“我常常感觉，上帝一路上一定为我开了好几扇门，我今天早上才有幸站在这里。”我们想问的是，富兰克林·W.欧林基金会和您携手共建欧林工学院的初衷是什么？

米勒校长：说来有趣。对于私人基金会而言，斥巨资新建学校实属罕事。由于资金或其他问题，在数量上，关门的学校要超过新建的学校。因此，在20世纪90年代末，欧林基金会宣布要做一件非常大胆的事情：去重新思考一个工程师意味着什么，去重新思考受过教育意味着什么，并以美国历史上最大一笔捐款去创办这样一所学校来回答这些问题。

那时，我正在美国中西部的爱荷华大学担任工程系主任，工作得非常开心。对欧林基金会的这份公告，我虽然非常好奇，但并不是特别感兴趣。后来，该基金会主席给我来信，邀请我前往面试，应聘该校创校校长职务。我几乎直接将这封信扔掉了，因为信中的提议听起来简直荒唐。但我注意到，我之所以收到这封信，是因为一位我非常尊敬的人向基金会推荐了我。当时我想，我要是拒绝了，这个人下次就再也不会向别人推荐我了——我可不想出现这种情况。或许我应当去了解一番。因此，我给那位主席打了个电话聊了聊，他建议我去他们那里谈谈。于是，我乘飞机前往那里考察了一个星期。在回家的航班上，我开始意识到，他们的提议并非轻率。于是，我给他们写了一封信，大致的意思是说，如果你们真的打算将这笔钱全部用于新建一所学校，你们应当考虑一下我这封信里提到的这些想法。几番往来，最终，他们接受了我的建议，而我最终也获得了创校校长的职位。接下来，我不得不说服家人搬到那里。这是另一码事了。

访谈者：对于创建这所学校，当时您有什么计划或抱负吗？

米勒校长：当时我想的非常简单，就是找一块空地建造楼房、创建课程和招募员工需要多少工作量？让学校实现可持续发展并得到社会的尊重需要多长时间？但是，欧林基金会最初提出的使命，非常振奋人心。这是我来这里任职的原因。我想，这也是大多数人来这里的原因。欧林工学院的创校准则规定，学校的使命是为美国乃至全世界工程教育发展，持续做出重大贡献。据我所知，这是迄今唯一具有这种使命的学校。待在教室里教学生，是无法完成这一使命的。我们必须走出校园、走向世界，我们必须推动其他学校的创新思维。因此，从本质上说，欧林工学院的使命从一开始，就是成为一个教育实验室，是一个从事工程教育设计和再设计的国家实验室。

二、筚路蓝缕：创校不走寻常路

访谈者：您认为，创新需要兼具可行性、发展性和合意性的特质。您刚才提到你们希望打造教育实验室，但校址却选在了远离波士顿市区的这一地区。我们想知道，您当时有什么特殊考虑吗？

米勒校长：确实如此。欧林基金会最初考虑的校址，位于美国另外两个地区。他们想过在西海岸选址，也想过在中部选址，但最终将校址选在这里，主要是因为这里邻近巴布森学院（Babson College）。我不知道你是否了解巴布森学院。它是一所非常有名的商学院，主要致力于创业教育。欧林基金会认为，对下一代工程师而言，最重要的事情是学会创造、创新和创业。要想让本科生一边学习工程一边学习商科，相对于简单地把不同专业的学生混合在一起，更好的方法是什么呢？我们希望改变以固化的思维模式看待不同问题的做法。对于不同的问题，并不能简单地贴上“这是一个商业问题”或“这是一个工程问题”之类的标签。问题只是问题。我们在高等教育中创造了各种标签，然后学生用一生去努力摆脱这些标签。那么，假如我们从一开始就剔除这些标签呢？这就是我们选择这里的原因。

访谈者：欧林现在和巴布森学院有合作吗？

米勒校长：是的，我们之间有合作。实际上，与巴布森学院合作是我们建校使命的组成部分。如果当初没有与巴布森学院合作，我们将会经历一段异常艰难的起步过程。事实上，我的第一间办公室就位于巴布森学院校园对面，是一个非常狭小的地方，由欧林基金会出资租赁。最开始，我的工资也由巴布森学院支付，因为那时欧林工学院还不存在。因此，我刚到这里时，欧林工学院还只是一个理念，并没有落地：没有校园，没有建筑物，没有工作人员。巴布森是我们的母舰，是它在照顾我们。另外，我们与韦尔斯利学院也有合作关系。中国人可能对这所学校尤其感兴趣，它是一所文理学院，以培养出众多杰出女性而闻名，许多亚洲国家的第一夫人毕业于该校。

访谈者：您在一篇文章中写道：“在 21 世纪，工程学所面临的挑战要求领导者能够解决我们时代所面临的重大问题：全球安全、健康、可持续性和生活幸福。”可是，为什么欧林工学院目前只有 3 个本科专业计划：电气与计算机工程、机械工程、其他工程学（主要领域为生物工程、计算机科学、设计和机器人技术）？我们也非常想知道，为什么欧林会选择这 3 项学位计划？

米勒校长：实际上，原因是相当务实的。要成为一个有效的实验室，规模就不可能很大，因为我们需要经常做出一些改变：做实验，然后清理实验室设备，继而重新部署一个新的实验。因此，欧林工学院的规模在很大程度上是由欧林基金会所能承担得起的投资总额决定的，具体说，约为5亿美元。投资总额决定了我们能招收多少学生、招聘多少教师。就拿教师人数来说吧，如果学科设置齐全，所有的学科都必须招聘数量足以满足教学活动的教师，这样一来，每一个专业都需要大量教职员工。为了让学生有机会学习所有的内容，每一个专业必须配置10~20名教职员工。因此，不可能设置太多的学科；对于我们而言，设置3个专业就够了。那么，为什么我们选择设置这3个专业而不是其他的3个专业呢？我们发现，电气与计算机工程在美国是学习人数最多的工科专业。这意味着它是有更多就业机会的专业。人数第二的专业是机械工程。因此，我们从人数的角度，选择了需求量最大的这两个专业。第三个专业是一个自由选项，是出于灵活性方面的考虑。也就是说，目的是使学生可以根据自己的兴趣来量身定制自己的专业。这样一来，我们就会有很多学生选择第三个可以自由选择的专业，他们可能对设计，或者计算机科学、生物医药工程、材料学这些学科感兴趣。总之，他们将这些学科与自己的个人兴趣紧密地结合在一起。

访谈者：我们知道，如今工程技术产业发展变化非常快。那么，未来这3个学位项目有可能会改变吗？

米勒校长：是的，这一直是个令人纠结的问题。当下，专业就处在不断变化之中。几年前，对于那些才获得工程学位证书、刚刚走上工作岗位的毕业生而言，最常见的职位是“客服工程师”。这是什么类型的工程师？是电气工程师吗？我们不得而知。实际情况是，当他们作为大一新生刚刚跨入校门时，这一职位并不存在。产业界出现这一职位时，他们正在大学中学习。我认为，工程领域正在发生变化，与此相应，未来工程师需要掌握的技能要求也在发生变化。如今，无论是电气与计算机工程专业还是机械工程专业，乃至所有其他工程专业的学生，本科生所学核心课程在本质上都是非常相似的。因此，电气与计算机工程和机械工程这两大专业有许多重合之处。尽管职位会发生变化，实际应用也会发生变化，但是化学和生物学领域中的物理学和数学的基本原理不会变化。那么，这些核心课程或许将保持不变。

三、“欧林伙伴”：重新定义“工程”和“工程教育”

访谈者：请问，你们设计课程的原则是什么？

米勒校长：我们说过，一开始最难做的事就是保证所有工作都是实验性的，尝试他人未曾尝试的事情。因此，在某种程度上，欧林工学院的“实验室使命”决定了我们对课程的定义。我来告诉你发生在第一年的故事吧，它改变了我们对所有事情的看法。那一年，我们正在建造校园，不幸出现了工期延误，我们已经招收了部分学生，却没有校园。不得已，我们决定临时拼凑，将一些拖车式的活动房屋摆在山脚下的停车场里充当教室。然后，我们将招收的 15 名男生和 15 名女生请到这里，我们在一起整整待了一年的时间。这一年没有上课，因为我们还没有课程。但正是在这一年，我们所有的老师和学生在一起成了发明创造课程的合作伙伴。因此，我们称这一年为“欧林伙伴年”。这些学生都只有 18 岁，此前没有修过任何大学课程。我们告诉这些学生，如果有人问你们在哪里上大学，你就告诉他们，你们正在创建自己的大学。那么，为了更好地兑现我们与学生是“合作伙伴”这一承诺，我们和这些学生之间都是直呼其名。

我们跟这些学生在一起做什么呢？做实验。我们最早做的一件事是，创校教师们围坐在一张圆桌旁，扪心自问：“对于本科期间所接受的教育，现在还记得些什么？”很明显，我们基本记不得任何细节了。不过有一件事例外，那就是我们最后所做的工程项目。所有攻读工程学位的学生，在第四学年毕业之前都必须建造某个物件。关于这个项目的细节，我们都记得一清二楚。我甚至回想起，有一次我在吃饭时突然灵光一现，明白了问题出在哪里——而当时吃的是什么我现在都记得清清楚楚。我们每一位都有相同的体验。显而易见，有一种伟大的力量对你产生了影响，教会你一些深层次的东西，以至于数十年后，你对这些细节仍然记忆犹新；而对于所学过的其他东西，我们却想不起来。

于是，我们不禁要问，为什么我们直到第四学年才做工程项目？我们自己也没有答案。我们猜测，只有在掌握了必要的科学和数学知识后，学生们才获准拿起工具制作东西。我们的课程大纲就是这么写的。否则，我们会违反某些自然法则……如果我们还没有完成物理和数学课程的学习就动手制作东西，希腊天神宙斯就会用闪电球或其他某种东西来惩罚我们。尽管如此，我们还是决定试一试：当你把这些没有足够的物理学和微积分知识储备的 18

岁学生，置于一个真实的工程设计问题之中，也不告诉他们没有备好他们所需要的材料，同时还期望他们取得成功——他们会怎么做？会发生什么？于是，我们就做了这样的实验。

我们做的第一个实验是要求学生制作一台脉搏血氧仪。大部分人闻所未闻，学生们也一无所知。于是，我们先拼写出这个单词，接着解释道，这是一台在医院可以见到的医疗设备；医生用这台仪器夹住你的手指，去检测脉率和血氧含量。它不会用针戳你，它有看起来能穿透皮肤的光。学生们一片茫然，说道："真了不起！我们去哪里了解它呢？"我们回答说："为什么不上网查一下专利文献呢？"专利发明人必须就如何制作这台仪器，画一张图和做一个小表格，并且用一两页纸来描述他所要做的事情。这就是我们掌握的全部信息。我们有一些工具和部件，还有一些可以请教的长者。但是我们自己也从来没做过，所以我们也不知道该如何做。我们还告诉学生："记住，这不是考试。我们不会根据这个来评分。因此，你们可以问你身边的人；如果你有在医院工作的叔叔阿姨，也可以询问他们。不过，你们只有 5 周的时间。时间一到，不管你做了什么，我们都会终止，转向下一个实验。"说实话，我们估计他们将要做的这项工作不可能成功。毕竟脉搏血氧仪中有晶体管组件，它们可是半导体物理学最前沿的研究成果。绝对不可能成功！我们估计，5 周之后他们会非常沮丧。届时我们会让他们停止实验，有点儿像"安乐死"；继而，我们要对他们的作品做"尸检"（do the post-mortem afterwords），还会问他们："出了什么事？"

但不可思议的是，学生们竟然造出了一台脉搏血氧仪！而且能使用！我们很震惊。于是，我们检查了这台设备，把它和医院里的仪器放到一起对比，这两台仪器做的是同样的事情！两者的功能完全一样！太出乎我们的意料了！当然，别误会，没有人会去买他们制造的这台脉搏血氧仪，因为这台仪器还很粗糙，全身都是焊接的痕迹，能够使用就已经是奇迹了。虽说有点儿意外，但是它可以运行。

一年内我们重复了五六次这种实验，最终确信学生无须学习两年的微积分和物理知识就能制造东西。如果我们是真正的工程师而非学者，我们就应该认识到这一点。因为学者总是思考理论，而工程师则是造物者。

最终，学生教给我们一个非常重要的道理。这个道理也很简单：工程不是一个知识体。它包含知识，却不是知识体。工程是一个过程，是个迭代变化的过程（Engineering is a process. It's a process of iterative change）。人们尝试做某个物件，行不通；然后稍加改变，再次尝试，还是行不通；坚持改变，直到它变得越来越好。就拿航空业来说吧，是谁发明了飞机？事实上，莱特兄弟——这两位居住在美国中部的自行车修理工，发明了飞机。那个时期没有航空理论，他们采取的方式就是不厌其烦地背着机翼从山上起跳，但只能滑翔几英尺。不过他们相信有更好的方式。于是，他们坚持这样做，直至有所进步。

因此，工程是一个过程，而非一个知识体。当然，通过学习科学和数学知识，能更好地理解工程。但数学和科学并不是主要的，这是学生教给我们的。总之，科学家问为什么，而工程师问为什么不呢（Scientists ask why，and engineers ask why not）？工程师想象从不存在的事物，并尽其所能去实现它。工程始于想象而非数学。这是我们从学生那里学到的。

说实话，如果是在书本里读到，或者是在电视人物专访中看到这个故事，我们根本不会相信。但是，我们让学生整年生活在这里，不断地改变事物，并观察他们真实的做法，这使得我们最终开始相信它。这一点非常重要。

我们得到同样重要的另一个认识是，设计和制造这个装置的经历对学生产生了深刻影响。他们的态度完全改变了，变得自信了。他们说："是的，这就是我以后想要做的事情。如果我能有几个像我这样的伙伴，一个备有工具的工作间，还有几位长者可以偶尔请教一下，我就能改变世界。"他们洋溢着热情与自信。这使我不由得想起自己还是工科生时的态度：那时我们没有人是自信的，没有人是充满生机的；我们都很沮丧，而且担心被淘汰。那时的老师们也不断告诉我们："这门课很难，学期结束就有一半人被淘汰，只有强者才能生存……"我们把这称作"数学—科学死亡之旅"（math-science death march）。我们看似获得了越来越多的理论，其实并不理解这些理论，而且也不明白为什么自己不理解这些理论。据信，在某个时刻，学生有可能理解所有的一切。这就是课程给学生感受的方式。因此，我们的认识是，那些感觉到被赋能的学生，会对自己所做的工作充满热情，富有创造力，有改变世界的想象力，而且不会掉队——因为学生喜欢这门课，觉得它真的有趣——这些才是我们第一年学到的真正最重要的东西。

访谈者：您分享给我们这么多有趣的故事，我可以得出以下结论吗？欧林工学院教育理念的四大原则是：基于实验，注重实践，保持改变，聆听学生。

米勒校长：总结得非常好！

四、万物皆变：创新无止境

访谈者：“欧林工学院几乎所有事物（除了基金会规定的创校准则）都有‘有效期’，包括课程。”我们想知道，欧林工学院每隔多久就会对课程设计或学生校园生活做出改变？

米勒校长：为了与我们作为教育实验室的创校准则（founding precepts）保持一致，欧林工学院做了许多独一无二的事情。我们没有学术系部。我们不设物理系、语言系和历史系。这些系都融合在一起，因为我们采取的教学方法是在具体情境中讨论学习。就变化的频率而言，我们认为，欧林工学院所有的事物都有失效期。就像你在商店买的食物一样——周二之前必须吃掉它，否则它就会变质。我们认为课程也应该有一个有效期。所以不要一味地去适应课程，因为它并非一成不变。每年，我们的教师都有一个静思（a faculty retreat）阶段，他们聚在一起，反思哪些课程效果好、哪些课程效果不是很好，然后制订来年的实验计划以推动变革。因此，欧林工学院首创了很多前人未尝试过的课程，学校也因此成为拥有首创课程比例最高的学校之一。顺便说一下，变革并不总是有效。如果全体学生反馈某个变革行不通，我们会立刻做出调整。在欧林工学院，教室也是实验场所。

访谈者：您经常强调：“好的教育改变你所知，但伟大的教育改变你是谁。”要做到这一点，一定要有许多出色的教师。因此，我们想知道欧林工学院是如何吸引这么多优秀教师的？您是如何让他们全心全意地指导学生，使学生成为塑造未来的下一代的呢？

米勒校长：是的，你说得对，师资很重要。说实话，在创校之初，这也是我最担心的事情。如何吸引那些真正优秀的教师怀着改变世界的疯狂使命，来到这样一个尚不为人所知的地方呢？但我们非常惊喜，我们成功寻觅到了一个了不起的教师团队。

以下简单地讲讲我们引进第一批教师的一些情况。在第一年，我们大概有 10 位教师；他们中有 2 人从麻省理工学院辞职加入我们，3 人从范德堡大学（Vanderbilt University）辞职加入我们，其中就有欧林工学院副院长及电气与计算机工程系主任。我们还有一些非常有趣的老师，具有多重学术背景，我们称之为“多元智能”（multiple intelligences）。我想中国人对这个概念十分熟悉，这就是哈佛大学教育研究生院的霍华德·加德纳教授提出的闻名全球的“多元智能理论”。顺便说一句，加德纳教授也是布鲁克奖的获得者。因此多元智能非常重要。我讲讲戴安娜·达比（Diana Dabby）教授的故事。事实上，她既是电气与计算机工程教授又是音乐教授。我们现在不授予音乐学位，这里只是简单地介绍一下达比教授。最初她是一位钢琴演奏家，曾经在纽约卡内基音乐厅举办过个人钢琴独奏音乐会；她还是一位作曲家，在茱莉亚音乐学院兼职教作曲。但在其职业中期，由于不是很懂电子音乐，她感到职业生涯受到威胁。于是，她克服重重困难，重返学校并取得麻省理工学院电气与计算机工程博士学位。我们发现她的时候，她每周一、周三、周五在麻省理工学院教电路设计（circuit design），周二、周四在街对面的塔夫茨大学（Tufts University）教音乐理论（music theory）。她并没有向他人提及自己所从事的工作。她说："他们一旦发现我实际上是音乐家，就不会尊重我。"我说："不不不，是公开真相、加入我们欧林的时候了，因为我们相信多学科思维（multidisciplinary thinking），相信多元智能。"

我们还有一位物理学家斯蒂芬·霍尔特（Stephen Holt），他是美国国家航空航天局戈达德航天中心（NASA Goddard Space Center）首席科学家，曾经领导 700 名科学家。他大概 20 年前辞职加入了我们，一直在指导我们的物理教学。老实说，欧林工学院的地理位置，在我们吸引教师的过程中起到了非常重要的作用。它有两大优势：其位置不仅距离哈佛大学和麻省理工学院如此之近，而且距离其他 50 所院校也只有 25 英里，这有点像"高等教育的硅谷"（a Silicon Valley of higher education）。这些大学里的人都有博士学位，研究的领域十分广泛，而且他们就住在学校附近，因此很容易吸引他们。这对我们的招聘工作来说，是非常重要的事情。

还有一件有趣的事情，人们普遍认为所有的教师都想获得诺贝尔科学奖，都想在研究型大学做研究。事实上却并非如此。在研究型大学的教师当中也有些例外，这些教师非常关心学生，想给学生带来不一样的人生，却碍于研究型大学对教师科研的要求而无法实现。所以，如果赋予他们创新发展的自由与责任，来申请我们职位的教师人数远比我们预料的要多。

访谈者：我很好奇，欧林工学院是否有中国教师？

米勒校长：这是个有趣的问题。我们有几位中国教师。对我们来说，吸引中国教师来这所学校一直很难。我想起了一个叫 Mark Chang 的老师，他或许是韩国人而非中国人，我不太确定。在我们成就非凡的那一年年初，Chang 加入了我们，他和妻子在这儿待了一段时间。我记得他的妻子是一名心理学博士。他们来自华盛顿州的西雅图，后来他们离开了，Chang 去了谷歌，他的妻子则在那儿从事心理学工作。当然，这里还有其他一些人也是这样。从特定人群中招聘教师一直很难，我们这儿也没有多少教师来自拉丁美洲。

五、“火箭登月”：助力世界工程教育的变革

访谈者：您曾经引用美国人类学家 Margaret Mead 的话：“不要怀疑那些有想法有决心的人改变世界的能力。事实上，改变世界的恰恰就是这样的人。”众所周知，欧林工学院虽然规模小建校晚，但成就非凡。您能告诉我们，欧林工学院未来的计划是什么吗？

米勒校长：前面说过，我们的使命是为美国乃至世界的工程教育发展，持续地做出重大贡献。对一所小学校来说，这的确有点儿困难。这有点像太空“登月计划”。如果我们想把人送上月球，首先就要制造火箭。欧林工学院前十年就是在做“制造火箭”的工作：我们实验课程，实验招生，实验招聘教师，我们在全世界范围内做有价值的实验。我认为我们做到了。至少，我们掌握了这个工作过程。

接下来的十年，让我们真正牵肠挂肚的是，如何“找到宇航员把火箭发射到月球上”。2010 年以来，已经有来自 55 个国家的 800 所大学访问过欧林工学院。在我们的影响下，巴西圣保罗新建了一所工学院。在越南、新加坡、英国、中东和世界其他地方，我们也做了许多工作。这就是我们的任务。这一艰巨的任务就是帮助身处历史名校的朋友做出变革，以独特的思维去思考他们能做什么，促进他们的课程朝着新的方向转变。这就是未来十年我们所要研究的工作。

六、超越知识：面向 21 世纪的思维

访谈者：您刚才提到，来自 55 个国家的 800 所大学来欧林工学院学习，寻求欧林对它们未来教育的建议。考虑到每所大学的不同背景，您认为，它们在变革时应该重点关注些什么？

米勒校长：我想在欧林会有一些非常重要的认识，它超越了工程，超越了文化。因为我们都是人，会面临一些共同的境遇。其中一个重要的认识是，21 世纪我们正面临全球性的重大挑战，如可持续发展、全球健康和大规模安全等问题。我们都希望我们的孩子比我们拥有更美好的生活。然而如果你回顾历史，就会发现现在正处于人口爆炸期。1900 年前后，全球只有 10 亿人口，而如今已接近 70 亿。地球没增大，但人口在增长。因此，作为一个人类

大家庭，必须改变思考教育的方法。我们需要学习思考重大问题而非小问题；需要学习如何跨国界、跨时区、跨学科地进行合作；需要学习如何协作、如何组织。从政治上来说，目前世界各国在这方面都表现不佳，我希望下一代能做到这一点。另一个重要认识是，面向 21 世纪的教育必须超越对学科知识的学习。它不是只关心知识的学习，而是涉及态度、行为和动机。如果我们与公司员工交流，他们就会告诉我们，现有 5 种思维模式是根本性的，比取得数学博士学位更为重要。

第一，一种合作思维模式（a collaborative mindset）。如果一个人有天然的兴趣和意愿，每天都与不同的人共进午餐，对人充满好奇，他就倾向于与人合作。

第二，一种跨学科思维模式（an interdisciplinary mindset），一种不会被你所学的学科领域所束缚的思维模式。我认为，你在大学学习的学科领域，就像你儿时成长的那个小镇；你不应该被小镇所困，它只是你通向世界的一扇大门。我们需要以这种方式，开启对教育的思考。你生长的地方只是起点，你需要继续前进。这就是所谓的跨学科思维。

第三，一种创业思维模式（an entrepreneurial mindset）。人们对创业思维模式可能有些误解，以为创业就是尝试做个小生意。不可否认，这的确是创业思维的一部分。但创业思维的真正内涵远比这些误解宽泛。创业思维是构想从未有过的东西，不惜一切实现它，包括说服他人加盟、寻找资源创办新项目等。这关乎你是否具有前瞻性、建设性和乐观的人生态度。只有具有这样的人生态度，面对全球气候变化，你才不会哀叹："哦，我们都快完蛋了！"而是说："我们该怎样做才能让世界变得更加美好？"这就是创业思维模式。

第四，学会伦理思考（learn to think ethically）。意指将群体幸福置于个人幸福之上。在这个全球性挑战的时代，这一点至关重要。美国著名作家、《纽约时报》国际记者托马斯·弗里德曼（Thomas Friedman），曾撰写此类话题的文章。他的基本观点是，我们需要教给下一代学生的最重要的信息，就是所谓的"黄金法则"（the golden rule）。我不知道你对此是否有所耳闻。简言之，所谓"黄金法则"就是，"你希望别人如何待你，你就如何去待人"（you want to do to other people the way you want them to do to you）。因此，我们需要以家庭成员的伦理标准去对待地球上的每一个人，而不是说："我们靠什么才能打败他们，我们做什么才能征服他们，我们怎样做才能比他们得到的更多？”这都是自私自利的表现。我们需要学习如何合作。

第五，一种全球思维模式（a global mindset）。我认为在美国这个问题很突出。大多数美国孩子，对美国之外的世界了解不多。或许其他一些国家也存在这种情况。但我认为在21世纪，你不可能一辈子都待在家乡，甚至也不可能一辈子待在你的祖国。现如今，大多数成功的公司在世界各地有分公司。如果你在这样的公司供职，公司很可能会要求你搬家到其他分公司，那么你就必须适应新的文化，接受新地区的价值观和人群。这些都不会自然而然地发生，因此需要重点关注全球思维。

访谈者：我觉得您的话对于我们是莫大的激励。

米勒校长：听到你这么说，我很高兴。

访谈者：谢谢您！请您稍作休息，稍后我们再继续访谈。

七、“耐心”“毅力”：成就人生目标的必备品质

访谈者：现在，我们从更广泛的意义上谈谈工程教育。在《致欧林伙伴的欢迎词》中，您提醒欧林伙伴们：“为了实现在未来几年中，你们可能为自己设定的雄心勃勃的目标，你们会发现需要大量的毅力——可能要比你已经有过的耐心和毅力更多。”然后，您还引用了温斯顿·丘吉尔的一句话：“永不放弃。永不，永不，永不，永不，永不放弃。”您强调了“耐心”和“毅力”在大学生活开始阶段的重要性。为什么您强调这两个词是大学生最重要的品质？

米勒校长：这是个非常有趣的问题。我过去一直强调，21世纪的教育最为显著的特点之一是，重要的不是内容，而是学生的态度、行为和心态。这个问题就与此有关。最重要的一个心态要素是“坚毅”（grit）。我不知道这个词在中国是否也广为人知。宾夕法尼亚大学有一位非常著名的心理学家叫安吉拉·达克沃斯（Angela Duckworth），她写过一本名为《坚毅》的书，主要讲的是耐心和毅力的力量。这本书吸收了芝加哥大学诺贝尔奖得主詹姆斯·赫克曼（James Heckman）的研究成果。赫克曼通过数据和实验发现，坚毅——耐心和毅力——在预测个人成功方面通常比智力或学业成绩更加有效。因此，我们需要关注一个最为重要的问题：如何培养学生的耐心和毅力？

我认为，对于欧林工学院的学生而言，这也是一个难题。因为他们恰好是智力和学业成绩最突出的一群人，从来都是一帆风顺的。上学时，他们的

数学和英语成绩在班上名列前茅，任何事情似乎都很简单。但到了欧林工学院，每个人都很优秀，想成为尖子生就不再那么容易了。所以，我一直跟他们强调，不要期望在欧林工学院会过得轻松。实际上，他们对生活中任何重要的事情，比如结婚、抚养孩子、创办公司、父母的养老问题，都不应该想得太轻松。这些都需要耐心和毅力，而这些品质是我们的课程内容所未涉及的。因此，需要关注。

八、吸引女性：女性参与工程的特点、优势和作用

访谈者：与典型的工程专业相比，欧林吸引了更多的女生（48% 为女生、52% 为男生）。我想知道，这是否受到了韦尔斯利学院的影响，还是有其他原因？

米勒校长：是的，原因有很多。其中之一是偶然，在建校之初，我们吸引了一些非常具有影响力的女性，她们在课程建设上发挥了作用。另外，我们发现，美国女性一般对工程专业不是特别感兴趣。在美国，只有约 18% 的工程专业本科生是女性。为什么会这样？我们认为，女性是有能力的，只是她们对工程专业不感兴趣。因此，要吸引女生就要使工程专业变得更加有趣。我们努力做到了这一点。这也是我们成功吸引女生的原因之一。同时我们也认识到，女性感兴趣的工程专业，如生物医学工程、环境工程甚至工业工程，都与人有关，与对人的管理有关。我们可以绘制出一个钟形曲线，结果表明，当从事能够影响人及其生活的工作时，女性更容易被激发出积极性——虽然也有例外，但总体情况是如此。相反，男性通常不会因此而变得更有积极性。当然，男性在某些领域也会被激发出积极性，他们通常更感兴趣的是：制作玩具，制作很酷的机器人，让某些玩意儿动起来。当然，工程既与人相关联又与物打交道，是两者的交叉点。如果你有意创造一个以人为中心的工程环境，而且建设一支有女性参与的教师队伍，你就比其他学校更有可能吸引女生前来就读。

作为一所只培养本科生的院校，欧林工学院有意创造这种环境的另一个原因是，我们有一种更强烈的使命感——让学生为人生做好准备。这一使命比培养工程师更重要。要理解如何在人生中取得成功，需要理解如何处理两性关系。如果你成长的环境中没有与女性相处的机会——这种情况会发生在女性很少的工程院校中，那么你在这种环境中接受的教育，就不及在多元化环境中所接受的教育。

访谈者：但是深入不同的工程领域，仍然存在性别失衡现象。在许多工程领域，我们都能看到。或许女生对医学或环境工程更感兴趣，而男生对机械工程更感兴趣。您认为这种性别失衡现象，会对未来社会产生影响吗？

米勒校长：实际上，全美国都在有意改变这一状况，几乎每一位与你交谈的工程教育者都会告诉你，他们正在努力吸引更多女性进入工程领域。关于这方面的书有许多，比如丹尼尔·平克（Daniel Pink）的《全新思维》（*A Whole New Mind*），谈论的是神经科学方面的左右脑分工。研究结果表明，总体来说，女性对社交效应（social consequences）和群体动态（group dynamic）的敏感度和感知度要高于男性。如果你要组建一支团队来设计新车，由单一男性组成的团队与男女混合组成的团队相比，设计出来的车就会不一样。通常，这种多元化有助于生产出更好的产品。所以，公司对组建一支多元化的团队有着浓厚的兴趣。故实现多元化是整个高等教育界的一个目标。在欧林工学院创办之初，我们就设定了男女生约各占一半的目标。十分幸运的是，这一目标实现了。

九、工程教育：理解工程，超越工程，志存高远

访谈者：作为一名教育工作者，您认为促进工程教育持续健康发展，最重要的因素是什么？

米勒校长：我认为因素有很多。理解“工程学是什么”是一个非常重要的因素，因为需要吸引合适的学生。工程学已经演变成一个非常专业的领域，虽然其中也包含一定的应用科学成分，但工程学并不等同于应用科学。在第一学年，学生们的经历就让我们明白，工程是一个过程，而不是一个知识体，事关造物以提高人们的生活水平。工程与艺术的共同点大于其与科学的共同点。从艺术中获得的重要认识之一就是，生活中重要的事情并非全部来源于书本。生活中许多真正重要的事情来自你的内心，学会倾听内心才是真正重要的事情。人有自我表达的需要，全人类都有自我表达的需要。工程是自我表达的一个绝妙工具，这一点与科学的区别很大。科学旨在探究事物的真相，发现新的知识。因此，科学家问的是为什么，但工程师关注的是自我表达和创造新事物。我想，世界从来没有像今天这样迫切需要这样的人才，他们能够描绘出一个更加美好的新世界，并尽其所能去实现这个美好的世界。如果我们的社会不能采取某些行动，人口爆炸和全球气候变化将给人类带来很大的影响。因此，我们需要从现在开始着力培养对此有不同思想的

年青一代——他们更积极、更具创造性、更乐于合作、更具创业精神。这些就是我们所需要的价值观。教育只有超越了学科知识，才有可能实现这个目标。

最令我失望的是，全世界似乎都执迷于算法、人工智能和社交媒体的影响，以期望创造出诸如慕课这样的事物。这背后的逻辑是，教育是可以写在纸上的，并可以通过多项选择题来测试。这种做法只适用于以下这种情况，即当我们学习的知识只有唯一的答案时，就如同 2+7，答案只能是 9，任何其他答案都是错误的。教室里发生的一切就是这样的，而我宁愿将此称为培训而非教育。

我们真正需要的那种教育是基于情境的，它涉及人，而且是多学科的。真正评估这种教育的唯一方式是，对学生进行面试，详细考察他们是否理解他们所造之物的复杂性，并考察他们所造之物。平均来说，欧林工学院的每个学生在毕业之前都要完成从设计到制造的 25~35 个项目，而且在校期间他们就已经开始经营一个公司。所以，当学生走过毕业典礼舞台时，他们所拥有的就不仅仅是一纸成绩单和所学课程的名称。基本上，他们有一个三孔活页夹，里面有 25 个标签，每个标签记载着他们完成的项目，以及一个记录制作某个装置的视频。因此，基本上雇主都会跟我们说，这些毕业生看起来似乎有 2~3 年的工作经验了。事实上也的确如此！他们已经在动手制作东西了。我认为，在 21 世纪的毕业生身上，我所看到的最重要的一点是，他们拥有的不仅是知识和技能，也不仅是造物的能力，他们还拥有了人生的目标。在欧林工学院，我们努力实现的目标有 3 个。第一个目标，我们称之为“身份”，即：你认为你是谁（Who do you think you are）？你相信你是谁（Who do you believe you are）？你属于工程学吗（Do you belong in engineering）？这就是你吗（Is this who you are）？第二个目标，我们称之为“主观能动性”，即：你相信自己在生活中能做什么（What are you confident that you can actually do in life）？教育不应该仅仅是从书本中获取知识。它应该教给我们改变世界的信心和态度，这需要体验式学习。第三个目标，或许是最重要的部分，这就是：我的人生如何不同凡响（How will my life make a difference）？我人生的使命是什么（What is the purpose of my life）？这样，学生们就会开始想象一个更加美好的世界，并构想个人能做什么去使之实现。这就是中国、美国乃至全世界应当为 21 世纪教育确立的目标。

十、超越知识：文化、态度、行为更重要

访谈者：欧林工学院非常年轻，有着新颖而独到的工程教育理念。显然，你们非常关注工程教育。但是，对于那些传统的综合性大学，就如何增强其工学院的竞争力，提升其教育自信方面，您有何建议？

米勒校长：这个问题涉及现有的大学如何通过改革来接受新的认识。欧林工学院在这一方面已经努力了近 10 年，为此我们还专门设立了一个项目，来和关心这一问题的高等院校开展合作。这一项目也适用于中国高校。我们称之为“暑期学院”（the Summer Institute）。项目在 6 月初举行，为期 1 周，第二周是个选项，可自由选择。去年夏季，有七八十名来自全球约 20 所不同高校的教师前来参加。我们建议大家首先要认真思考以下原则：教育不仅限于学科知识，还涉及文化、态度和行为。而这些态度和行为表现为 5 种思维模式。接下来我们会找出一些老师要求举证说明这些思维模式，再帮助他们把这些观念拓展到解决其他问题上。

至于高校为什么从不去传授这些观念模式，我听到的一种误解和借口是，“在课程体系中，没有足够的时间安排一门新的课程来传授这些观念”。那么，我们该怎么做呢？我的观点是，这些思维模式不是知识内容，也不需要专门开设一门新课程来讲授它，重要的是教师采用什么样的方法来讲授这些知识内容。我想说的是：“每次走进教室，拿起粉笔，你不只是在教微积分，你也在塑造着学生的思维模式。不管你是否意识到这一点，你都实实在在地正在影响着他们。”这里我可以举一例子来说明：满怀希望的教师会把希望传递给学生，而悲观的教师会把玩世不恭的情绪传染给学生。你见过悲观的创业者吗？答案是否定的，因为这是自相矛盾的。创业者不可能是悲观主义者，他必须想象一个积极的世界，并认为自己能够使它成为现实。因此，不需要额外增加课程，教师只需要保持乐观、关心学生，就能改变世界。

美国有一家名叫盖洛普（Gallup）的全美民意调查公司——我不知道你是否了解盖洛普调查公司，它通常与政治竞选有关。该公司设有一个教育部门，围绕“高等教育真正重要的是什么”这一问题，对数百所高校的校友进行了一次史上最大规模的调查并获得了一组数据。在问卷的所有选项中，该公司发现了两项具有转换生成的价值。它问的一个重要问题是：“在你所就读的大学里，有人把你作为人来关心吗？他们激励你学习吗？他们培育了你的梦想吗？”这是非常个人性的问题。另一个问题是：“作为一名学生，你有机会

在真实的环境中应用你所学到的知识吗？”数据显示，对这两个问题都回答“是”的人，他们的生活质量是美国人平均值的两倍。盖洛普将这个生活质量称为“幸福指数”（Well-being Index），对此做了80年的跟踪调查。这里我不详细地介绍这项调查，重要的是要指出，上述两个问题导致个人幸福指数产生了巨大的差异。

令人痛心的是，该公司调查了10万名大学生，你知道有多少学生对这两个问题都做出了肯定的回答吗？3%，仅有3%！只有当教师将其视为个人责任时，这个问题才会被意识到。把学生作为人来关心，激励他们的学习，培育他们的梦想，确保每一位学生在大学期间都有机会将所学知识应用于真实的场景，这一点对每个人都很重要。如果这些目标能在21世纪变为现实，我们就有望实现教育变革。如果不能实现这些目标，恐怕教育将会沦为最低级的职业培训，但那些凭自己就能发现这些道理的人例外。

十一、教育改革：让下一代成为社会变革的积极力量

访谈者：您一再提到大学要改革、要创新，但改革和创新都会面临一些重大的挑战。所以，我想知道，对于这些立志改革创新的学校的学生，您有什么建议吗？如果他们想尝试新的事物、尝试伟大的事情，但是他们可能遭遇一些困难，那么他们该如何渡过难关？

米勒校长：让我们回到这部分访谈一开始就提到的“耐心和毅力”的话题。如果你想改变世界，在我看来，最重要的一个因素就是要有大量的热情和毅力去坚持它。生活中重要的目标既不会轻易实现，也不确定，但值得我们终生为之奋斗。我认为，无论是对中国的学生，还是对美国的学生，乃至对任何地方的学生来说，真正重要的是确保自己的一生都奉献在有价值的事情上，奉献在值得你为之投入时间和精力的事情上。在我看来，只有改变我们的教育方式，才能让下一代成为广泛的社会变革的积极力量。

十二、办好大学：扎根本土，以人为本

访谈者：如果您有机会再建一所大学——并不仅限于工程教育领域，您会建一所什么样的大学？

米勒校长：我每周大约有3次会被问到这个问题，因为太多来访者会这么问。对于想创建新的高校的人，我建议他们参考的最重要的原则是，思考如何进行教育实验。创校者可能犯下的最严重的错误是，照搬其他高校的做

法，并希望这些做法发挥同样的作用。如果你去伯克利大学，到数学系，并把它所有的课程简介抄下来，然后应用到其他国家的高校中，毫无疑问，你不会取得相同的教育效果。因为教育中最重要的并非知识内容，而是人和文化。人们必须有信心发现自己特有的价值，并把它融入自己的大学。生搬硬套就无法做到这一点。同样，不通过实验，我们也不可能发现这些独特的价值。所以，让话题再次回到欧林伙伴年。这一年，我们的 15 名男生和 15 名女生在校园共同生活，完成了所有的实验。这些实验让我们真正认识到美国的教育可以是什么样的。我认为，这种实验的方法也适用于其他地区。

访谈者：您认为，对于教育工作者而言，什么样的校园环境或氛围才是理想的？

米勒校长：跨学科，对变革持开放态度，视专业学位为伴你成长的家乡——不是生活的终点，而是再次出发的起点。高等院校中最重要的因素是人而不是理念，因为理念是人提出来的。几乎所有研究型大学都会犯的一个重大错误就是，把研究视为最重要的东西。它内含在教师招聘标准之中，内含在晋升标准之中，研究能力强的人得到了最广泛的认同。我并不是说研究不重要，研究当然很重要，但它不是我们要做的最重要的事情。我们要做的最重要的事情是教育下一代。无论是对于管理、财政还是投入，研究都不是最重要的领域。

下面举个例子吧。相信我只要一描述这个例子，每一位教师都能明白。考察一下世界上几乎任何高校（我有大量访问经历）的晋升标准，你就会发现，其中都包括 3 个方面的内容：教学、研究和服务。但三者之中最重要的是研究。只要你找一份典型的教师档案，数一数科研经历占了多少页，你就知道了。事实证明，教学占据的页数和研究占据的页数是不同的。研究占据的页数要多得多。实际上，如同我们每想到一个新观点时——即使这个观点出现在晨浴时，我们都会把它记下来，如果我们在某个会上作了学术报告——我们会把它写到简历中，并且会追踪它。我们通过网络来查看：有人阅读过我们的报告吗？有人引用过它吗？这些学术思想就如同我们的孩子一般，是我们拥有的最宝贵的东西。如果你进一步问他们："你们也有学生吗？"他们会回答："是的，我们有学生。"在简历的后面，大概有两个页码吧，非常简单地记载着博士生的姓名和工作地点，仅此而已。一方面，我们将研究和自己提出的新学术观点放在非常突出的位置；另一方面，却严重忽视了受我们影响的学生。研究与教学二者之间的失衡一目了然。我认为，当今的教育价值体系难辞其咎。因此，想要实现大学的快速发展，就必须改革上述做法，要真正以学生为中心，关心学生的成长。

当有人来问我："在我们这样的老学校，要提高教育质量，我们最应该做的两件事情是什么？"我会回答，第一，让教师坐在教室里全程听完他们指定学生选修的课程。这一想法非常简单，但效果惊人。于是，你可以看到在光鲜的外表之下，学生们不理解课程内容的原因。因为在大学课程一览表中，那些描述教学内容的 3 句话，与课堂上真实的情形几乎没有关系。另外，如果 5 位不同的教师来教同一门课程，你将会看到 5 门不同的课程，它们之间互不连贯。

第二，今天的学生最需要学习的并不是新知识，而是理解这个世界。我来举个例子。我小时候，大约10岁吧，学校要求我们写一篇有关企鹅的报告。企鹅是什么？这是一个研究项目。我是怎么做的？去图书馆找到一部百科全书。我们整个学校只有一部百科全书。我首先从书中找到以"P"为首字母的部分，翻到关于企鹅的那一页，然后把整页内容全部抄了下来。接着，我随手画了一幅企鹅画。这就是我交上去的作业，也是我完成的一个关于企鹅的研究项目。在那时，研究意味着把事物找出来，也就是找到信息源，然后把它抄写下来。如今，我有一个孙子，如果他要做一份关于企鹅的研究报告，他会利用谷歌来查询。他会找到长达 2752 页的论述企鹅的信息，其中有介绍企鹅生物学特征的，有描述企鹅奥秘和社会学特征的。他必须理解这些内容。当今学生面对的最重要的问题不是找出事物——这是轻而易举的——而是理解事物。大学需要花更多时间来教学生如何思考所学知识、如何进行叙述。思考的方法就是将叙述中的各个点串联起来，组成一个完整的故事。这就是大脑工作的方式。我们需要学习这种方法。当然，归根结底，最重要的是要想前人之未想，并尽一切可能实现前人之未想。这就是赋能（empowering），它是一种自我表达，也是一种目标追求。

访谈者：好的，访谈就到这里。非常感谢您！

（**致谢：**非常感谢欧林工学院助理副校长兼对外交流总监 Joseph Hunter 和校长行政助理 Nancy Sullivan 在访谈程序上给予的帮助；衷心感谢华中科技大学余东升教授在选题策划、提纲设计，以及英文翻译、中文润色方面的宝贵建议。）

“新工科”办学的欧林效应：小规模，大影响*

——理查德·米勒校长与王连江、于海琴的对话

理查德·米勒　王连江　于海琴　陶　正　俞国梁　Jack Chen　高艺丹

受访者简介： 理查德·米勒校长在2023年写道：“从本书访谈完成之后，已经有了几个重要的发展。首先，我在2020年6月30日卸任了欧林工学院校长（也是第一位员工）之职，任期共21年。我的继任者吉尔达·巴拉比诺（Gilda Barabino）校长，已经依托强大的教学基础，大大加强了对多样性、公平性和融合的重视。需要说明的一点是，我选择在合同结束前卸任，不是为了退休，而是为了把欧林工学院的经验带给更多的人。2017年，我发起了‘教育变革联盟’（the Coalition for Transformational Education，CTE），这是一项由学术领袖参与的新合作项目，针对所有入学的大学生，让他们在大学毕业多年后，仍能提升广义上的福祉和人类的繁荣水平。CTE与其他组织合作，包括美国大学联合会（American Association of Colleges）和玛丽·克里斯蒂研究所（Mary Christie Institute），准备在2023年夏天推出新期刊《好好学习》（*Learning Well*）。”

理查德·米勒

王连江

Jack Chen

* 理查德·米勒在本次访谈时仍为校长。他在领导这所独具特色的学院长达21年后，于2020年6月30日卸任，现在是欧林工学院机械工程教授和荣休校长。本次访谈已经以中文发表，王连江是中英文两个版本的通讯作者。英文版本的副标题有所更改，作者处增加了陶正、俞国梁、Jack Chen、高艺丹。中文版发表信息如下：理查德·米勒，王连江，于海琴．“新工科”办学的欧林效应：小规模，大影响——理查德·米勒校长与王连江、于海琴的对话［J］．华东师范大学学报（教育科学版），2021，39（3）：111-126。

编者按：本次访谈进一步探讨了欧林工学院所代表的教育理念、目标和实践。欧林工学院规模小、建校晚，但成就非凡。学院以“致力于推动美国和全世界工程教育持续发展”为使命，并且把“不仅把学生作为学者和工程师，而且是作为人来关心”视为其创始信条之一。本次访谈从欧林工学院1997年建校、短短20年内取得的非凡成就开始，围绕以下三个主题展开：如何选择“正确的人”、如何实现“学生、学校、家长协同共赢”、如何设想“未来的模样”。在2019年的这次意义深远的访谈中，米勒校长将欧林的成功归因于“天时、地利、人和”。他指出，真正的学习是将激情与勤奋相结合，将团队合作作为学习的秘密武器。他同时强调，他的目标是把欧林学生培养成“心脑全人”。米勒校长还详细阐述了组建欧林无指挥管弦乐队、实施新的教师评价体系、学生候选人须有5种思维、MIT在欧林化课程、登陆火星计划、类比课程为背包等。读完这篇访谈，可以看到欧林成功的四大支柱：欧林力量、欧林智慧、欧林方案、欧林战略。

关键词：欧林；工程教育；创新；团队合作；全人教育；欧林无指挥管弦乐队；思维模式

一、欧林力量：天地人合，团队协作

（一）全美顶尖大学之一

访谈者：米勒校长，您好！让我们的对话从这则新闻开始：“欧林工学院被《普林斯顿评论》评为全美顶尖大学之一。”在基于学生调查的排名中，欧林工学院以其敬业的教职员工、勤奋积极的学生群体及严格的实践工程项目，在美国大学中脱颖而出，共计在11个不同的类别中位列前20名。欧林工学院2019年在《普林斯顿评论》的其他几个排名中也获得了提名，包括2019最有价值学院、东北部最佳学院、最佳实习第2名和经济资助第23名。欧林工学院成立20年了，这个里程碑对于您、欧林及整个工程教育来说意味着什么？

米勒校长：嗯，这是个有趣的问题。新大学的创建并不经常，在其他国家可能情况不同，但至少在美国是这样。相反，在美国更常见的是有大学在消失。因此，欧林能在20年前建校并在全国范围内得到认可，是不寻常的。其中有诸多因素，但在我个人看来，这是因为欧林的使命迎合了许多其他大学对工程教育改变的需求。所以最重要的结论可能是：正确的时间、正确的地方，还有正确的人（天时、地利、人和——王连江、于海琴注），这些都非常重要。

（二）欧林何以成功

访谈者：根据《普林斯顿评论》的大学排名方法，“学生最快乐”的排名是基于学生对“我在学校很快乐”这句话的认同程度，“学生最用功”的排名是基于学生对“你每天花多少课外时间学习”这一问题的回答。欧林在这 2 个类别中都名列前20，分别在“学生最快乐”中排名第14、在“学生最用功”中排名第 4。在我们看来，在这两个项目中同时排名如此靠前似乎是不可思议的。欧林学生怎么会是全美最用功又是全美最快乐的学生群体之一呢？

米勒校长：是的，这是一组非同寻常的数据。我们看到这些也很惊讶。我认为，大体上来说，它解释着一个非常重要的学习现象。事实证明，当你非常努力地做你讨厌的事情时，这被称为“压力”（stress）。但是，当你同样努力地做你热爱的事情时，这被称为“激情”（passion）。由此，我想在欧林会发生这样的事：如果你在大热天，看到有学生在冷水机旁，他们会告诉你：“我这辈子在任何事情上也没这么努力过，但也没有其他事情是我更乐意做的。”把激情和努力结合在一起，才是学习的真正含义所在。这样的学习是内在驱动的（intrinsically motivated），而且他们将会在余生这样去做。

（三）“最划算”的大学

访谈者：欧林在《费斯克大学入学指南》（*Fiske Guide to Colleges*）中被评为全美“最划算”大学前 10。这份指南特别指出，欧林以低廉的学费提供一流的工程学位，并进一步提到欧林独特的课程设置——强调跨学科和基于项目的学习（interdisciplinary and project-based learning）。排名显示，欧林工学院学生的平均净花费为 10706 美元，而有 10 年以上工作经验校友的平均工资为 134200 美元。您说过，一方面，欧林一直努力向所有全日制本科学生提供奖学金；另一方面，欧林注重对各专业的学生成绩和债务方面提供更多更透明的帮助；此外，在学术项目早期提供更好的学术建议和职业咨询。我们非常好奇的是，欧林是一所工程院校，采用的是一个基于项目的“边做边学”模式（a project-based “do-learn” model），在这个学费不断上涨的时代，是如何成功实现这些目标的？尤其需要提到的是，欧林学生的联邦贷款违约率低得异乎寻常，达到 0。您能解释一下这是如何做到的吗？

米勒校长：的确如此。欧林在培养毕业生方面已经非常成功——毕业生一离开欧林，就取得成功。千真万确。相对于美国的其他大学而言，欧林的学费并不很贵。当然对你们的读者来说，他们知道美国的教育是昂贵的。在其他国家不是这样，但在美国很贵。欧林工学院学费不昂贵的原因之一，是欧林基金会在创办这所学校之前的创立决定（the founding decision）。它提供了一大笔捐款。作为储蓄账户，这是一笔巨大的投资，然后它每年都会产生利息，继而我们就用这些利息来抵销家庭送孩子来这里读书的费用。欧林为每个学生在银行投资 100 多万美元，然后利用利息，也就是由此产生的投资收益，来资助教育。所以每个学生获得的奖学金，达到了四年总学费的一半；现在每位学生四年的培养费超过 10 万美元。欧林基金会非常慷慨（very generous），这就是欧林的教育并不昂贵的原因。

刚才，你问为什么欧林的学生毕业后表现这么好，能找到很好的工作，部分原因是我们的教育方式。学生们在接受教育的过程中完成了许多团队项目，他们致力于解决生活中相当真实的问题。所以在欧林，教育不仅关乎书本和考试，还关乎生活。例如，学生在毕业前可能会在一个团队中完成 25~35 个设计 – 建造项目（design–build projects），而且他们中也有许多人尝试过创办某种类型的公司。因此，当他们毕业时，他们已经和一位雇主谈过话；他们不是只有一份显示课程名称和分数的成绩单，还带着一个三环活页夹，里面有 25 个标签，每个标签都显示了一个对实际建造项目的描述，有时还带有显示实际成果的视频和客户的证词，客户说这是他们生活中很重要的一部分。与成绩单上的分数相比，学生对此更有信心，这样有助于他们立即获得就业机会。事实上，他们中的许多人在毕业前都在公司进行过带薪实习，所以他们在某种程度上有一个很好的开始。

就高毕业率而言，欧林有一个学习社区，我们在此进行大量的团队合作，我认为团队合作是持续学习的“一个秘密武器”（a secret weapon）。如果你以这样的方式考虑的话，最常见的方式是——当一个年轻的学生要做很多习题，应独立完成，通常是晚上在学生宿舍里，而且不应该和你的邻居交谈，因为那是作弊；被问题卡住后，不知道如何解决；他只是沮丧地结束了这个晚上，然后第二天把它上交。他等了一周，某位助教在上面写几个字后，又把它还给他。但他已经不能准确地记起当时他被卡在哪里了。一周后，他甚至几乎不能想起当时的问题了。虽然他也学到了一些东西，但此时他已经转向了其他的东西。而在欧林，有团队合作。我们有群被称为“NINJAS”的学生，意思是“需要信息立刻就问”（need information now just ask）。如果你被某个问题卡住了，我们就告诉你去和邻近的人谈谈，寻求帮助。如果你发短信说，我需要帮助，几秒之内，某个学生就会出现在你的宿舍，说：“我有个想法，这是我尝试过的。”这样就使你的念头付诸行动，因此你不用等一周就能找到答案，而且你还可以在与他人的交谈中，不断积累专业知识。所以，我相信，这种学习文化是欧林毕业生高成功率的最重要原因之一。

二、欧林智慧：各美其美，美美与共

（一）正确的校长

访谈者：长期以来您是欧林的校长，也是欧林的第一位员工，您于 2020 年 6 月 30 日卸任了，结束了在这所卓越工程大学 20 多年的领导生涯。短短 20 年间，欧林工学院在美国《新闻与世界报道》本科工程教育排名中上升到第三位，一直被《普林斯顿评论》最佳学院指南收录，也经常被列入富布赖特学者产生最多的名单里。1999 年您第一次来到欧林时，欧林还不是一个真实存在的地方（not yet a place）——它只是欧林基金会的一个愿景、一个抱负（a vision and an aspiration）。如今，欧林教育所依据的原则——设计思维（design thinking）、合作团队（collaborative teamwork）和学生群体性别平衡（a gender-balanced student population），在全世界的工程和 STEM 机构中被广泛效仿。您能告诉我们，作为肩负特殊使命的欧林创校校长，您的职责是什么吗？还有，在这 20 多年里，您领导欧林的原则与战略的变与不变有哪些？

米勒校长：这个问题很好。我是欧林的第一位员工。我仍然记得，我刚来到欧林时候的样子。当时，欧林还不是一个真实存在的地方，它只是个想法（an idea）。欧林基金会只有 4 个人。因此，我们 5 个人在我第一天工作的时候组成了欧林，我记得那是在 1999 年 3 月。我们必须做很多事情：我们必须想象在哪里建校园，如何招聘副校长，如何设置课程，等等。

从那时起，欧林发生了很大的变化。校董会、管理委员会，现在有了 18 个人；欧林基金会最初的 4 名成员中，只有 2 名还在这里。这都是变化。当然，学校现在有教职员工、有学生、有校友，还有学生家长。一路走来，我学到了很多。

对我个人来说，这是一个不同寻常的职业决定。这并不是我一直希望做的事情。在某种程度上，我认为这不是一份工作（not a job），而是一种召唤（a calling）。这是一份个人使命（a personal mission）。对我来说，这比有一份工作更重要，因为这是我需要做的事。这是我一生中难得一次的机会（much less often than once in a lifetime），也是国家所需（needed for the country）。所以，我承担了一些风险（some risk）。我在从个人角度回顾过去时——这对你们的读者来说可能不太寻常——发现我职业生涯中发生的大多数真正重要的事情，都是因为我没有对我应该做的事情说“不”。人们劝我不要做出这个决定。在我的职业生涯中，这种劝告发生过很多次，但经过考虑，我还是选择了这样做，尽管我很清楚这样做是有风险的。所以，我不得不通过个人经历来学到很多关于领导力的东西。我没有在哈佛选修一门课程，去学会如何成为一位大学校长。我有点像恰巧跳进了游泳池的最深处（the deep end of the swimming pool），开始挥动我的手臂（moving my arms around），而且我很幸运。但我不确定，这种方式是不是当大学校长的最好准备。

一路上，我确实学到了很多东西。创办一所大学，最重要的是人（The most important thing in starting an institution is people）。显然，要让一所大学运转起来，需要很多东西：建筑物（buildings）、钱（money）、声誉（reputation）、课程（curriculum）等。如果没有正确的人（the right people），这些都无济于事；相反，如果有合适的人，可以不需要这些东西。所以，最重要的是确定并吸引正确的人。因此，你会怎么做呢？如果是出于使命驱动（mission-driven），这份工作就必须值得你用余生去做（be worthy of the rest of your life）。这一点非常值得思考。回首过去 20 年，在你做的所有事情中，你会说这份工作值得耗费所有的时间和精力吗？只是为了钱吗？如果不是，是因为这份工作对某人很重要吗？这就是想法。这对你很重要吗？所以，这就是为吸引正确的人，你所需要做的：你要让这所大学配得上那些将要加入者以后的职业生涯（the career）。他们加入你，是因为激情；他们加入你，是因为这是他们职业生涯中最重要的事情。

如何做到这一点？你需要用一种方式向他们解释你在做什么，以激发他们加入你的激情。所以我说，如果只能用 100 个字来讲述我的故事，我会用 80 个字来解释为什么这个职位和这所大学如此重要。这所大学将满足什么样的国家需求？为什么这所大学创建后，世界会有所不同？把 80% 的时间花在这上面，然后只花 20% 的时间谈论来这所大学需要做的事情。

以欧林为例，20 年前，人们对工程师的培养方式非常不满。我们想："那么，需要做些什么？"通过与他人和公司交谈，我们了解到，几乎所有工程专业的学生，在数学和物理方面都是能够胜任的，但是他们不知道如何解决实际问题，也不知道如何在团队中合作。他们不了解项目（projects），也不了解领导力（leadership）。如何解决这个问题呢？这就是我们当时听到的。于是，我们制定了一门课程，强调了所有这些事情，以便有所改观。我会说："我们认为未来必须拥有新型工程师，他们在团队中工作，知道如何建设项目，知道在必要时如何成为领导者。"这些知识，不在我们现在讲授的微分方程里。

最后，我要谈谈如何着手做这件事。不是很详细，因为那是令人兴奋的部分：要加入你的人，要自己想出怎么做；如果你告诉他们怎么做，正确的人就不会来了。至少可以说，如果他们来了，他们就是错的人（the wrong people）。这可能是最重要的事情。

在这个过程中，我也学到了试验是与时俱进和保持领先的唯一真正可靠的方法（experimentation is the only really authentic way to stay current and to stay on the leading edge）。我们在其他大学里有很多非常聪明的同事，他们把自己的研究兴趣集中在一起，通过神经科学、人工智能和计算技术来解释，未来的学习必然是什么样子。他们已经确定了一门重要的课程，说这一定是未来。在我看来，这存在一个问题，就是我们今天对未来的看法，谁知道 10 年后会是什么样子？20 年后呢？我们还不了解新神经科学呢。与其写下课程并说"就是这门课，每个人都必须学"，还不如致力于一个学习的过程。在这个过程中，每年都要进行试验。这样，当新事物出现时（as new things show up），它们就会自动出现在我们思维的前面（they will automatically be in the front of our thinking）。在欧林，我们用一个简单的原理做到了这一点。我们说："欧林的一切都有一个有效期。"就像冰箱里的食物，只能保存这么长时间，然后不得不丢掉，再用新的取而代之。通常我们会选择保留某些东西，因为它们运转良好；但从知识上来说，你不必忠于我们今天的课程设置，我们也不相信或承诺 20 年后课程还是一样的。

（二）正确的教师

访谈者：欧林聘请伟大的工程师来指导伟大的学生的学习经历（Olin employs great engineers that support great student learning experiences）。在我们

“支点团队”的第一次访谈中，您指出著名研究型大学里的一些教员并不想获得诺贝尔奖，而是更喜欢关注学生，给学生的一生带来改观（more concerned about caring for students and making a difference in their lives）。因此，如果这些教员被赋予自由和责任去开发新东西，他们将申请欧林的职位。[①] 为了找到“正确的人”，欧林正在试验一个“教师遴选周”（Faculty Candidates' Week）。这是一个新的、多层次的招聘过程，旨在尽早发现最合适的候选人。这些候选人应该是受到工程教育改革这一目标所激励的，但是有些教员将他们的努力倾注到工作中，同时还担心这样的努力在重新任命或晋升时得不到认可。因此，针对这一情况，欧林设计了新的教师发展和评估系统，并不断完善。[②] 请问新系统现在运作如何？新系统是否在鼓励“正确的教员”去“做正确的事”和“正确地做事”？

米勒校长：是的，这项工作正在进行中，但我们很受鼓舞。我们认为，我们正在走上一条不仅对欧林，对其他院校也非常有帮助的道路。你现在几乎可以看到它的全貌。我在世界各地考察过很多次，包括中国在内，我发现大多数大学认为，有 3 件事对学术生涯的成功很重要。第一，也是最重要的是研究，即发现事物；第二，教学，即把学到的东西与年轻人分享；第三，服务，即做些有助于其他机构或你所在机构同事的事情。我们一直认为这是成功的公式。但它也存在一些问题。它假设如果每个人都是研究者，世界会变得更好；它假定发现事物，是最重要的需求。我认为这是有问题的。我来解释一下。为了便于理解，我先讲个故事。我是在农场长大的，大概 10 岁的时候，我们家养了很多鸡。我五年级的时候，做了一个研究项目。这个研究项目是了解企鹅。我被迷住了，因为企鹅是会游泳的鸟，我还从未见过鸟类游泳。我是怎么做的呢？等轮到我可以从我们的图书馆借阅《大英百科全书》P 卷时，我带它回家连夜抄写了关于企鹅的那一整页，还在纸角处画了一张企鹅的小图片，然后我就交上去了。这样我的老师就可以明白，我知道如何找到事物（how to find things out）。这不是件容易的事。我现在有个孙子。如果当他 10 岁的时候，也做一个关于企鹅的研究项目，做法会有很大的

① 于海琴，陶正，王连江. 欧林：打造工程教育的“实验室”(上)：访欧林工学院校长理查德 · 米勒［J］. 高等工程教育研究，2018（3）：45-52.

② MARTELLO R，LYNCH C，SOMERVILLE M，et al. Rethinking faculty development and assessment at Olin College：a community-oriented design process［J］. Advances in Engineering Education，2021：EJ1316324.

不同。他会借用他妈妈的 iPad，用谷歌搜索“企鹅”这个单词。我前几天就用谷歌搜索“企鹅”了。你知道会发生什么吗？ 检索出来了 5400 万篇文章。查明事物的困难部分不在于找到事物（not finding things out），而在于理解它们（making sense of them）。信息太多了，弄清楚这些信息的重要部分是什么，才是今天的大挑战（the big challenge）。我们只是要求他们去找到新事物。我们假设，所有已经存在的东西，对孩子来说都是有意义的，而且这些东西会直接影响他们的思维方式。但事实并非如此，我想你们现在也看到了很多挫折。

因此，我们需要一种衡量教师的新方法。我可能之前已经解释过。事实证明，我们现在采用的衡量方法并不是教学、研究和服务。这种方法不是在一个活页里夹 3 个独立的标签，而更像是彼此有重叠的维恩图（more like a Venn diagram where these overlap）。第一件事情，是建立学生的成功基础，包括教学，但还包括更多。第二件事情，不是研究，而是你在自己领域创造全国可见的影响（creating nationally visible impact in your field）；这可以包括研究，但也可以包括其他事情。第三件事情，不是服务，我们称之为“打造大学的成功”（building institutional success）基础。这部分能支持我们的家庭，我们也需要建设我们的家庭。这个衡量方法是我们建好欧林大家庭的一部分。因此，这 3 件事情交互重叠，提供了一个更广阔的框架，使教师能够投入更多的时间，而不仅仅用于在期刊上发表 1 篇文章。这也包括改变人们的生活（changing people’s lives）和理解这个世界（making sense of the world）。我们已经使用这个衡量方法好几年了。我们认为，它已经起到了作用，当然，也受到了信任它的教师的欢迎。我们还没有足够长时间的经验，去了解它可能存在的缺陷，但是我们颇受鼓舞。

（三）正确的职员

访谈者：我们注意到您说过：“这所杰出大学的发展方式，是我们刚来时未曾想到的。我很自豪的是，这些杰出的教职员工和学生，同我一起将这个大胆的教育创新试验变为现实。”在以学生为中心、以人为本、以项目为基础的创客文化中（in the student-centered，people-first，project-based maker culture），职员的重要素质是什么？续聘的标准是什么？

米勒校长：在欧林，区分职工（staff）和教师（faculty）是非常困难的，因为我们不认为他们的角色有明显的差异。举例来说，我们的教师开会时，所有的图书馆馆员、商店工作人员、学生生活和住宿生活院长，还有行政人员，都聚集在同一个房间。我们只是觉得这就像上演一部戏剧作品或戏剧（putting on a dramatic production or a play）。我们每个人都有不同的角色，但是我们必须有完整的对话才能演好这部戏剧。因此，我们对职员使用的测量方法与对教师采用的测量方法没有太大的不同。要成为一名成功的职员，需要找到一种方式为践行学校的使命作出贡献和扩大影响，也就是为这里的每个人提供这种体验式学习环境（experimental learning environment）。当然，我们并不是对每个教职员工都用完全相同的程序，法律也要求我们根据他们的情况区别对待，毕竟他们有的做财务工作，有的做学生工作，有的做营销工作，或做其他不同种类的工作。但是，我们这里招聘来的每一个人，都在某种程度上被学院的使命所感动，即为美国和全世界的工程教育发展做出重要而持续的贡献（to be an important and constant contributor to the advancement of engineering education in America and throughout the world）。

（四）正确的学生

访谈者：欧林修改了工程学院的录取标准，更加注重申请人在多元智能，包括“右脑思维”（right-brain thinking）方面的平衡。我们注意到2019级的招生过程分为两个阶段：首先，欧林对申请人进行全面的评估，包括他们的学术准备和潜力，他们如何度过时光及他们在其群体中的地位；在对申请进行审查后，邀请一些有录取意向的学生到欧林校园参加为期两天的候选人周末。在这个周末，申请人将参加设计挑战（a design challenge）、个人面试（individual interviews）和小组练习（a group exercise）。正如欧林工学院的招生办主任艾米丽·罗珀－多滕（Emily Roper-Doten）对每一个欧林学生解释的那样：“你占年级人数的1%还多，你能够影响下一个来这里的人。”欧林是全美国毕业率最高的大学之一。有的毕业生进入美国顶尖的研究生院，还获得大额奖学金，有的受到雇主青睐，有的甚至刚毕业就开始创业。您能先说说随着时间的推移，招生过程发生了什么变化吗？其次，你们收到这么多份申请，可招生名额不到90人，您最困难的决定是什么？

米勒校长：在众多合格的申请者中，决定录取哪一个，是我们最难做的事情之一。就招生过程而言，与10年前没有太大的不同，除了随着欧林在国内和国际舞台上有更多的可见性，我们现在有机会去吸引更多样化的学生群体（a more diverse student body）。这对我们来说，真的很重要。一直以来，寻找一个在男女比例上基本平衡的新生年级，是我们招生工作的一个重要的优先事项，也将继续是优先事项。我认为，造成这一困难的原因是，全美的工科学生中女性占比只有不到 20%，男性大约是 80%。如果我们想对半分，就更难了，所以我们必须予以考虑。招生过程包括举办“候选人周末”，以团队的形式进行面试。在整个周末，申请者一起积极参与项目工作或处理争议。我认为重要的是要意识到，它不仅仅关注考试分数，尽管考试很重要。这不仅仅是一次面试。面试会让你想到坐在某人对面，回答有关热力学的问题。而招生面试不是这样的——在这里要作为一个团队一起建造东西。面试只持续 1 小时，而在这里将持续整个周末。所以，你不能整个周末都不是真实的自己，人们最终会知道你是怎样的人。这就是我们正寻找的，我们希望这成为一个好的契合（a good fit）。我们在寻找正确的学生（the right students），但同时，学生们也在寻找正确的学校（the right school）。

在周末结束的时候，我们的招生团队召集会议，包括参与这些面试的教职工委员会。它们不得不做出艰难的决定，让哪些学生入学。我们要寻找的学生，没有原型（no prototype）。我们不是在找外向的人，也不是在找内向的人，亦不是在找有音乐技能、运动技能或数学技能的人。我们正在寻找的是想给世界带来影响的人（who want to make an impact in the world），想与他人合作的人（who want to work with others），认为“工程师是一个能够预见从未发生过的事情并尽一切努力去实现的人”（who think that an engineer is a person who envisions what has never been and does whatever it takes to make it happen）。这不容易描述。就像如果我让你描述，你寻觅妻子或丈夫时，你使用什么“录取”程序。我想你可以看出，招生不是一个公式，也不是招收考试分数最高的，它要复杂得多。我们用多元智能来解释它，我想我上次访谈已经解释过了。[①]

我可以举几个例子，来说明我们已经看到的一些问题。如果一个学生来了，但他不能和其他任何人协作；他必须做所有的决定，而其他的每一个人只能跟随。这样的话就不会运行得很好，是吧？如果他是一个不能很好地聆听他人意见的人——那也是行不通的。如果一个人不喜欢模糊性，他必须有一个宏观结构，目的是确保存在的问题是精确的，收到的信息是精确的，

---

① 于海琴，陶正，王连江. 欧林：打造工程教育的“实验室”（上）：访欧林工学院校长理查德·米勒［J］. 高等工程教育研究，2018（3）：45–52.

得到答案需要花费的时间是精确的，而且答案的数字是精确的，比如 12、22……这种类型的人——我们需要这样的人——但这不是欧林所需要的。进入欧林的人要处理很多模糊性，还要具有协作能力。

所以我想说，我们正在寻找 5 种思维模式。

第一，合作思维模式。具备这种思维模式的人喜欢与他人互动，具有好奇心，他很少——让我来构思一下——独自就餐，他更愿意和其他人一起吃饭，尤其和那些与他背景不同的人，这样他就能发现，自己对世界的看法有什么不同。

第二，跨学科思维模式。这意味着他不认为自己是狭窄领域的专家，他认为自己是想知道一切的人。我认为一个学科，就像你主修历史学、经济学或工程学，有点像你的家乡，那是你长大的地方。你知道邮局在哪里，也知道杂货店在哪里。但是如果 30 年后你还待在家乡，你就没有成长多少。具有跨学科思维的人，对于探索其他城镇很感兴趣。换句话说，具有跨学科思维的人认为他的学科是他的家乡，但他很好奇，他想去参观许多其他城镇。

第三，创业思维模式。具有创业思维模式的人是乐观主义者，他们总能看到创造更美好世界的潜力，并知道这需要他们采取主动的行动。这才是创业者的真正核心，这不是在商业意义上而是在人生意义上讲的。所以，我们需要有远见的人。我们想要的人要有动力创造一个更美好的世界，并愿意为实现这一目标发挥领导作用。

第四，同理心思维模式（an empathetic mindset）。有这种思维模式的人关心他人，为他人担忧，不确定我们所做的是否对每个人都有帮助。他们寻找那些被遗忘的人，关心那些不如他们幸运的人。

第五，全球思维模式。这是美国人特别感兴趣的地方，因为我个人认为，美国的孩子——不是因为他们做错了任何事情，而是因为他们成长在一个说英语的国家——有很多优势，所以他们的确对世界上的其他地方知之不多。许多美国孩子没有护照，他们从未去过其他国家，他们也不明白为什么要去。因此，我会说美国孩子是这个星球上文化最贫乏的儿童群体之一。

我想对我自己的孩子说，我希望 30 年或 40 年后，他们能更好地了解世界的其他地方是怎么回事，因为这对世界的未来越来越重要。所以，我认为这 5 种思维模式对于申请入学的人来说是很重要的。

三、欧林方案：持续创新，培养全人

（一）师生合作

访谈者：欧林没有研究生院，也没有发表文章的压力。欧林是一个卓越的教师可以重塑学习的地方，也是一个学生将自己看作创新者而不是消费者的地方。[①]在欧林，学生们经常本着课程持续创新的精神，参与改进课堂。这使得师生合作达到了意想不到的水平，并成为学校的核心价值，而且这一直是欧林的一个重要的学习优势。基于学生调查，《普林斯顿评论》指出，欧林毕业生以工程师的身份出现，拥有“神奇而实用的技能组合”，他们“能够在各种环境中运用这些技能”，并称欧林的教授“非常敬业”，且“对教学工作很感兴趣”，甚至寻求“课程和学习方式的不断改进”。很明显，正如您所说，欧林的教职员工和学生每天都在积极地学习（engage in a positive learning process every day）。但事实是，顺从不是创新者的天性（compliance is not in an innovator’s nature）。对教师来说，教与学的“欧林方式”（the Olin Way）面临什么挑战？学生又面临什么挑战？

米勒校长：这是个长话题。用这种方式教学并不简单。这更像是做一个家长：并不存在一个清单（there isn’t a checklist），只要你把列出来的事情都做好，你的孩子就会变得完美。每个孩子都不同，需求也不同（Each child is different，and the needs are different）。我认为，从一开始，要想成为欧林的一名成功的教师成员，你就必须认识到，这并不意味着你成为你所做的每一件事的专家。要成为欧林的成功学生，你也不是要成为在考试中百分之百做对的人。所谓成功，是作为一个团队成员，能够帮助团队作为一个整体来学会处理复杂的现实问题（It’s about being a team player that helps the team learn complex realities of complex problems as a group）。所以，如果你联想到足球这样的运动，如果你用教足球的方式在大学教工程学，我们就会有一个很容易测量的测试，因为它有一个数据。例如，你能把球踢多远？所以我们会说，嗯，这是 30 米，而且如果你能踢 30 米，我能踢 29 米，那么你比我好。那你能跑多快？我们会有一个时钟计时，那些跑得最快的就是最好的。老师将是跑得最快或踢得最远的人。但事实证明，生活比数字更复杂。所以你必须意

---

① WAGNER T. Creating innovators：the making of young people who will change the world［M］. New York：Scribner，2012：45–49，189.

识到，足球队的教练不是跑得最快的运动员，也不是踢得最远的人。但他是一个有判断力和愿景的人（the one who has judgement and vision），而且能够激励人们去做事情（inspire people to do things）。欧林的教员就需要这样。这可能很困难，因为这不是我在博士毕业时准备做的事情。我本来应该是对某个特定问题的最佳研究者，只需要做到这一点即可，其他一切都会没问题的。你总是谈论你研究的东西，你总是这个领域的专家，这就是你所需要做的。现在，要做好这项工作，你必须乐意边学边做以前从未见过的事情，乐意暴露在答案未知的难题面前。你必须坦然地说出来，并向学生寻求帮助（ask the students for help）。

另外，学生们必须适应这种结构的缺乏，而且在内心要有一种理解，即我们正在做的是一个试验。你心里可能明白这一点，也可能不明白。答案可能不是一个数字，也可能更复杂，还可能是主观的。因此，欧林的每位学生必须站在全班同学面前，在口试中频繁地解释自己在做什么。你不能轻松地坐在那里，被动地记笔记，然后等待期末考试。我们不是这样做的。当事情进展不顺利时，其他学生经常会举手说："对不起，我不明白，我不认为你做的是在帮助任何其他人来理解这件事情。我认为我们需要重新思考这个问题。"在欧林，这是被接受的。教员们对此表示欢迎，学生们也是如此。

如果我们用一种更熟悉的方式来谈，我认为，这种方式与我们在研究生项目中的学习方式没有什么不同。这和我在读博时，每周和我的老师进行一对一的交流没什么不同。没有一个明显问题摆在那里，我必须找到问题去解决。我那时有一群研究生，他们是我的参谋团。我提出想法让他们尝试，他们会给出反馈："不，这真的不是一个好主意，你应该这样做。"于是，我在这方面做得越来越好，直到最终成为一名专家。这是一种学习文化，我们正努力在本科阶段培养这种文化。

（二）综合课程模块

访谈者：虽然欧林创新的核心是如何教（the heart of Olin's innovation is focused on how we teach），但是许多其他学科到欧林寻找如何更广泛地创新高等教育方面的灵感（Miller，2018）。您曾指出，"无论多么强调狭窄的专业课程（narrow specialized courses），都不会培养出我们需要的创新者"；"迫切需要大幅度提高毕业生在道德行为和诚信（ethical behavior and trustworthiness）、团队合作和共识建立（team-work and consensus building）、有效沟通和说服（effective communication and persuasion）、创业思维（entre-preneurial mindset）、创造力和设计思维（creativity and design thinking）、同理心和社会责任（empathy and social responsibility）、跨学科思维（interdisciplinary thinking）以及全球意识和感知（global awareness and perception）方面的能力”。众所周知，在欧林，学会如何合作是学生们最看重的教育成果之一。与大多数学术环境相比，这里的教师们之间的合作也要多得多，比如通常一起开发新课程。此外，欧林没有系部，只有需要解决的实际问题。学生和教师建立跨学科的联系（make connections across disciplines）。您曾经写道：“欧林项目的头两年为数学、自然科学和工程设计打下了广泛的基础。这些课程以综合课程模块的形式组织，由 3 名教师组成的团队教授这 3 门课程。有时，3 名教师会同时出现在课堂上。”欧林如何成功地建立起一个既鼓励创新、冒险，又追求卓越的学习生态系统（即一套文化价值和社会关系）？

米勒校长：这又是个长话题。事实证明，发展一种文化是非常复杂的。我不认为存在任何绝对的规则，只要“照方抓药”，就可以起作用。所以，这是有风险的。我们学到了什么？我认为有几点。第一，团队和合作需要信任。如果你不能信任别人，如果你认为会因为尝试新事物而受到惩罚，如果你认为若得到错误答案就会被嘲笑，那么你就不会愿意尝试新事物。一年前，我在欧林请一位教师成员解释欧林的成功之道。她说：“欧林的试验文化之所以成功，是因为善良。”（What makes Olin’s culture of experimentation successful is kindness.）这是一种感觉，人们真的很关心你，他们不是来批评你的，也不是来让你感觉糟糕或让你感觉不成功的。显然，你必须有标准，事情最终也必须可行，但如果文化是竞争性的、不友善的，人们就不大可能冒太大风险。然后，假如它将成为一个清单，每个人就都只会学到同样的东西。所以，这是在欧林所形成的其中一个特征。

第二，我认为必须有一种文化，我称之为“没有意外的文化”（culture of no surprises）。如果你在一个团队中工作，那就意味着人们在做决定之前会咨询你。这很难，是吧？如果这个决定是我们去哪里吃午饭，每个人都会被征求意见，那么这将花费时间。不是每个人都同意，所以需要某个过程来考虑不同人的愿望，但是还要提出一个每个人都能理解的答案。过程的透明是着实重要的，我称之为“没有意外”。如果文化由一个人决定，他就会给你发封信说“这是我们吃午饭的地方”，这就不是合作。这可能也没问题，但显然我不是这个团队的一员，没有人征求我的意见。所以，咨询他人是非常重要的。这就是为什么合作对我们正在做的事如此重要。咨询他人是件棘手的事情。你咨询谁？只咨询校长和主席就行了吗？需要咨询所有教师和职工吗？咨询学生吗？要咨询学生父母吗？校友呢？公司领导呢？你咨询多大范围内的人？换句话说，谁是团队成员？团队越大，结果就越有力，但得到答案所需要的时间也就越长。

领导一个合作团队，最令人头疼的事情之一就是，很难弄清答案是什么，尤其是在短时间内。因此，公司董事会必须有一个战略。公司董事会通常有10个人左右，如果他们将在周末共进晚餐，10个人将决定战略是什么。然后在周一，他们会给其他人写一封信说，这就是我们要做的。这很快捷，但这不是真正的合作，因为其他任何人都不是团队的组成部分。在欧林，如果让每个人都成为团队的一部分，可能需要花费我们一年的时间来回答一个像战略这样的问题，而且需要极大的耐心。所以，这和文化有很大关系。让尽可能多的人参与进来，此时也可能导致错误。如果你向人们问一个复杂的技术问题，而他们对这个主题一无所知，但你却要求他们投票，那你可能得到的是废话（nonsense），只是噪声（just noise）。因此，你认为谁是决策团队的组成部分很重要，而且并不总是每个人（not always everyone）。

（三）欧林无指挥管弦乐队

访谈者：对任何受过良好教育的工程师或任何其他STEM专业的人来说，广泛的通识教育是绝对必要的。OCO是世界上唯一由工程师组成的无指挥管弦乐队，成立于2002年秋季，是音乐创作/表演课程的一部分。当时有5名学生，分别演奏双簧管、单簧管、低音管、小提琴和大提琴，还有一名演奏单簧管的教师和一名钢琴指导教师。戴安娜·达比教授总结出："一个无指挥管弦乐队，使工程专业的学生有途径和机会展现领导艺术、实施团队合作和表现自己，这3个特征将引领他们进入新世纪，造福所有人。"[1]您告诉我们："具有这些广泛才能的学生，往往比现在普通的工科学生对艺术、社会科学和人文学科更感兴趣，但他们也许对最终的职业目标更不确定。"您能描述一下这些工程师音乐家如何帮助欧林变得更好、变得与众不同吗？与其他毕业生

① DABBY D. The engineers' orchestra：a conductorless orchestra for our time［M］. BARAIKTAROVA D，EODICE M. Creative ways of knowing in engineering. Cham，Switzerland：Springer Nature，2017：23-58.

相比，他们在校园中表现出哪些特点？

米勒校长：这是个非常好的问题。我要以此为起点，更广泛地来探讨一下艺术和人文在工程学习中的作用。根据我们对多元智能的了解，在每个人的大脑里可能都有 8~10 种不同的智能，其中之一就与音乐和声学有关。我们相信，当你从一个不同的角度来看待问题时，创造力就来了。创建无指挥管弦乐队的人很好地证明了多元智能。我不确定上次是不是已经告诉过你，她叫戴安娜·达比，是电气与计算机工程及音乐教授。不，我们不授予音乐学位，这只是对达比的描述。她原来是一位声学钢琴家（an acoustic pianist），事实上，她曾在纽约卡内基音乐厅独奏过，也曾在茱莉亚音乐学院（The Juilliard School）兼职教学，是名作曲家，谱写歌曲并游历了亚洲和欧洲。但在职业生涯中期，她开始关注电子音乐。因为她是声学钢琴家，她很具好奇心。尽管困难重重，她还是回到了学校。她在麻省理工学院获得了电气与计算机工程博士学位（a PhD in electrical engineering）。她的博士导师是 Bose 音响公司创办人阿玛·博斯（Amar Bose）。我们找到达比时，她周一、周三和周五在麻省理工学院教授电路设计，周二和周四在街对面的塔夫茨大学教授音乐理论。她没有告诉其他人她在做什么。因为，她说，“一旦他们发现我实际上是个音乐家，他们就不会尊重我了”。但我们的回复是，“不，是时候公开了”。

这就是多元智能的含义。通过拥有不同学科的专业知识，你可以获得对现有问题的新见解（new insights）。无指挥管弦乐队是她创建的。乐队做了很多事情，其中之一就是挖掘了工科学生在艺术和人文方面的天赋。我相信这在任何地方都是真实的。他们不仅擅长数学和物理，在艺术和人文方面也一样优秀，只是他们上大学时经常被迫做出选择。“哦，你现在只打算学数学，还是只打算学音乐？”为什么要选择？我们都想学。

对我来说最重要的事情之一——这真的很重要，如果你要培养一个全才，你就不能只与他们的头脑谈话，还必须和他们的心谈话（if you educate the whole person，you can’t just talk to their head. You have to also talk to their heart）。这是你大脑的两部分。“脑”是认知部分，有逻辑，有数学，有体验式学习；“心”是关于人类经验的，与自我表达有关。所有艺术都是关于自我表达的，这不是从书中学到的东西。你不能通过读书来学习如何成为有创造力的人，也不能从读书中学到如何创作歌曲。它们必须来自你的内心（come from inside you）。学会倾听内心的声音（learning to listen to that voice inside），培养它，而且鼓起勇气使它成为一项新发明、一首新歌，这就是无指挥管弦乐队所做的事情。

乐队还做了另一件事。因为它没有指挥，它教你倾听，教你作为团队成员要专心（be attentive as a team member），就像弦乐四重奏（like a string quartet）。我不确定你是否懂音乐，所以让我进一步解释。如果你听古典音乐，你可能会意识到有些小乐队，通常包括小提琴、中提琴和大提琴，他们没有指挥，坐在那里就是个乐队，分别担任不同的角色。但是他们演奏的时候就好像是一个乐器，他们好像是一体的。这种感觉、认知、存在合为一体（coming together of feeling，of cognition，and of being），就像演奏一种乐器。他们对生活提出了新的见解。这就是无指挥管弦乐队帮助学生所看到的东西。

（四）家长咨询委员会

访谈者：您推荐了托尼·瓦格纳（Tony Wagne）的《创新者的培养：如何培养改变世界的创新人才》——这本书讲述了如何帮助学生学会随机应变。瓦格纳认为[①]："内在动机有 3 个相互关联的要素：玩耍（play）、激情（passion）和使命（purpose）。家长、教师、导师和雇主是否（以及在何种程度上）鼓励这些品质，对年轻创新者的生活会产生巨大的影响。学生有机会追求自己的兴趣和发现自己的激情，从而走向更深层次的使命，是大多数欧林课堂学习的动力。"您能否描述一下学生家长在欧林社区中的角色？

米勒校长：是的，家长在欧林扮演着特殊的角色。可能他们在开学第一天，就起到了最大的作用，比我所知道的任何其他学校的父母作用都要大。原因有两个。

一是欧林学生的父母很特别，就像学生很特别一样。从孩子出生的第一天起，他们就积极参与孩子的生活。孩子们来到欧林，是因为他们在学术上准备得很充分——这并不是偶然的。父母已经为他们提供了一个学习环境，并给予了极大的关注。他们一直在培养孩子，从孩子上学第一天起就融入了学校。因此，当他们的孩子作为大一新生来到欧林时，我们认为"父母只需要把学生放到校门口，直到毕业才回来"这个想法是讲不通的。父母从一开始就参与其中，并且只要孩子还在欧林，他们就保持参与。所以，父母对帮

---

① WAGNER T. Creating innovators：the making of young people who will change the world［M］. New York：Scribner，2012：45-49，189.

助孩子，以及成为这个社区的一部分，是很感兴趣的。许多学校发现这样做很困难，也很具挑战性，它们不鼓励父母继续参与孩子的大学生活，但欧林鼓励。

二是我们没有校友，尤其是在建校之初，欧林的学生很难与公司和雇主建立联系，所以我们就向学生父母寻求帮助。或许学生父母可以代表学校与雇主交谈，为学生暑期在那里工作创造机会。事实上，这种方法非常奏效。学生们去了你家，尽管这不是你的孩子，也许其实你住在另一个城市，但这个孩子是你儿子或女儿的同学，他 / 她来了，和你一起度过夏天；然后他 / 她住在你家，在你上班的公司工作。这为欧林所有学生及其父母创造了一种不同寻常的家庭文化。这种不同寻常的家庭文化，对欧林非常有益。

（五）每个学生都很重要

访谈者：欧林在办学章程中提到，要把学生“不仅作为学者和工程师，而且作为人”来关心。我们不确定您是否注意到，有位 2020 届欧林学生家长的评论“校园大计划——马萨诸塞州的一所小工程学院如何重组高等教育”：“学校吸引了我儿子，帮助他成长得超乎我的想象，而且，哦，是的，帮助他深入学习计算机科学。欧林的教授和管理人员总是让我的儿子觉得，他是为自己和整个世界做重要工作的学者群体中的重要一员。”“家庭周末”活动也让我们印象深刻，尤其是学位颁发典礼上，每位毕业生可发表 15 个词作为感想。这些独特的活动和实践给欧林带来了什么？一定有许多故事，您能否和我们分享一些？

米勒校长：好的。我相信这些年轻人将会改变世界。欧林之所以投入这笔奖学金，是因为我们相信，我们把所知的有关如何创造一个更美好世界的一切给他们，而他们在一年级时就向我们承诺，无论他们以后去哪里，都会以此为使命，并将之传承给后代。所以，我们需要确保他们作为人能够成功。他们也有和其他年轻人一样的问题——偶尔会心痛，心灵有时也很脆弱，比如遇到经济困难，或家长去世。

几年前欧林发生了一件事，可能是我职业生涯中最难过的。那是个秋季，我们有两个学生，一个男孩、一个女孩，彼此是朋友，在一个阳光明媚的日子里骑摩托车外出。他们撞到一棵树，两人都没了。作为校长，我寝食难安，花时间和每个孩子的母亲通电话，后来还去参加了葬礼，从学校同学的角度谈论他们的悼词。这是非常艰难的时刻。我不能把这些委托给别人。当你看到一位刚刚失去了生命中最珍贵东西的母亲……是很揪心的。这件事以一种其他任何东西都无法做到的方式束缚着我们，使我们有去保障所有学生幸福的责任感（a sense of responsibility for the well-being of all of our students）。

现在一些全国性的趋势表明，青少年可能从来没有像今天这样艰难。两年前，《纽约时报》刊登了一篇文章，称当今美国青少年中出现了前所未有的焦虑症。大约一个月后，又有一篇关于社交媒体导致青少年自杀率激增的文章。社交媒体有评价性。如果在全球范围内有数十亿人点“赞”或点“不喜欢”，就会让人感觉很糟糕。孩子是脆弱的。他们可能真的很聪明，但他们是人。所以，我们尝试做的事情之一就是，与学生在一起时尽可能地让他们感到我们是和蔼可亲的、开放的。我们喜欢把欧林看作一个大家庭。上周，我在住所开放了一个房间，接待任何一个想来吃冰激凌的学生。我们聊了大约两个小时。我们在欧林定期举办这种活动，只是为了确保学生们一切顺利，让他们感觉很好，且让他们知道：我们把他们作为人来关心（we care about them as persons）。

四、欧林战略：启动“火星计划”，“课程”类比“背包”

（一）转折点

访谈者：这确实是欧林历史上的一个里程碑。2018 年 8 月，您发布了信息：“经过深思熟虑，我打算继续担任欧林工学院校长，直到 2020 年 6 月 30 日，届时我将辞去校长一职……对欧林来说，还有更多新的工作要做。”事实上，欧林已经实现了“成为美国和全世界工程教育发展的重要和持续贡献者”这一目标。在第一次访谈中，您和我们谈到了在最初的 10 年里，欧林是如何“建造火箭”的。本学年的待办事项还有哪些？您希望继任者怎样带领欧林前进？

米勒校长：是的，在 2020 年 6 月 30 日离开这个办公室，是我考虑再三才做出的决定。我认为欧林正处于职业生涯的转折点。欧林创立的时候，在很多方面就像一个“登月计划”（a moonshot）。在 20 世纪 90 年代，人们对工程教育很有挫败感，而且做了很多尝试，包括国家科学基金会（National Science Foundation）花费了 1 亿多美元，试图鼓励大学进行工程教育改革。但 5 年后，他们放弃了，因为研究表明这并不起作用，所以有很多绝望和无奈。而这个私人基金会认为，当社会有一个非常困难的问题在一代人的时间里都无法改变时，通常是因为一些基本的假设、信念是错误的（there are some assumptions，some basic beliefs that are foundational that are wrong），而且正阻碍着我们实现突破性的想法（preventing us from the breakthrough ideas）。而传统的大学不会为了尝试新事物而抛弃那些信念，所以我们将创建一所全新的大学。很多人，包括我的许多朋友，都认为这想法很疯狂，就像一部电影、一本漫画书，或者一些来自外太空的奇妙故事（some fantastic story from outer space）。因此，我们认为欧林就是一个"登月计划"。在高等教育界，从来没有人去过月球，所以我们准备建造一枚火箭去月球。这就是我们在学校成立之初所感受到的理念，但那是20年前的事了。

如果你看看今天已经发生的，就会发现全球工程教育正在发生一场运动。我在中国见过，在俄罗斯见过，在印度见过，在巴西见过，在欧洲也见过。即使欧林在今晚被一颗陨石击中，且从地球上蒸发掉，你也无法阻止已经开始的这场变化。如果今天我坐在一艘飞往月球的火箭飞船上，从欧林向窗外望去，我能看到月球。我们在那儿。虽然并不是每一件事情都已完成，但登月的巨大挑战几乎已完成（pretty much accomplished）。

事实上，对我来说，这方面的一个例子是麻省理工学院正在对其本科课程进行一项非常深刻的改革。你可能知道这个，它被称为"NEET项目"——新工程教育变革（the New Engineering Education Transformation）。我很了解那个项目的负责人，他是一位了不起的领导者，他叫艾德·克劳利（Ed Crawley）。他还是莫斯科斯科尔科沃理工学院（Skolkovo Institute of Technology in Moscow）的创始校长。艾德告诉我，麻省理工学院正试图"欧林化"（Olinize）他们的课程。20年前，我们做梦也不会想到，麻省理工学院会将他们的课程"欧林化"。20年后，我们却做到了。

现在，如果我向前看，可以看到一个更大的使命——"登陆火星计划"——需要尽快启动。我认为欧林处于做这件事的最佳位置（in the perfect position）。我认为，我们在欧林学到的一个原则就是，教育需要改变（education needs to change）。我们已经通过试验，而不是阅读论文发现，年轻人远比你想象的更有能力（young people are way more capable than you think）。他们有独立学习的能力，有创造新事物的能力，特别是如果他们能够被允许作为一支团队，在一个鼓舞人心的使命中，从事一些值得他们花时间去做的事情。这一点确实很重要，因为随着社会的快速变化，今天有些孩子出现了焦虑、试图自杀等问题。他们需要这种教育上的改变，因为它是赋权给孩子的。它允许他们通过艺术表达自己。这比欧林创立的使命大 20 倍，因为在美国只有大约 5% 的学生在学习工程，95% 的学生在学习其他专业。其他专业也可以像欧林一样，从这些变化中受益。这是个非常大的使命。我敢打赌，这需要另一个 20 年才能实现。从年龄上来讲，我不可能在这里再工作 20 年。我认为，欧林需要一个比我能在这里待的时间更长的新领袖，带着这艘宇宙飞船登陆火星！我认为这对地球非常重要。

事实上我们已经着手做了，我把它称为“变革教育联盟”（the Coalition for Transformative Education）。它的目标是在所有高等教育中掀起一场变革教育的运动，让在其他学科学习的学生获得像欧林一样的成果（Olin-like outcomes）。

（二）新的旅程

访谈者：欧林开发了一种新的教育模式，它培养出了不仅高度称职而且全面发展、有社会意识的工程师。在您最近 10 年的校长任期内，有来自世界各地 830 多所教育机构和其他机构的 2800 多名访问者，通过合作项目访问了欧林；这些教育工作者来这里寻求灵感和指导，以求在自己所在机构中进行变革。您想象欧林是一艘拖船，拖动高等教育这艘航空母舰走向经济创新。您说，欧林的工作是在左舷或右舷把高等教育重新调整几度，而不是 180°。但即使是 10°，也能对宇宙产生巨大影响。从 2020 年 7 月开始，您会有为期一年的学术休假，这是您 45 年学术生涯中的第一次。您告诉我们，您计划利用这段时间来反思您对高等教育创新的持续投入，探索未来的选择，还要花更多的时间与您夫人贝丝和家人在一起。在欧林第 8 届毕业典礼上，您强调了倾听“内心声音”的重要性（the importance of listening to an “inner voice”），这种声音将为人生决策提供指导；在第 14 届毕业典礼上，您敦促毕业生把“幸福”看作人生的首要目标（put happiness at the top of life goals）。您能不能分享一下您是如何成功兼顾事业和家庭的？这种“内心声音”与我们追求幸福有什么关系？

米勒校长：这又是一个有意思的话题。这真的很重要。我想让你参考一下哈佛大学已经开展的对于幸福的一些研究。我相信，这是世界上时间跨度最长的关于幸福的研究。它已经有大约 80 年的历史了，当然，这期间有许多不同的研究者来来去去。研究证明，在生命将要结束时，幸福感和满足感与你赚了多少钱关系不大。这与你赢得的声望、在不同地方获得的学位和头衔几乎也没有关系。它主要与人际关系有关——与关心你的人的关系，而你对他们也要负责任。显然，这始于家庭，但家庭并不总是最重要的。每个人都有一个可以依靠的核心朋友圈。这并不是说他们从来不和你争论，也不是说你永远都不会生气，但是你可以依靠他们。他们把你的最大利益放在心上（have your best interests at heart）。在你陷入窘境时，他们总会伸出援助之手。

我这辈子建立了一个朋友网络，这些朋友在很大程度上决定了我现在所处的位置（largely responsible for where I am today），而且让我感受到一种使命感和一种归属感（a sense of purpose and a sense of belonging）。所以我认为，在高等教育中，除了艺术，内心的声音通常被屏蔽。但是，文学、诗歌和音乐在大学里并不被视为最重要的，它们只是人们用来娱乐的。但我认为它们的作用应该更大。幸福必须是发自内心的，它来自内心（the heart），而不是头脑（the head）。

（三）一种新的学习文化

访谈者：在最近一项对 318 家公司的调查中，93% 的雇主更关心大学生的“批判性思维、沟通和解决问题的技能”（critical thinking，communication，and problem-solving skills），而不是大学生的专业。因此您提出：“我们不要再费力让他们成为非常狭窄领域的专家。相反，我们要注重教他们学习的过程。”2018 年 12 月，您访问了中国。您在南方科技大学发表演讲时说：“为了培养创新者，我们必须改革：教谁，教什么，如何教。”您送给陈十一校长一本书，书名是《一种新的学习文化：培养对一个不断变化之世界的想象力》。书中有些句子打动了我们：“在社区里，人们为了归属而学习；在集体中，人们为了学习而归属。给人一条鱼，能养活他一天。教人钓鱼，只要有鱼可钓，他就能养活自己。但是创造一个集体，每个人都将学会如何养活自己一辈子……我们认为，与其提出问题来寻找答案，不如用答案去寻找越来越好的问题。”[①]您能告诉我们，这本书对您领导欧林有什么启发和影响吗？您对中国工程教育的未来有什么建议吗？

米勒校长：这依然是个很长的话题。是的，我们教谁，我们教什么，我们怎么教。这种认识来自试验，而不是来自读书或参加会议。我们发现，当

① THOMAS D，BROWN J S. A new culture of learning：cultivating the imagination for a world of constant change［M］. Scotts Valley，CA：CreateSpace Independent Publishing Platform，2011：31–36.

你把学生当成更成熟的成年人来对待时——给他们真正的责任、真正的预算、真正的自主权——他们几乎总是能超出你的预期。他们随机应变，经常产生别人意想不到的结果。这也许不应该是个大惊喜。回头看看艾萨克·牛顿（Isaac Newton），22 岁就发现了万有引力；莫扎特（Mozart）12 岁时，就创作出了歌剧《装痴卖傻》……年轻人有能力，只是对他们的思考方式使我们没有认识到这一点。这意味着如果我们没有考虑到这一点，我们就无法在正确的地方找到候选人，也就录取不到正确的人。我认为，为了创造创新者，我们需要对不同类型的发明创造，具有更开放的心态。

另一个例子是，飞机工业不是由伯克利的物理学家发明的。飞机工业是由俄亥俄州的两名自行车机械师莱特兄弟发明的。他们在背上绑上翅膀，从山上跳下来。他们不停地说："一定还有更好的方法。"这就是发明的过程。没有人会挑选这两名自行车机械师作为改变世界的发明家。当我们在挑选谁进入我们的大学时，我们需要考虑这个问题。

关于我们教什么。我们相信，你必须有两年的微积分和物理学习经历，必须在考试时取得高分，才能在发明事物和技术方面取得成功。事实证明，莱特兄弟并不具备这些先决条件，艾萨克·牛顿也不具备。但他们确实有一种好奇心，有一种试验感，有一种尝试别人未曾尝试的东西的禀赋。我想我们不是教给他们所有的先决条件，而是应该教会他们如何学习。我是这样描述的：我们的世界变化得如此之快，以至于你无法预测，5 年后你需要知道的最重要的事情是什么。

所以，为今天要上大学的学生创立一个课程表——让我来做个类比——有点像准备一个背包（a backpack），你要背 40 年，然后在森林里徒步旅行（hike in the forest）。但是，这个背包不能太大，否则你背不动它。那么，你会在这个包里放什么？你要离开 40 年，你不可能放足够 40 年吃的食物到包里，那样它会比你还重。也许你应该放一些东西进去，帮助你学会寻找食物，帮助你学会狩猎，而不是把所有你需要的东西都放进那个背包里。这就是工程教育的问题所在。每当有新的东西出现，比如纳米技术或人工智能，我们的直觉反应就是增加另一门课程（add another course）。这就像在你的背包里又放了一个重物。你可能永远都不会用到它，但是你当时不可能意识到，除非以后已经全然了解这一切。因此，盲目增加课程，是行不通的。

医学也面临着同样的问题。人类基因组项目，已经彻底改变了我们思考医学的方式。要成为一名真正的医生，需要太长的时间。如果你必须在开诊所之前就学完所有的医学知识，那么你在开始之前就老死了。所以，我们必须教会学生如何（how）学习，而不是让学生学会什么（what）。这真的是一件非常重要的事情。

致谢与说明：特别感谢欧林工学院营销与传播助理副校长 Anne-Marie Dorning 和市场与传播专员 Miriam Stulin 在访谈程序上给予的帮助；诚挚感谢华中科技大学于海琴博士（与本书编著者同名）在访谈提纲设计中给予的宝贵建议。

译者后记

本书的英文版自最初的访谈开始，陆陆续续增加了新的内容。本书的翻译工作启动较早，英文版正式出版之后，本人重新整理了中文译稿，进行了校对和润色，力求以最高质量呈现给各位读者。

本书的内容主要聚焦于教育领域，同时也涵盖了广泛的话题。在翻译过程中，本人认真研究了所有的专业术语和内容，以确保准确无误地传达原意。

翻译本书的难点在于，大部分内容最初是以录音形式存在的，因此在转录成文字的过程中，有些地方的连贯性和逻辑性可能稍欠顺畅。为此，在翻译过程中，根据上下文对这些地方进行了衔接和修补，并适当删减了一些口语上的重复表达。

在参与本书翻译的人员中，葛兰英和李倡云合作翻译了一篇文章，李加和于洁各自参与翻译了一篇文章，在相应篇目的脚注中均有说明，此处不再一一列举。

除此之外的所有内容均由我翻译并定稿，对于本书翻译中出现的任何错误和不当之处，我承担全部责任。

我要特别感谢本书的编著者于海琴教授，她不仅亲自设计并开展了访谈，而且对所涉及的内容了如指掌。对我翻译过程中遇到的一些问题，于教授都给予了耐心和专业的解答。同时，我也要感谢本书的另一位编著者，陶正（Justin M. Thomas），他在具体语境下对英文的理解方面，给予了我很大帮助。

衷心希望本书能够对中国教育事业起到一定的启发作用，这既是本书编著者的愿望，也是我作为译者的期望。

王连江

济南大学外国语学院

2023 年 11 月 12 日

致　谢

编辑这本访谈录历时八年。我非常感谢哈佛大学给我这个宝贵的机会，让我以访问学者身份在哈佛大学教育研究生院（HGSE）学习，也非常感谢济南大学让我以教育与心理学院和高等教育研究院成员的身份出国学习。我特别要感谢我的导师海伦·海斯特教授、人生导师和益友哈瑞·刘易斯教授、同事王荣博士、以前的学生杨忠平先生，以及本书合作编著者陶正。哈佛大学教育研究生院、济南大学教育与心理学院和高等教育研究院，都让我有一种发自内心的归属感和责任感。它们向我提供了必要的支持和鼓励，让我充分利用这一年的访学时间，在教育领域做出一点贡献。

哈佛大学是个卓越的教—学—研社区。2014 年 7 月至 2015 年 6 月，我不仅参加了许多讲座、研讨会和论坛，还旁听了十门课程，分别是文化分析：对话、话语与主题（海伦·海斯特），公民教育和公民行动：理论、研究与实践（海伦·海斯特），青年公民参与的研究实习课程体验（罗伯特·塞尔曼），社交发展在教育、伦理和媒体娱乐方面的应用（罗伯特·塞尔曼），教育中的善作：当优秀、投入和符合伦理相遇（霍华德·加德纳），教育哲学（凯瑟琳·埃尔金），艺术与理解（凯瑟琳·埃尔金），问卷设计实用指南：从概念到管理（亨特·格尔巴赫），高等教育国际化：可能性、危险和承诺（小爱德华多·孔特雷拉斯），写作工作坊（南希·萨默斯）。

正如博士生特蕾西·伊丽莎白在访谈中所说，哈佛的氛围，尤其是 HGSE 的氛围，是非常安全、热情和鼓励合作的。HGSE 的门罗·古特曼图书馆，几乎见证了我的整个访学生活。从图书馆员到厨师，从保安到其他工作人员，哈佛的所有员工都让我觉得仿佛身处一个大家庭。在此，我要特别感谢哈佛燕京图书馆馆员王系，她总是鼓励我追求梦想，并且像大姐一样照顾我。

同行路上有个好伙伴，会事半功倍。2014 年 9 月，我以前的学生杨忠平决定向 HGSE 的中国实验室捐款。他强烈的责任感和使命感深深打动了我，激励着我也去做些事情来改进教育，让世界变得更好。我想我的优势在于观察、提问、倾听和编辑。我最后的决定是，我应该利用这些优势进行一系列的访谈，然后汇编成书，比如这本《鱼游哈佛：学习改变世界》。如果本书能结出硕果，所有的收益都将用于资助中国贵州农村的教育事业。杨忠平先生就来自贵州的农村。

本书是个浩大的项目，我一个人是不可能完成的。正如我喜欢说的，众人拾柴火焰高。哈佛之所以伟大，其中一个原因就是许多伟大人物都会聚于此。在2014年秋天哈佛举办的两次活动中，我遇到了本项目的第一位合作者陶正，他是美国人，能说一口流利的中文。公正地说，如果没有他的贡献，这本书就不可能出版。

陶正是我们支点团队的一员，该团队成立于2015年3月。在海伦·海斯特教授的指导下，团队设计并开展了专注于教育领域的访谈。赫明珠、朱颂宇、索尼亚·玛丽亚·佩雷拉·维迪加尔、张锶雯、林怡、Julie、方祥发、励音骐、白潮等，都先后加入团队。我的好友、同为HGSE访问学者的赵静，以及我的同事张婷，也帮助我完成了两次访谈。自2018年3月开始，波士顿国际传媒咨询公司的俞国梁、Jack Chen、伏天煜、周秋子、高艺丹，与我们合作开展欧林访谈，济南大学的王连江老师也参与其中。

HGSE作为一所专业的教育学院，决心将其研究和教学付诸实施。在前院长詹姆斯·瑞安的领导下，把“学习改变世界”作为自己的院训。每位教师都倾力向每位学生和访问学者传播改变世界的思想。除了上面提到的教授，托马斯·赫尔、保罗·哈里斯、约瑟夫·布莱特、理查德·韦斯伯德、克里斯托弗·戴德、杰德·利帕德教授，以及行政管理人员塞缪尔·奥达马，都给了我们访谈的机会。他们总让我想起哈佛大学校门上的话：“为增长智慧走进来，为更好地服务祖国与同胞走出去（Enter to grow in wisdom, depart to serve better thy country and thy kind）。”

在《高等工程教育研究》执行主编余东升教授的建议下，我们另外又设计了两次对欧林工学院创校校长理查德·米勒的访谈，米勒校长每次都欣然接受我们的访谈请求。

我们还要对欧林工学院的Joe Hunter，Nancy Sullivan，Anne-Marie Dorning和Miriam Stulin，俞国梁及其波士顿国际传媒咨询公司的团队，华中科技大学的于海琴（与本书编著者同名）表示深深的谢意！谢谢他们的支持和帮助！

在本书的出版进程中，我们支点团队很幸运地迎来了九位新成员：把录音转换为文字的于凌涛、张小宇、于双辰，负责摄影整理的王睿佳，负责参考文献格式及引文出处处理的侯太磊、于洁，负责校对的盛思菲，封面设计者杨海波、刘义宝。

随着这个公益项目之中文版在中国经济出版社的出版，是时候回望《鱼游哈佛：学习改变世界》(*Diving into Harvard Education*: *Learn to Change the World*) 出版的整个历程了。英文版已经于2023年10月和2024年8月，分别在清华大学出版社和博睿（Brill）出版社出版。从出版资金的筹集，到英文版和纪念品的购买邮寄等，历历在目的大爱来自这些济南大学校友们：1994届袁彩云、张丽华、赵宏茹、石艳，1995届张志军、李德辉、刘冰、叶信上、吴泳、孔宪敏、宫少峰、李灏，1998届陈卓、李强令、胡建立、滕怀燕，1999届许爱华、何学军、何庆丰，2000届王勇，2003届杨忠平、唐钰钧、赵广野、沈自友。此外，知名青年画家许丙屯，不仅专门创作了作品资助中文版的出版，而且将引领支点团队开展乡村艺术教育研究与实践。

不言而喻，本书的出版也要感谢我的大家庭——济南大学科技处，以及我自己的小家庭。我自2016年5月开始在《济南大学学报（自然科学版）》编辑部工作。编辑部和谐的氛围和团队精神，让我愉快而高效地完成了各项任务。当然，我也必须感谢我的家人，正是有了他们的关心、支持和理解，我才能够编辑这本哈佛访谈录，其间还开展了对欧林工学院的访谈；尤其是大哥大嫂、二哥二嫂，一直在照顾我们的父亲，让我得以把所有业余时间都投入在了这本书上；我想我们永远敬爱的母亲，一定会在花丛拥簇中微笑着，慈爱地看着我们这个团结的家庭，看着他们对我无限的支持。我也感谢我的丈夫和儿子，他们无尽的爱意，是我智慧的源泉，一直伴随着我追求梦想。

从2014年10月开始，我们支点团队始终坚持初心，不懈努力。这种毅力的来源是什么？我想可以从美国作家马克·吐温的话里找到答案：“正是在我们母亲的膝上，我们获得了最高尚、最真诚和最远大的理想，但这里面不含任何金钱。”我们希望，每个孩子和学生都能快乐而投入地学习，每位家长和老师都能充满慈爱地教导。事实上，我们只要拥有信念、希望和爱，就可以改变世界，哪怕一次只能改变一个孩子、一个学生！

于海琴
2024年9月10日

书名及封面设计由来

本书中文标题是《鱼游哈佛：学习改变世界》，字面意思是“像鱼一样在哈佛游泳”。这个翻译对于说英语的人来说，可能听起来很奇怪，但在中文里听起来很不错，而且编辑于海琴选择它作为中文标题，是有充分理由的。于博士姓“于”，与中文的“鱼”同音。她认为这句话最能反映她在哈佛大学教育研究生院做访问学者时的快乐和学习经历。但是这句话还有更深的意义。被誉为清华大学“永远的校长”的梅贻琦先生有两句名言。一个是“大师论”，指的是大师级的教育家，“所谓大学者，非谓有大楼之谓也，有大师之谓也”；另一个是“从游论”，即“大鱼前导，小鱼尾随”，用游泳来比喻和强调教师对于学生的特殊作用。梅校长把学校环境比作水，把老师比作大鱼，学生比作小鱼。这个比喻生动地表达了师生是引领与跟随的关系，与中国典籍《大学》的开篇相呼应，“大学之道，在明明德”。

封面设计的灵感来自中国著名作家朱自清先生的一篇散文，他当时是清华大学的教授（1927 年 7 月）。这篇散文名为《荷塘月色》，描绘了月光下清华校园的荷塘美景，体现了知识分子的使命和责任。在中国文化中，荷花象征着圣洁和高贵。

荷塘里游的是一群鲤鱼。在中国传统文化艺术中，“鱼”和“水”象征着繁荣和富足。人们还用“鲤鱼跃龙门”来象征梦想的实现（尤其是考上大学）和事业的成功。这是中国古代的一个民间传说，发生在今河南省黄河上的一个峡谷，称为“龙门”。根据这个传说，只要鲤鱼能够跳过龙门，就会变化成为真龙。龙是一种神秘的生物，在传统上被翻译为英语中的 dragon，实际是一种误译，两种动物并不相同。在中国古代文化中，龙拥有至高无上的权力，性格仁慈，能够战胜邪恶和保护人类。现在龙已经成为力量、美德、幸福和吉祥的象征。今天，“鲤鱼跃龙门”也比喻逆流前进，奋发向上，脱离苦难。

在汉语中，数字“九”与“久”同音，因此获得了“永久”这个联想含义。我们选择在封面上描绘九条鲤鱼，就是衷心祝愿所有人永远幸福。这九条鱼也非常适合本书的形象，因为本书的初衷是促进教育的成功，特别是对于中国偏远山区的儿童。这些儿童如同处在一个相当广阔的峡谷边上。我们真诚地希望本书中的理念和实践能够帮助他们跨越龙门。

陶　正

2022 年 12 月 20 日

支点团队简介

一、支点团队

支点团队成立于2015年3月，由于海琴博士和陶正领衔，海伦·海斯特教授提供指导。团队开展的访谈涵盖了广泛的主题，目的是在教育领域挖掘新的潜力。团队成员来自中国、美国、巴西、新加坡等国家，其中有十多名研究生和访问学者为团队核心成员。“支点”这个概念，来自阿基米德的“给我一根足够长的杠杆和一个支点，我就可以撬动整个地球”。

二、访谈人员

赫明珠 一位创新者、研究者、体验设计师、教育工作者，热衷于设计对人类和地球有益的未来技术体验，尤其在医疗保健和教育领域。目前在圣弗朗西斯科的“三星设计创新中心”工作，与其团队一起，为“三星电子和三星移动”部门领导提供建议。她拥有双硕士学位，一个来自哈佛教育研究生院（心智、大脑和教育），另一个来自德保罗大学（人机交互）。她在芝加哥大学获得经济学学士学位，辅修医学预科。

方祥发（Siang Huat，Jason Hong） 目前在新加坡一所小学担任体育教师。2014年获得华威大学心理学学士学位，2015年在哈佛教育研究生院攻读人类发展与心理学硕士学位，在此期间与于海琴相识，开始协助于海琴完成教育方面的访谈项目。他坚信，教育能够而且应该成为一种社会平等调节器。

索尼亚·玛丽亚·佩雷拉·维迪加尔（Sonia Maria Pereira Vidigal） 目前在巴西一所大学教授教育课程。她在巴西圣保罗大学获得教育学硕士和博士学位。2014—2015学年在哈佛大学进行博士项目研究期间，遇到教育研究生院的于海琴，一起参与了一些访谈项目。

励音骐 浙江大学教授，2013年获得浙江大学地质学博士学位，2013—2016年在哈佛大学固态地球化学实验室担任博士后研究员，在此期间结识于海琴，帮助她访谈了哈佛大学希金斯地球化学讲席教授查尔斯·朗格缪尔。

张锶雯（Siwen Z. Minero） 在哈佛教育研究生院获得教育学博士学位，现为蒙大拿大学助理研究教授。她的研究兴趣包括：理解人类互动、如何有效地利用发展逆境科学（神经科学、表观遗传学、逆境童年体验）来改善生活、如何借助关系和体制的力量来促进所做的努力在未来获得成功。她还是非营利组织“妈妈老师”俱乐部的首席学习官。

白潮 现任聚协昌药业有限公司国际发展总监。2016 年获得哈佛大学肯尼迪学院公共政策硕士学位。她对社会意识和参与能力很感兴趣，参加了塞尔曼教授的课程，在课堂上遇到了于海琴，然后开始协助于海琴开展访谈项目。她的研究领域包括公共卫生和教育政策。

林怡 目前是中国香港中文大学英语系博士生，研究重点为可持续性话语和批评话语分析。2014 年获得密歇根大学安娜堡分校英语语言文学学士学位，2015 年获得哈佛大学人类发展和心理学硕士学位。她协助于海琴把访谈录音转换为文字。

朱颂宇 高等教育、成人领导力发展、企业人才培养与组织创新领域的研究者和实践者，长期开展创新人才选拔、培养与研究工作。哈佛大学高等教育学硕士，南加州大学历史学学士，先后就职于哈佛大学教育研究生院、肯尼迪政府学院及世界 500 强企业人才研究院。曾任哈佛大学中国教育论坛执委、顾问，上海电视台外语频道 ICS 访谈嘉宾。

赵静 现为中山大学教授。2014—2015 年在哈佛教育研究生院做访问学者，在那里遇到于海琴，开始帮助于海琴完成教育领域的访谈项目。她的研究重点是语言和读写能力的早期发展，尤其是自闭症儿童的早期读写习得。

张婷 现为济南大学师范教育管理办公室主任、教育与心理科学学院教授、硕士生导师。多重角色需要她深入参与大学的教学和管理。2012 年以来，她一直非常积极地参与山东省特殊教育教师的培训。此外，她在特殊教育政策和法规、教师教育和道德教育领域作出了巨大贡献。

俞国梁 麻州政府亚太裔事务委员会委员、波士顿国际传媒咨询公司和波士顿亚洲广播电视台（BARTV）创始人。政治活动、媒体关系、市场营销等方面的专家。目前担任亚太裔美国人公共事务协会（APAPA）波士顿分会会长、美国华人联盟（UCA）马萨诸塞州分会会长、新英格兰华人联盟（NECAA）会长。曾倾力助选波士顿市长吴弭、马萨诸塞州州长 Maura Healey。同时是麻州审计员 Diana Dizoglio 亚裔事务专员，以及 Suffolk 郡地方检察厅的社区参与和社区再投资拨款委员会的委员。

伏天煜 现为波士顿中文广播电视台（BARTV）的志愿摄影师和记者。南京师范大学硕士，本科、硕士专业都是艺术设计，专攻摄影。在校期间，参加了在波士顿举行的多项文化交流活动。

周秋子 一位热情的多媒体故事讲述人，目前在南加利福尼亚州石油广告公司工作。2016 年获得波士顿大学新媒体研究硕士学位。此前在武汉大学获得新闻学学士学位。凭借在东西方世界的多样化学术背景和行业经验，她精心讲述故事，为文化和市场牵线搭桥，产生了很大影响。她把自己在新闻和社交媒体方面的专长，运用到研究、访谈和故事讲述中，取得了巨大成效，帮助许多东方品牌在西方市场牢牢站稳脚跟。她坚信，每一个人、每一个组织都具有值得与世界分享的非凡故事。

王连江 现为济南大学讲师。作为于海琴的同事，帮助访谈了欧林工学院校长米勒，并把本书从英文翻译为中文。他的研究重点是翻译教学与翻译实践。他翻译了大量资料，包括在中国轻工业出版社出版的四本译著。

Jack Chen 亚太裔美国人公共事务协会波士顿分会董事会成员和副主席，美国华人联合会马萨诸塞州分会副主席，波士顿亚洲广播电视台创始成员和记者。2020 年，志愿帮助吴弭当选波士顿市长。2022 年，加入马萨诸塞州众议员 Tami Gouveia 的副州长竞选活动。他毕生的使命是赋予少数族裔权利，让他们为自己发言。

高艺丹 目前在能源行业工作。从美国东北大学硕士毕业后，在波士顿国际传媒咨询公司担任记者。2017—2019 年，访谈了亚布力论坛创始人田源、欧林工学院创始校长理查德·米勒，以及波士顿的许多其他知名人士。同时，她还参与了“大波士顿”的许多重大活动，包括 2019 年龙泉青瓷巡展。2021 年回到中国。

三、文字转录人员

于凌涛 目前是牛津大学金融与经济专业硕士生。2017 年毕业于美国宾夕法尼亚州高中，同年就读于宾夕法尼亚州立大学，主修数学，辅修韩语 / 音乐制作。2021 年 9 月—2024 年 6 月在英国曼彻斯特大学攻读数学和金融专业，获得学士学位。

张小宇 语言病理学家，目前在美国最著名的康复医院 Shirley Ryan AbilityLab 工作。此前曾作为高级语言病理学家，供职于伊利诺伊大学香槟分校附属卡尔基金会医院。她在拉什大学获得语言病理学硕士学位，此后一直在医学领域担任执业语言病理师。2015 年，她在威斯康星大学麦迪逊分校攻读应用英语语言学硕士学位，在此期间，她协助于海琴完成访谈项目。她在北京外国语大学获得双学士学位——国际新闻与传播、英语语言文学。

于双辰 清华大学经济管理学院博士生。在清华大学获得双学士学位——英语和经济学。2014 年夏天，她高中毕业参加哈佛暑期学校活动时遇到了于海琴，协助于海琴完成访谈项目。

四、照片像素处理人员

王睿佳 目前在厦门集美大学攻读社会工作学士学位。她致力于志愿活动，在福利院做过三年志愿者。2018 年秋，参加了其所在高中组织的德国巴登—符腾堡州国际交流活动。2019 年在上海高中毕业。

五、参考文献格式及引文出处处理人员

侯太磊 目前是北京理工大学材料科学与工程学院博士生，主要研究方向为铜基纳米材料的可控制备及其光电性能应用。他在济南大学获得环境科学与工程硕士学位，在此期间，结识了于海琴，开始帮助于海琴进行引文出处编辑。他熟悉相关办公软件及绘图和图像处理软件，如 Chemdraw、Origin 和 Photoshop。

六、校对人员

盛思菲 目前就读于 Knowledge-First Empowerment Academy 高中，热衷于志愿活动。2020 年和 2021 年秋，担任学校慈善演出的舞台监督。参加重庆文物保护计划已经三年，是“山城故事馆”的长期志愿者。2021 年夏，参加贵州非物质文化遗产保护项目，深入大山寻找非遗传承人，了解非物质文化遗产的制作，传播中国非物质文化遗产知识。2021 年秋，在学校成立非物质文化遗产协会，并担任会长。2022 年夏，加入流浪动物救助项目。2023 年春，在“温暖爱心儿童之家”发起扎染活动，帮助听障儿童，同时传播中国非物质文化遗产。

七、封面设计人员

杨海波 现为济南大学设计学院副院长，自 2000 年起一直是于海琴的同

事和朋友。作为跨界设计师，他突破专业藩篱，致力于探索产品与品牌设计、服务模式设计等的边界与交叉创新点。2015 年获光华龙腾奖——中国设计业十大杰出青年提名奖，2019 年获中国十佳设计教育工作者提名奖，2021 年获山东省设计业十大杰出青年奖。

刘义宝 济南大学设计学院研究生，师从杨海波教授。他的专业是视觉传达设计，在校期间参加过多次设计比赛。他对书籍封面设计非常感兴趣，认为优秀的书籍封面设计，应该将视觉美感与文化内涵融为一体，传达书籍的主要思想和内容。

八、参与翻译人员

李加 目前就读于广东药科大学，攻读临床药学学士学位。曾在深圳市宝安区中医院药学部实习，积极参加科研工作。主动参加社会实践活动，协助王连江老师完成了部分翻译工作。

于洁 目前在一家国企担任分析化学技术人员。2013 年、2016 年分别获得同济大学学士、硕士学位。在读本科和硕士期间，是“联合国环境规划署—同济大学环境与可持续发展研究所”的英语翻译志愿者。她与于海琴共事多年，完成了参考文献格式及引文出处规范工作，协助王连江老师完成了部分翻译工作。

葛兰英 高级工程师，现为上海建工安装集团华南公司总工。她 2010 年于上海大学硕士毕业，在国家基础建设、节能减排和能源运维方面有浓厚的兴趣和专业优势。2006—2010 年在济南大学本科学习期间结识于海琴，参加工作后协助于海琴开展部分翻译工作。

李倡云 现为山东省临沂第四中学语文教师，2018 年获得海南师范大学中国语言文学硕士学位，对阅读和写作有浓厚兴趣。2010—2014 年在济南大学求学期间，与于海琴相识，并一直协助于海琴进行访谈资料整理和开展部分翻译工作。